On The Constitutional Changes and
Political Development of Arab Countries in
North Africa

国家社会科学基金项目（编号 12BGJ027）
"北非阿拉伯国家政治发展研究"结项成果

国际政治论坛

北非阿拉伯国家
宪法变迁与政治发展
研究

贺鉴◎著

社会科学文献出版社
SSAP
SOCIAL SCIENCES ACADEMIC PRESS (CHINA)

目　录

引　言

第一节　问题的提出与研究意义

一　问题的提出

北非地区是一个独具特色的混合法域，传统习惯法、伊斯兰法、大陆法、普通法、社会主义法都曾经在这个地区产生过重要影响。在新旧殖民主义、伊斯兰教、社会主义思潮、军人政权以及民主化浪潮、"茉莉花革命"的影响下，北非阿拉伯国家的政治发展呈现出多彩的画面。北非阿拉伯国家宪法变迁与政治发展问题属于法学与政治学交叉研究的前沿问题。研究目的在于：通过分析不同历史时期北非阿拉伯国家宪法变迁与政治发展的特点和原因，揭示其发展进程中的规律，探讨其发展趋势及其对发展中国家的启示意义。

二　研究意义

全面展开对北非阿拉伯国家政治发展的系统研究，不仅是提供理论指导，还具有促进政治发展实践的作用，具体表现在以下几个方面。

1. 可以拓宽政治学与法学交叉研究的视野

我国学界对于西方发达国家的政治发展有比较深入的研究，对于亚洲和拉丁美洲等发展中国家的政治发展研究也有一定成果，但很少有人将目光投向非洲国家。中国对非洲法的研究大致开始于 20 世纪末，近年来尤其关注非洲的政治与人权问题，但关于非洲国家政治发展的成果很少，宪法变迁与政治发展之间的关系研究更是少之又少。迄今为止，还无人对北非阿拉伯国家政治发展进行系统研究。本著作能够拓宽外国法与比较法、国际政治与比较政治研究的视野，可以在一定程度上填补相关空白。

2. 对发展中国家有重大借鉴意义

北非各国都是发展中国家，在南苏丹独立之前，它们都是阿拉伯世界的重要组成部分，有 5 个北非阿拉伯国家曾经宣布奉行社会主义，[①] 有 4 个国家曾经颁布并适用社会主义宪法。因此，北非阿拉伯国家政治发展对广大发展中国家，尤其是对其他阿拉伯国家具有重大借鉴意义。

3. 有利于加强中非人权合作

人权是宪法和宪政的核心内容，面对西方的人权外交，中非之间需要进一步从法律制度层面，特别是需要从宪法层面加强了解与合作。要加强中非人权合作，必须深入研究北非国家的宪法变迁、政治发展和宪法人权保护问题，在此基础上相互吸取宪法变迁、政治发展的成功经验，完善宪法人权保护，推动民主与法治进程。

---

① 贺鉴：《北非阿拉伯国家宪法变迁与政治发展及其启示》，《当代世界与社会主义》2014 年第 1 期。

第二节 国内外研究现状述评

关于非洲法的研究，西方国家起步较早，可溯源至殖民统治时期。① 对于非洲的本土人情和习惯，最初踏上非洲大陆的探险家和宗教传教士在相关文献中都有所记载，也有少数人类学学者对于非洲本土的习惯法感兴趣，但他们最初只把它当作非洲的风土人情和习惯，而非法律。② 西方对非洲法律文化进行全面系统的研究始于 20 世纪50 年代末。二战后，尤其是 1957 年加纳作为非洲首个取得独立的黑人国家，拉开了非洲民族独立运动的大幕，越来越多的非洲国家成功摆脱殖民统治，获得独立。在此情况下，正如无法否认社会主义法的存在一样，西方学者也无法否认非洲法存在的现实。③ 一些从事比较法研究的学者开始慢慢地关注到非洲法的研究领域，尤其是对非洲大陆的习惯法更加看重。有些西方学者开始承认他们以前认为的所谓"习惯"是一种不同于西方观念的法律。④ 英、法等前非洲殖民宗主国以及美国、日本、印度、荷兰、德国、加拿大、苏联等国都成立了专门的研究机构，特别是英、法等前非洲殖民宗主国十分重视对非洲法的研究。具有代表性的研究机构主要有：伦敦大学东方与非洲研究学院（The School of Oriental and African Studies of the University of London）⑤、巴黎大

① See J. H. Speke, *Journal of the Discovery of the Source of the Nile*, London, 1863; D. Livingstone, *The Last Journal of Livingstone in Central Africa from 1865 to His Death*, London, 1874; D'Avezac, *Notice sur des Découvertes au Moyen Age Dans L'océan Atlantique*, Paris, 1845.

② 贺鉴：《论非洲法律文化研究中的法系问题》，《湘潭大学学报》（哲学社会科学版）2010年第 2 期。

③ 洪永红、夏新华等：《非洲法导论》，湖南人民出版社，2000，第 6 页。

④ 贺鉴：《论非洲法律文化研究中的法系问题》，《湘潭大学学报》（哲学社会科学版）2010年第 2 期。

⑤ 英国政府 1917 年在伦敦大学设立了"东方与非洲研究学院"，它不仅是英国最大的非洲学研究中心，也是世界上非洲学研究的最权威机构。详见《非洲法律文化研究动态》，中国法院网，http://www.chinacourt.org/article/search.shtml，2005 年 12 月 16 日。

学法学院和非洲法律与经济系①、国际非洲法协会②、印度新德里大学的非洲法研究中心、苏联科学院的非洲研究所③等。在非洲国家独立后，非洲国家的一些领导人和学者对非洲文化的研究也颇为重视，成立了一些协会和科研机构。例如，1967 年 10 月 13 日成立的赞比亚法学研究协会（Juristic Studies Association of Zambia）④，1966 年成立于埃塞俄比亚的海尔·塞拉西一世（Haile Selassie I）大学法学院的非洲法律发展中心⑤等。一些国家还创办了相关专业杂志，主要

---

① 巴黎大学的非洲法研究体现在两个方面。1. 法学院开设了关于"非洲习惯法"的课程。该课程于 1956 年 1 月 30 日首次开讲，由 3 个人主讲，每人做 13 个讲座。查巴斯（Chabas）教授讲授的主要是非洲的司法机构、非洲本土习惯及其与法国法相互作用等内容，阿里欧特（M. Alliot）教授讲授的主要内容是习惯的法社会学问题，皮埃尔（M. Poirier）教授主要是介绍非洲习惯的特征及其与社会结构的关系。2. 巴黎大学法律与经济学院成立了非洲法律与经济系。参见 The Studies of African Law at the University of Paris，(1957) 1，J. A. L.（Journal of African Law）. 8，9。

② 1959 年，欧美国家成立了国际非洲法协会，其目的主要是加强非洲法研究的国际协作。国际非洲法协会的副主席有 4 位：尼日利亚联邦首席法官阿德默拉（A. Ademola）爵士；伦敦大学高级法律研究所主任、比利时人苏菲尔（M. A. Sohier）；国际非洲事务协调主任德斯卡姆斯（H. Deschamps）总督；东方与非洲研究学院法律系主任安德森（J. N. D. Anderson）教授。根据大会的决议，该协会有权出版关于习惯法的文献，以及其他的相关资料，而且该协会还在《非洲法杂志》上发布有关新闻和消息。参见 The International African Law Association，(1959) 3，J. A. L. 146，148。转引自夏新华《非洲法律文化专论》，中国社会科学出版社，2008。

③ 苏联科学院的非洲研究所创建于 1959 年 10 月，国家与法律研究所是其下设的，对非洲法律进行比较研究的重要机构。

④ 夏新华：《非洲法律文化研究动态》，《人民法院报》2015 年 12 月 16 日。

⑤ 1966 年，埃塞俄比亚非洲法律发展中心成立，它是海尔·塞拉西一世（Haile Selassie I）大学法学院的一个下属机构，其主要任务是：1. 开展非洲法律资料的全面收集与整理工作；2. 将所收集到的全部资料展现给感兴趣的人；3. 有选择地整理非洲法发展各个领域的有关文献；4. 举办比较法知识培训班，对相关法学教师进行短期培训；5. 提高研究生阶段的有关非洲比较法的教育。非洲法律发展中心图书馆的有关书籍相当丰富，它除了拥有最新出版的有关非洲法的图书和期刊，还购买了欧美国家出版的重要的相关法律期刊。该中心通过缩微技术把有关书目和非洲国家的政府公报制成胶片。1972 年，非洲法律发展中心出版中心编辑出版了《非洲法书目提要（1947～1966 年）》（The African Law Bibliography 1947 - 66）。参见 The Centre for African Legal Development Centre de Development Juridique African，(1968) 7，J. A. L. 1。

有：《非洲法杂志》（*Journal of African Law*）①、《现代非洲研究杂志》
（*The Journal of Modern African Studies*）②、 《非洲法研究年刊》
（*Readings in African Law*）③、《贝南文集——非洲各国法杂志》
（*Recueil Penant：Revue de droit des pays d' Afrique*）④、《法律和政治独
立与合作杂志》（ *Revue juridique et politique Indépendance et
coopération*）⑤、《非洲法研究》⑥、《非洲季刊》⑦ 等刊物。比较法学者
日益关注非洲法律文化，出版了一些学术专著⑧，发表了大量的相关

---

① 《非洲法杂志》（*Journal of African Law*）于 1957 年创刊，是伦敦大学主办的目前世界上研
究非洲法最权威、最有影响力的学术期刊，它主要刊登有关非洲法研究的学术论文、国际
非洲法协会的有关活动的消息和新闻，以及有关非洲法著作的评论等。

② 《现代非洲研究杂志》（*The Journal of Modern African Studies*）于 1963 年由剑桥大学创
办，它是一本以研究现代非洲国家政治、经济等相关主题为主要内容的季刊，自创
刊以来，发表了许多有关非洲国家立法、政体与法律发展的论文。

③ 《非洲法研究年刊》（*Readings in African Law*）创刊于 1970 年。

④ 该杂志是法国历史最悠久的非洲法研究期刊，也是世界上最权威的几种非洲法研究期刊之
一。它是季刊，于 1891 年创刊，最初的名称是《殖民地论坛》（*Tribune des colonies*），后
改为《海外判例、法理与立法综合杂志》（*Recueil général de jurisprudence，de doctrine et de
législation d'Outre-mer*），一段时期后，它又被改名为《贝南文集——非洲各国法杂志》
（*Recueil Penant：Rrevue de droit des pays d' Afrique*）。《贝南文集》每年出版一卷，每卷四
期，近些年来主要是刊发一些有关非洲民商法律评论方面的论文，以及非洲国家法院做出
的有关代表性民商事判决书。

⑤ 《法律和政治独立与合作杂志》（*Revue juridique et politique Indépendance et coopération*），也是季
刊，创刊于 1947 年，最初叫《法兰西联盟的法律与政治杂志》（*Revue juridique et politique de
l'Union francaise*），后改名为《海外法律与政治杂志》（*Revue juridique et politique d'outre-mer*）。

⑥ 美国在 1968 年创办了《非洲法研究》杂志，刊登非洲法方面的论文。

⑦ 由于历史的原因，印度与非洲特别是南非和东非地区有着紧密的联系，因此，印度对非洲
的研究也相当重视。1961 年，印度非洲理事会创办了《非洲季刊》，这是一份有关非洲研
究的比较有影响的刊物。

⑧ 如勒内·达维德著，漆竹生译的《当代主要法律体系》（上海译文出版社，1984）；茨
威格特和海因·克茨著，潘汉典等译的《比较法总论》（贵州人民出版社，1992）；勒
内·罗迪埃著，徐百康译的《比较法导论》（上海译文出版社，1989）等。这些论著
中都有一些有关非洲法的论述。此外，日本学者千叶正士也在其代表作之一的《法律
多元——从日本法律文化迈向一般理论》一书中对非洲法律文化的属性进行了比较深
入的探讨。

论文。①

中国的非洲法研究起步较晚，开始于 20 世纪 80 年代中期。国内较早对非洲法问题进行初步介绍和论述的著作是朱景文教授的《比较法导论》②，这部专著更多是从比较法的研究视角展开的，侧重于比较法研究。在非洲法研究这方面，也有一定的译著，如《各国宪政制度和民商法要览》（非洲分册），由上海社科院法学研究所编译室编译③。湘潭大学是中国非洲法研究重镇。20 世纪 90 年代末以来，因湘潭大学非洲法研究所（湘潭大学非洲法律与社会研究中心的前身）的成立，中国的非洲法研究有了较大发展，尤其是《非洲法导论》《非洲法律文化专论》《非洲法律发达史》等著作的出版以及《西亚非洲》《河北法学》《湘潭大学学报》《人民法院报》等报刊"非洲法专栏"的开设④，标志着中国的非洲法研究进入一个新的阶段。浙江师范大学非洲研究院针对非洲教育、非洲经济、非洲政治与国际关系、非洲法律进行研究，浙江师范大学出版了非洲研究文库系列丛书。但总体看来，中国的非洲法研究要远远落后于国外的相关研究。

迄今为止，对北非阿拉伯国家宪法变迁与政治发展尚无系统研究。中外学者主要是从以下几个方面进行了相关研究。

一　关于宪法变迁

联邦德国的公法学者耶林令克（Geosg Jellinek）是宪法变迁理论

---

① 相关专业论文经常见于《非洲法杂志》、《帕南文集》、《非洲法研究》、《现代非洲研究杂志》、《非洲法研究年刊》和《独立与合作（法律与政治杂志）》等期刊。参见中国法院网《非洲法律文化研究动态》，http：//www.chinacourt.org/article/search.shtml，2005 年 12 月16 日。

② 朱景文：《比较法导论》，中国检察出版社，1992。

③ 上海社会科学院法学研究所编译室编译《各国宪政制度和民商法要览》（非洲分册），法律出版社，1986。

④ 贺鉴：《论非洲法律文化研究中的法系问题》，《湘潭大学学报》（哲学社会科学版）2010年第 2 期。

的发轫者。他在《宪法的修改与宪法的变迁》一书中首次对宪法变迁和宪法修改的理论进行介绍，分为五种类型，并在此基础上对两者的概念、发展和其他方面进行了分析比较。英国学者 K. C. 惠尔教授将宪法变迁的方式进行了类型化处理，分为宪法修改、司法解释以及宪法惯例和习惯，并对宪法变迁和政治秩序维护之间的关系和作用整体做出了论证。日本学者穗积陈重提出了"无形法"的概念，以此来描绘法律包括宪法的演变过程。中国台湾学者林纪东将宪法变迁的范围限定为宪法的自然变更或者无形修改，而将宪法沿革和宪法的修改排除在外。秦前红认为，宪法变迁主要包括三个层面的含义：（1）世界各国宪法、某种类型宪法或者某个国家宪法产生、发展的经过；（2）某国宪法修改的经过；（3）宪法的自然变更或者说无形修改①。韩大元和杨海坤等人认为，宪法变迁是指宪法条文没有发生变化，但因社会生活的变迁而导致宪法条款的实质内容发生变化。②在韩大元看来，宪法变迁与宪法修改的性质是不同的。李海平赞同韩大元有关宪法变迁的界定，并在此基础上对宪法变迁的立论基础及其界限进行了比较深入的探讨。侯建主要是基于宪法变迁模式和政治秩序塑造的视角，对宪法修改、宪法解释和宪法惯例三种宪法变迁方式进行了论述，认为这三种方式是一种互相补充、互相促进的综合性宪法变迁模式。这种模式对于政治秩序的塑造，宪法权威性、稳定性和适应性的维护都存在一定的裨益。韩永红赞同秦前红有关宪法变迁的界定③，并从历史的角度论述了宪法变迁的互动与妥协。陈冬对宪法变迁与宪法解释进行了系统比较分析，认为通过加强宪法解释等方式实现宪法变迁有利于良好政治秩序的建构。李伯超和邹琳认为"宪法修

---

① 转引自李海平《论宪法变迁的立论基础及其界限》，《长白学刊》2005 年第 4 期。
② 转引自杨爵仁《不成文法——宪法惯例浅析》，《法制与经济》2013 年第 5 期。
③ 转引自贺鉴《北非阿拉伯国家宪法变迁与政治发展及其启示》，《当代世界与社会主义》2014 年第 1 期。

改"和"制定新宪法"都属于宪法变迁的范畴。苗连营等人认为在成文宪法国家中，宪法变迁主要包括宪法解释和宪法修改两种。①

二 关于政治发展

（一）国外政治发展研究状况

在 20 世纪 50 年代以前，就开始有学者将政治发展的某些主题作为研究重点。但这个时期研究所取得的一些成果只是作为研究其他政治问题的一个附属产物，并没有独立开展的真正的政治发展主题研究。这个时期更多的是政治研究发展的初创萌芽、酝酿发育的过程。

政治发展研究的活跃期是 20 世纪 60 年代至 70 年代中期。在这个时期，政治发展的相关研究已经引起了越来越多学者的注意和重视，许多学者都深入这一领域进行研究，从而产生了一系列的著作，也诞生了一批著名的学者，例如，亨廷顿、阿尔蒙德（G. A. Almond）、派伊（Lucian W. Pye）等人。其中，有一个组织在政治发展的过程中发挥着重要的推动作用，它便是"社会科学研究协会比较政治委员会"（Committee on Comparative Politics of the Social Science Research Council，简称 SSRC）。该委员会大力提倡关注新兴国家的现代化问题，用动态途径研究新兴国家的政治现代化。其先后出版了一些有关政治发展研究的丛书，如 1963 年阿尔蒙德和西尼·弗巴（Sidney Verba）的《公民文化：五国政治态度与民主之研究》，1963 年派伊编写的《沟通与政治发展》，1963 年拉巴隆巴拉的《官僚体制与政治发展》，1964 年罗勃·华德（Rober E. Ward）与卢斯陶（Dankwart A. Rustow）合编的《日本与土耳其的政治现代化》，1965 年科尔曼编的《教育与政治发展》，1965 年派伊与西尼·弗巴合编的《政治

---

① 苗连营、陈建：《宪法变迁的路径选择——以我国现行宪法文本为分析主线》，《河南社会科学》2017 年第 7 期。

文化与政治发展》，1971年科尔曼等人合编的《政治发展的危机和序列》。在这个时期，许多从事政治学研究的专家学者相继著述了一批在国际上至今仍有影响力、仍有话语权的政治学作品：阿尔蒙德和鲍威尔《比较政治学——发展的研究》，再版时改为《比较政治学：体系、过程和政策》以及亨廷顿的《变化社会中的政治秩序》等。这些著作一方面实现了对政治学研究资料的整合，促进了政治学资料来源的发展；另一方面也在一定程度上反映了政治学研究水平的提高。

20世纪70年代中期以后，政治发展研究逐步进入低迷期。由于政治科学不能建立可以适当地说明"第三世界"问题的现代化大型理论，政治学学者转变了研究方向，将政治学的视野放到了实际工作之中，更加着重于对经验基础上的理论研究。在这个研究思路的指导下，政治学学者将研究的重点放在了公共政策方面，经济学的研究方法在研究过程中被重新调整，变得更为重要。

（二）国内政治发展研究状况

中国政治发展理论研究分为初始阶段（20世纪80年代）、发展阶段（20世纪90年代）、繁荣发展阶段（2000年以来）三个时期。

初始阶段，中国有关政治发展的研究主要集中于对西方20世纪五六十年代的政治发展理论的简单介绍。该阶段的研究存在严重不足，主要表现为对政治发展的研究以对国外研究的介绍和翻译为主，独创性成果较少。这一阶段翻译的西方政治发展理论的经典文章和西方学者的部分政治发展理论著作，主要有：《比较政治学：体系、过程和政策》（加布里埃尔·A. 阿尔蒙德、小G. 宾厄姆·鲍威尔著）、《变化社会中的政治秩序》（塞缪尔·亨廷顿著）、《政治发展面面观》（鲁恂·W. 派伊著）等。这个阶段关于中国的政治发展理论研究很少，具有代表性的主要是王沪宁的《现阶段中国政治发展中的几对关系》（1989年）、徐勇的《转型期的中国政治发展：困境与出路》（1989 年）。前者对中国政治发展的六对关系进行了探讨。后者则分析了转型时期中国政治发展所面临的困境和出路。

　　20 世纪 90 年代，中国政治发展理论的有关研究进入了理论发展阶段。这个时期发表的有关论文的质量和数量都较以前有了很大提升。研究者们在介绍和分析西方政治发展理论的同时，也开始探讨中国自身政治发展的逻辑。刘靖华的《伊斯兰教、世俗共和政体与发展——埃及共和国宗教与政治发展的多角分析》，对政治发展的过渡性政治形态进行了分析，进而将纳赛尔时期、萨达特时期、穆巴拉克时期的宗教与政治发展进行了伊斯兰社会主义、伊斯兰资本主义、埃及民主化的论述，最后揭示了社会变革与寻求政治稳定之间的悖论。① 李元书的《关于当代政治学现状与我国政治学建设的思考》，将当代政治学与传统政治学在研究方法的革新、研究范围的扩大、研究体系的新颖方面进行了比较，然后对政治学新兴学科的勃发进行了分析②。王建国和王国勇在《发展中国家政党与政治稳定》一文中，将政党与政治稳定理解为一对矛盾的统一体，两者如影随形，因而要建立一个强有力的执政党体系，减少政党腐化，健全政治录用与参与机制。③ 臧乃康的《中国现代化进程中的政治稳定与政治发展》，对政治稳定和政治发展的含义进行了界定，厘清了影响政治稳定、制约政治发展的三组矛盾障碍，认为中国要想谋求政治稳定与政治发展的和谐与统一，就必须坚持改革开放，以经济建设为中心，正确调整利益关系，建构和完善政治参与机制，构建合理的推进机制。④ 刘福成的《中国政治制度的形成与发展》，首先分别梳理了奴隶社会、封建

---

① 刘靖华：《伊斯兰教、世俗共和政体与发展——埃及共和国宗教与政治发展的多角分析》，《西亚非洲》1990 年第 6 期。

② 李元书：《关于当代政治学现状与我国政治学建设的思考》，《学习与探索》1990 年第 5 期。

③ 王建国、王国勇：《发展中国家政党与政治稳定》，《求索》1991 年第 3 期。

④ 臧乃康：《中国现代化进程中的政治稳定与政治发展》，《社会科学》1992 年第 8 期。

社会和社会主义社会的政治制度，最后强调要积极推进政治体制改革、发展社会主义民主政治。① 郭定平在《我国市民社会的发展与政治转型》一文中，对我国市民社会的一些基本特点进行了简单介绍，认为市民社会的发展必然会带来中国政治四个方面的全面转型。② 杨仁厚的《我国政治稳定研究现状及其存在的问题》，对我国政治稳定研究的现状进行了系统梳理，认为政治稳定研究存在意义重视不够、问题有待拓展、观点有待澄清、研究有待深化、方法有待改进的问题。③ 李元书的《政治发展的涵义、特征和研究意义》，从 8 个方面对政治发展的含义进行了清晰论述，将政治发展的特征概括为政治发展的进步性、政治发展的目的性、政治发展的人性、政治权力的衰微性、政治发展的多样性，最后从 4 个方面对政治发展的意义进行了解读。④ 刘翰和洋龙的《50 年来的中国政治学》对中国政治学的发展历程、主要成就、问题和前景进行了整体的分析，在此基础上提出了一些政治学研究的建议。⑤

自 21 世纪以来，中国有关政治发展理论的探讨进入繁荣发展阶段。之所以把 2000 年以后作为繁荣期，主要是笔者以主题和篇名为限制条件，在中国知网上搜索关键词"政治发展"，发现从国内政治发展研究开始的 1983 年至 1999 年总共发表论文 319 篇，其中以 1999 年最多，共计 69 篇，而 2000 年就有 83 篇，并呈稳定上升趋势，2000～2017 年共计 3234 篇，是上一阶段的 10 倍多。⑥ 这些成果的质量也有很大提升。

从以上研究成果可以看出，国内外学界越来越重视对非洲国家政

① 刘福成：《中国政治制度的形成与发展》，《理论学刊》1993 年第 5 期。

② 郭定平：《我国市民社会的发展与政治转型》，《社会科学》1994 年第 12 期。

③ 杨仁厚：《我国政治稳定研究现状及其存在的问题》，《贵州社会科学》1995 年第 6 期。

④ 李元书：《政治发展的涵义、特征和研究意义》，《学习与探索》1996 年第 6 期。

⑤ 刘翰、洋龙：《50 年来的中国政治学》，《政治学研究》1999 年第 4 期。

⑥ http://nvsm.cnki.net/kns/brief/default_result.aspx，最后访问时间：2017 年 12 月 19 日。

治发展问题的研究，但很少有成果论及北非阿拉伯国家的政治发展问题。已有不少学者从不同的角度探讨了宪法变迁的基本理论问题，但还无人探讨北非阿拉伯国家的宪法变迁问题。前人的相关研究成果为本著作的写作提供了宝贵的资料。但必须看到，相关研究还不够，尤其是中国的有关研究尚处于初步阶段。因此，对北非阿拉伯国家政治发展进行研究具有重要的价值。

三 关于非洲国家的宪法制度

法国 1979 年出版的《法语非洲国家和马尔加什共和国宪法制度》（*Les Institutions Constitutionnelles des Etats d'Afrique Francophones et de la Republique Malgache*）对部分法语非洲国家和马尔加什共和国的宪法制度进行了介绍。[①] 南非学者约翰逊（Johnson）编著的《新南非宪法的制定》（*Constitution-making in New South Africa*）、南非学者安德鲁斯（Andrews）编著的《后种族主义时代的宪法》（*The Post-Apartheid Constitutions*）等对新南非宪法进行了比较深入的探讨。Bankole Thompson 所著《宪法史与塞拉利昂法》（*The Constitutional History and Law of Sierra Leone：1961 – 1995*）从宪法史的角度论述了塞拉利昂 1961~1995 年宪法和法律的发展。[②] 1997 年出版的《非洲宪法》（*Les Constitutions Africaines*）对非洲 14 个国家的宪法文本和制度进行了详细介绍。[③] 1998 年出版的《南方法语国家新宪法》（*Les Nouvelles Constitutions des Pays Francophones du Sud*）对阿尔及利亚、摩洛哥、毛里塔尼亚、突尼斯、黎巴嫩 5 个法语国家的宪法文本进行

---

① Gerard Conac，*Les Institutions Constitutionnelles des Etats d'Afrique Francophones et de la Republique Malgache*，Ed. Economica，1979.

② Bankole Thompson，*The Constitutional History and Law of Sierra Leone：1961 – 1995*，University Press of America，1997.

③ Jean du bois de Gaudusson，Gerard Conac，Christine Desouches，*Les Constitutions Africaines*，La Documentation Francaise，1997.

了刊印。① 《黑非洲法语国家宪法制度》（*Les Systemes Constitutionnels en Afrique Noire les Etats Francophones*）对黑非洲法语国家的宪法制度进行了全面的比较分析。② 法国宪法委员会主办的《宪法委员会备忘录》（*Les Cahiers du Conseil Constitutionnel*）③ 在发刊和办创的过程中，发表了大量关于非洲国家宪法制度的论文。例如，法国马赛三大的菲利普教授在 2000 年第 9 期的 *Les Cahiers du Conseil Constitutionnel* 杂志发表文章对南非的宪法法院制度进行了系统论述。④ 又如，雅克罗伯特在 1997 年第 2 期的 *Les Cahiers du Conseil Constitutionnel* 杂志发表论文对法语宪法中的平等原则进行了论述。⑤ 美国学者凯斯·R.孙斯坦在《设计民主：论宪法的作用》的第十章中以南非宪法法院的一个判决为切入点，论述了南非宪法有关公民社会与经济权利保护的制度。⑥ 2008 年出版的《尼日利亚宪法》（*Constitutional Law in Nigeria*）对尼日利亚宪法进行了逐条解释和分析。⑦

中国科学院法学研究所 1964 年主编的《世界各国宪法汇编》和北京大学法律系宪法教研室 1980 年编写的《宪法资料选编》，在收集世界各国宪法的基础上，对部分非洲国家的宪法文本进行了罗列介绍。⑧ 上海社会科学院法学研究所编译室编译的《各国宪政制度和民商法要览》（非洲分册）主要从宪法文本的角度，对非洲 38 个国家

---

① Michel Louis Martin, *Les Nouvelles Constitutions des Pays Francophones du Sud*, L'Hermes, 1998.

② D. G. Lavroff, *Les Systemes Constitutionnels en Afrique Noire les Etats Francophones*, Ed. A. Pedone, 1976.

③ Le Conseil Constitutionnel, *Les Cahiers du Conseil Constitutionnel*, Ed. Dalloz, 1997 – 2009.

④ Xavier Philippe, "Presentation de la Cour Constitutionnelle Sud-Africaine," *Les Cahiers du Conseil Constitutionnel*, 2000 (9).

⑤ Le Conseil Constitutionnel, *Les Cahiers du Conseil Constitutionnel*, 1997 (3).

⑥ 〔美〕凯斯·R. 孙斯坦：《设计民主：论宪法的作用》，法律出版社，2006。

⑦ Kehinde M. Mowoe, *Constitutional Law in Nigeria*, Malthouse Press Limited, 2008.

⑧ 中国科学院法学研究所：《世界各国宪法汇编》，法律出版社，1964。

的宪法制度进行了一些简单介绍。① 何勤华、洪永红主编的《非洲法律发达史》除对非洲一些国家宪法法律的起源、演变、发展过程、内容和现状进行了介绍之外，还对非洲法的伊斯兰化、大陆法系和普通法系在非洲法律制度的影响方面做了详细分析。② 洪永红、夏新华等的《非洲法导论》用一整章的内容论述了非洲宪政制度的发展。③ 张怀印的《尼日利亚宪法述评》从述评的写作角度，论述了尼日利亚宪法的一系列发展概况和制度设计。④ 韩大元主编的《外国宪法》在其中的一些章节对南非和尼日利亚的宪法制度进行了介绍。⑤ 涂上飙和窦家应在《埃及宪法的发展和特点》一文中将埃及宪法的发展过程分成了三个阶段，其中也体现出了埃及宪政建设和宪法变迁的一些特点。⑥《列国志·埃及》⑦、《列国志·阿尔及利亚》⑧、《列国志·突尼斯》⑨、《列国志·苏丹》⑩、《列国志·利比亚》⑪、《列国志·摩洛哥》⑫ 的有关政治制度或法律制度的章节简单地提及了相关国家的部分宪法制度。张福森的《各国司法体制简介》对埃及、南非、肯尼亚、苏丹、喀麦隆、摩洛哥、科特迪瓦、莫桑比克 8 个非洲国家的司法体制进行了简单介绍。⑬《世界各国宪法》编辑委员会主编的《世界各国宪法》（非洲卷）对非洲 54 个国家 2012 年前正在

① 上海社会科学院法学研究所编译室编译《各国宪政制度和民商法要览》（非洲分册），法律出版社，1986。
② 何勤华、洪永红主编《非洲法律发达史》，法律出版社，2006。
③ 洪永红、夏新华等：《非洲法导论》，湖南人民出版社，2000。
④ 张怀印：《尼日利亚宪法述评》，《河北法学》2007 年第 9 期。
⑤ 韩大元主编《外国宪法》，中国人民大学出版社，2005。
⑥ 涂上飙、窦家应：《埃及宪法的发展和特点》，《武汉大学学报》（社会科学版）2002 年第 2 期。
⑦ 杨灏城、许林根：《列国志·埃及》，社会科学文献出版社，2006。
⑧ 赵慧杰：《列国志·阿尔及利亚》，社会科学文献出版社，2006。
⑨ 杨鲁平、林庆春：《列国志·突尼斯》，社会科学文献出版社，2003。
⑩ 刘鸿武、姜恒昆：《列国志·苏丹》，社会科学文献出版社，2008。
⑪ 潘蓓英：《列国志·利比亚》，社会科学文献出版社，2006。
⑫ 肖克：《列国志·摩洛哥》，社会科学文献出版社，2008。
⑬ 张福森：《各国司法体制简介》，法律出版社，2003。

适用的宪法文本进行了翻译汇编。① 《世界历史文库编辑委员会》编辑出版的一套《北非史》②、《摩洛哥史》③、《利比亚史》④、《苏丹史》⑤、《突尼斯史》⑥ 对北非阿拉伯国家的部分宪法制度和政治制度进行了介绍。

第三节　主要内容和主要观点

一　主要内容

本著作从法学和政治学跨学科交叉研究出发，着眼于法律史学、比较宪法学、比较政治学和国际政治学等学科的相关理论知识，综合运用比较研究、跨学科研究、文本分析与实证相结合等研究分析方法，对北非阿拉伯国家宪法变迁与政治发展进行系统分析。首先，对宪法变迁和政治发展的相关理论进行综述；其次，对北非特色的宪法变迁和政治发展理论进行总体概要分析；再次，分为三个部分，依次介绍了独立初期北非阿拉伯国家的宪法与宪制尝试、变革时期北非阿拉伯国家的宪法变迁与政治发展、转型时期北非阿拉伯国家的宪法变迁与政治发展；最后，详细论述了北非阿拉伯国家宪法变迁与政治发展的规律与趋势及对发展中国家的启示。

本书包括引言、正文、结论三部分，其中正文包括六章内容。第一章的内容主要是对国内外有关宪法变迁与政治发展理论的各种观点

① 《世界各国宪法》编辑委员会主编《世界各国宪法》（非洲卷），中国检察出版社，2012。
② 〔美〕菲利普·C. 内勒：《世界历史文库·北非史》，韩志斌、郭子林、李铁译，中国大百科全书出版社，2013。
③ 〔美〕苏珊·吉尔森·米勒：《世界历史文库·摩洛哥史》，刘云译，东方出版中心，2015。
④ 〔美〕罗纳德·布鲁斯·圣约翰：《世界历史文库·利比亚史》，韩志斌译，东方出版中心，2015。
⑤ 罗伯特·柯林斯：《世界历史文库·苏丹史》，徐宏峰译，中国大百科全书出版社，2010。
⑥ 〔美〕肯尼斯·帕金斯：《世界历史文库·突尼斯史》，姜恒昆译，东方出版中心，2015。

进行梳理和评价，探讨宪法变迁对政治发展的影响。第二章的内容主要是探讨北非阿拉伯国家独立初期的宪法与政治发展问题，这个时期主要是对西方宗主国和苏联宪法的模仿和移植。第三章的内容主要是分析 20 世纪 60 年代中期至 80 年代末期北非阿拉伯国家的宪法与政治的变革，重点论述社会主义思潮、军人政权以及伊斯兰复兴运动对北非阿拉伯国家宪法变迁与政治发展的影响。[①] 第四章的内容主要是分析冷战后在民主化浪潮和"茉莉花革命"的影响下，北非阿拉伯国家宪法变迁与政治发展的新变化。第五章的内容主要是论述北非阿拉伯国家宪法变迁与政治发展的特点。第六章的内容主要是预测北非阿拉伯国家宪法变迁与政治发展的趋势，探讨其对发展中国家的启示意义。

二　主要观点

1. 北非阿拉伯国家宪法变迁与政治发展的三个时期

北非阿拉伯国家的宪法变迁与政治发展经历了"初创""变革""转型"三个时期。独立初期，北非阿拉伯国家的宪法与政治尝试主要是对西方国家，特别是原宗主国的模仿，[②] 但也在一定程度上受苏联的影响。变革时期，北非阿拉伯国家的宪法变迁与政治发展主要是受社会主义思潮、伊斯兰复兴运动、军人政权的影响。在民主化浪潮的推动下，冷战后北非阿拉伯国家宪法与政治的转型主要是模仿以"多党民主制"为核心的西方自由民主政治[③]。

---

① 贺鉴：《北非阿拉伯国家宪法变迁与政治发展及其启示》，《当代世界与社会主义》2014 年第 1 期。

② 贺鉴：《北非阿拉伯国家宪法变迁与政治发展及其启示》，《当代世界与社会主义》2014 年第 1 期。

③ 贺鉴：《北非阿拉伯国家宪法变迁与政治发展及其启示》，《当代世界与社会主义》2014 年第 1 期。

2. 影响北非阿拉伯国家宪法变迁的三个主要因素

影响北非阿拉伯国家宪法变迁的因素有很多，其中经济因素、政治因素和文化因素是最重要的因素。而经济因素是影响北非阿拉伯国家宪法变迁的根本原因。政治因素对北非阿拉伯国家宪法变迁的影响突出表现在三个方面：政治革命和军事政变导致宪法变迁；政党在国家政治中地位的变化引起宪法变迁；行政效能的发挥和行政权力的扩大导致宪法变迁。在不同时期，影响北非阿拉伯国家宪法变迁的文化因素也有所不同。在北非阿拉伯国家宪法的初创阶段，其立宪思想主要是受其西方原宗主国宪法文化的影响；在变革阶段主要是受东方社会主义文化和伊斯兰复兴思想的影响；在转型阶段则主要受以美国为代表的西方宪法文化的影响。

3. 北非阿拉伯国家宪法变迁的三个主要方面

北非阿拉伯国家宪法变迁的内容主要是指民主制度、人权制度以及权力制衡制度的变迁，既包括无形变迁，也包括有形变迁。[①]在民主制度方面，北非阿拉伯国家宪法通过修改或变革逐步完善了代议制民主，并从代议民主制向代议制民主、行政民主、社会民主并存的多重民主制转变。在人权制度方面，北非阿拉伯国家宪法通过修改或变革逐步完善了第一代人权和第二代人权的有关规定，第三代人权发展成为北非各个国家宪法的重要内容。在权力制衡制度方面，北非阿拉伯国家通过修改或变革宪法来完善国家层面的权力制衡机制，从一党制到多党制，分权制衡逐步发展，并向双重权力制衡机制方向发展。

4. 北非阿拉伯国家政治发展的五个主要特点

在南苏丹独立之前，北非阿拉伯国家都是阿拉伯国家联盟的成员，都以伊斯兰教为国教。南苏丹不属于阿拉伯国家联盟的成员，主

---

① 贺鉴：《北非阿拉伯国家的宪法变迁》，《湖南科技大学学报》（社会科学版）2011年第2期。

要信仰基督教、伊斯兰教和本土宗教。北非阿拉伯国家政治发展的特点主要表现在以下五个方面：强调阿拉伯属性和伊斯兰教的崇高地位；受西方宪法特别是原宗主国宪法的影响深远；大多借鉴了苏联社会主义宪法；过分强调国家最高领导人的权力；宪法不稳定和发展不平衡①。北非阿拉伯国家都在宪法中明确规定了伊斯兰教和伊斯兰法的崇高地位；都模仿过西方特别是原宗主国的政治；大多数国家曾经尝试过社会主义政治；都具有高度集权的特点；宪法文本的变动频繁。

5. 政治、经济和文化背景决定了北非阿拉伯国家宪法初创时的立宪方式和内容

北非阿拉伯国家宪法初创和宪制尝试的历史背景有很大的相似性，主要表现在以下几个方面：政治上获得独立；经济上没有摆脱殖民主义的控制；文化上受原宗主国影响很大。北非阿拉伯国家获得民族独立的方式大致可分为以下三种情况：通过和平方式取得独立；通过武装斗争获得独立；通过进步的军事政变或人民革命的方式取得独立。独立的方式对北非阿拉伯国家宪法初创和宪制尝试有很大影响。北非阿拉伯国家经济上的脆弱性和严重依附性，必然导致其政治极易受外部环境和因素变化的影响。北非阿拉伯国家在文化上受西方文化，特别是原宗主国文化影响很大，主要表现在两个方面：北非阿拉伯国家社会精英"西化"；原宗主国语言成为北非阿拉伯国家的通用语言。

6. 北非阿拉伯国家宪法变迁的复合宪法模式趋势

所谓复合宪法模式，即集政治宪法、法律宪法、社会/公民宪法于一体的复合模式。构建复合宪法模式，可以使北非阿拉伯国家培育出一种力量最为深厚、根基最为扎实的政治能力。② 这是北非阿拉伯国家摆脱政治动荡局面、实现制度性政治稳定、获取与增强政治能力

---

① 汪世荣、刘全娥：《第四届全国法律文化博士论坛综述》，《南京大学法律评论》2011 年第 1 辑。

② 贺鉴：《北非阿拉伯国家的宪法变迁》，《湖南科技大学学报》（社会科学版）2011 年第 2 期。

的有效的现实途径。因此，可以预见，北非阿拉伯国家宪法变迁的总体趋势是朝着复合宪法模式发展的。

7. 北非阿拉伯国家构建北非伊斯兰特色的自由民主政治发展趋势

北非阿拉伯国家政治发展的总体趋势是向北非伊斯兰特色的自由民主政治方向发展。具体包括两个主要方面：自由民主政治，北非伊斯兰特色。这两个方面在未来北非阿拉伯国家政治发展中是有机统一的。① 对于北非阿拉伯国家来说，政治发展的理性选择应该是，在借鉴当今世界各国先进的政治理论与实践的基础上，有机结合本土资源，根据本国的国情建构符合时代发展需要的政治模式——北非伊斯兰特色的自由民主政治。②

8. 北非阿拉伯国家宪法变迁与政治发展对发展中国家的重要启示

北非阿拉伯国家均为发展中国家，自独立以来，先后有 5 个国家宣布信奉社会主义，其中还有 4 个国家制定并颁布过社会主义类型的宪法，从整体上对国家制度进行了社会主义的建构和尝试。北非阿拉伯国家宪法变迁与政治发展的经验教训对广大发展中国家，特别是对阿拉伯国家具有重要的启示意义。其宪法变迁的启示包括三个方面：要选择合适的宪法变迁路径；要采用综合性宪法变迁模式；要重视军人政权对宪法变迁的影响。其政治发展的启示包括五个方面：要正确处理宪法移植与本土化的问题；要建立有效的监督机制；要重视互联网新媒体对政治发展的影响；要加强执政党的自身建设；要大力培养本国特色的政治文化。

---

① 贺鉴：《北非阿拉伯国家宪法变迁与政治发展及其启示》，《当代世界与社会主义》2014 年第 1 期。

② 贺鉴：《北非阿拉伯国家宪法变迁与政治发展及其启示》，《当代世界与社会主义》2014 年第 1 期。

三 主要创新

本著作具有较大的理论创新程度，具体表现在以下两个方面。

1. 在一定程度上填补相关研究空白

"北非阿拉伯国家宪法变迁与政治发展"属于政治学与法学跨学科交叉研究的理论前沿问题。由于 2010 年年末发生的"茉莉花革命"在北非阿拉伯国家蔓延，突尼斯、埃及、阿尔及利亚、苏丹、摩洛哥、利比亚等国家都不同程度地受到冲击，甚至有些国家发生了政变。但整体来看，现有的研究都只是聚焦于其中的一个国家，没有对北非阿拉伯国家整体的政治发展情况进行系统研究。对于各个国家的阐述也大多处于初步阶段，尚无人从宪法变迁的角度对北非阿拉伯国家的政治发展进行深刻论述。因此，本著作具有较大的创新价值，能在一定程度上填补相关研究空白。

2. 提出了一些新的观点

本著作提出了一些新的观点。例如，有关影响北非阿拉伯国家宪法变迁和政治发展的因素，北非阿拉伯国家宪法初创时期的政治、经济和文化背景，北非阿拉伯国家宪法变迁的内容，北非阿拉伯国家政治发展的特点，北非阿拉伯国家宪法变迁和政治发展的趋势，北非阿拉伯国家的宪法变迁与政治发展对发展中国家的重要启示等。

第一章
宪法变迁与政治发展相关理论

宪法与宪政都起源于西方。近代以来，国内外学者从各自的视角对宪法变迁与政治发展问题进行了研究，但存在众多分歧，尤其是在对"宪政"与"宪法变迁"这两个重要概念的界定上，更是众说纷纭。由于对"宪法变迁"概念的不同界定，学者们在宪法变迁的方式问题上也就有各种不同的观点。①

第一节　宪法变迁及其主要方式

一　宪法变迁理论的缘起与发展

无论从理论还是从实践来看，宪法变迁都源自西方。中外学者从不同的角度对其进行了各自的论述，但迄今尚无定论。

（一）外国学界有关宪法变迁理论的缘起与发展

宪法变迁理论滥觞于近代西方宪法学界的有关研究。早在19世

---

① 贺鉴：《宪法变迁的几个基本理论问题》，《湘潭大学学报》（哲学社会科学版）2013年第4期。

纪，就有西方学者开始尝试展开对宪法变迁相关的理论研究。学界通常认为，德国著名宪法学者费迪南德·拉萨尔（Ferdinand Lassia）是最早开始相关研究的。他并没有使用"宪法变迁"这一术语，但十分关注宪法规范与社会现实两者之间的关系问题。费迪南德·拉萨尔在《宪法本质》一文中首次在宪法学界正式提出了"现实的宪法"这一概念。随后，他发表《现实的宪法是什么》一文，提出了宪法学中规范与现实的基本理论问题。他把宪法问题作为权力事实来研究，但始终没有提出宪法变迁的概念。① 一般认为，第一次提出"宪法变迁"概念的是联邦德国的公法学者耶林令克。② 他在《宪法的修改与宪法的变迁》一书中首次对宪法变迁的概念做了界定。耶林令克将"宪法变迁"定义为："宪法条文在形式上没有发生变化而继续保持其原来的存在形态，在没有意图、没有意识的情况下基于事态变化而发生的一种变更。"此外，耶林令克还对宪法变迁的方式进行了系统阐述，认为宪法变迁主要有五种方式。③ 从那以后，"宪法变迁"日益成为西方宪法学研究的重要内容，开始出现在更多的西方宪法学者的著述之中。

英国牛津万灵学院 K. C. 惠尔（K. C. Wheare）教授在 1960 年出版的《现代宪法》（*Modern Constitution*）④ 一书中对宪法变迁和政治秩序的维护进行了宏观论述。他没有给"宪法变迁"下定义，却用了四章（第五、六、七、八章）的篇幅论述了宪法变迁问题。他认

① 秦前红：《宪法变迁论》，武汉大学出版社，2002，第 1 页。
② 贺鉴：《宪法变迁的几个基本理论问题》，《湘潭大学学报》（哲学社会科学版）2013 年第 4 期。
③ 1. 基于议会、政府及裁判所的解释而发生的变迁；2. 基于政治上的需要所发生的变化；3. 根据宪法惯例而发生的变化；4. 因国家权力的不行使而发生的变化；5. 根据宪法的根本精神而发生的变化。〔德〕耶林令克：《宪法的修改与宪法的变迁》，三联书店，1990，第10～15、80～90 页，转引自秦前红《论宪法变迁》，《中国法学》2001 年第 2 期。
④ 《现代宪法》（*Modern Constitution*）第一版和第二版分别于 1960 年和 1966 年由牛津大学出版社出版，其中译版由翟小波译，于 2006 年由法律出版社出版。

为宪法有广义和狭义之分：前者是指"国家的整个政府体制，即确立和规范或治理政府的规则的集合体"；① 后者是指这些规则的"选集"（selection），而且此选集仅仅指法律规则的选集。② K. C. 惠尔对宪法变迁问题的论述是在狭义宪法的立论基础上进行的，他列举了诸多影响宪法变迁的基本力量。③ 他认为，虽然这些力量不一定会引起宪法文本的变化，却极有可能导致宪法意义的变化。④ 根据 K. C. 惠尔的观点，宪法变迁的方式主要有：宪法修改、司法解释以及宪法惯例和习惯。⑤ 较早研究宪法变迁理论与实践界限问题的是德国宪法学家康纳德·赫斯（Konrad Hesse）。1973 年，他在《宪法变迁的界限》一文中系统地阐述了自己的观点。他认为，宪法变迁不能逾越必要的界限，否则会对整体的宪法秩序带来全局性损害，违背宪法价值基础，导致宪法破坏或宪法废止。⑥

与 K. C. 惠尔教授一样，日本学者穗积陈重也没有给"宪法变迁"下定义，但他别出心裁地创造了"无形法"这一术语。他将"无形法"界定为"无法形之法，谓之无形法"，以此来论述法律包括宪法的进化演变过程。⑦

（二）中国学界有关宪法变迁理论的缘起与发展

中国学界较早研究宪法变迁问题的主要是台湾学者荆知仁、邹文海、林纪东等人。研究宪法变迁问题的大陆学者主要有郭道晖、秦前

① K. C. Wheare, *Modern Constitution*, Oxford University Press, 1966, p. 1.
② K. C. Wheare, *Modern Constitution*, Oxford University Press, 1966, p. 1.
③ K. C. 惠尔认为，影响宪法变迁的基本力量有很多，但最重要的是以下三个方面：1. 政府集权程度的增加是引发宪法变化的基本力量之一；2. 人民对于宪法的态度将决定宪法的实际地位；3. 政党也是促成宪法变化的重要因素。
④ 张伟：《现代宪法的变迁与互动模式——读〈现代宪法〉》，《博览群书》2007 年第 12 期。
⑤ K. C. Wheare, *Modern Constitution*, Oxford University Press, 1966, pp. 98 – 201.
⑥ 〔德〕康纳德·赫斯：《西德宪法原论》，法文社，1985，第 96 页，转引自韩大元《宪法变迁理论评析》，《法学评论》1997 年第 4 期。
⑦ 〔日〕穗积陈重：《法律进化论》，黄尊三译，中国政法大学出版社，1997，第 8～23 页。

红、韩大元、汪进元、李海平、侯健、陈冬、汪全胜、韩永红、占美柏等人。①

1. 台湾学界有关宪法变迁理论的缘起与发展

1977 年，荆知仁在《宪法变迁与政治成长》一书中探讨了宪法变迁与政治发展的关系。②

邹文海在论述相关问题时没有使用"宪法变迁"的概念，他在1982 年出版的《比较宪法》一书中把宪法的自然变更和有意识的修改称为"宪法的成长"。③ 与以上两位台湾学者不同，林纪东认为，"宪法变迁"仅仅指宪法的自然变更或无形修改，不包括宪法沿革和宪法修改。

2. 大陆学界有关宪法变迁理论的缘起与发展

据笔者掌握的资料，大陆学界较早公开发表论文进行相关研究的学者是郭道晖。郭道晖在论述宪法的变化时没有使用"宪法变迁"一词，而是采用了"宪法演变"。1993 年，他在《论宪法演变与宪法修改》一文中对"宪法修改"和"宪法演变"进行了比较。④

1996 年，秦前红在《论宪法变迁与市场经济发展的非对应性》一文中阐述了宪法变迁与市场经济发展的非对应性关系形成的原因。在此基础上，他论述了宪法变迁的六种形式。⑤

1997 年，韩大元在《宪法变迁理论评析》一文中对宪法变迁的概念、性质、界限、事例进行了探讨。同时，韩大元还分析了有关宪法变迁性质的三种学说：事实说，习惯法说，习律说。⑥ 他认为，这

① 贺鉴：《宪法变迁的几个基本理论问题》，《湘潭大学学报》（哲学社会科学版）2013 年第4 期。

② 荆知仁：《宪法变迁与政治成长》，台北三民书局，1977，第 4 ~ 10 页。

③ 邹文海：《比较宪法》，台北正中书局，1982，第 8 ~ 16 页。

④ 郭道晖：《论宪法演变与宪法修改》，《中国法学》1993 年第 1 期。

⑤ 秦前红：《论宪法变迁与市场经济发展的非对应性》，《法学评论》1996 年第 4 期。

⑥ 韩大元：《宪法变迁理论评析》，《法学评论》1997 年第 4 期。

三种学说反映了学界宪法变迁理论与实践价值的三种判断：对宪法变迁价值的肯定；对宪法变迁价值的否定；对前两种观点的折中。他赞同第三种学说，即习律说。韩大元认为，从宪法规范的理论与实际运行过程看，这种学说是比较妥当的。而且，韩大元还指出，任何形式的宪法变迁都有其相应的界限。[①]

2001 年，秦前红在《中国法学》杂志发表《论宪法变迁》。根据他的观点，宪法变迁主要包括三个层面的含义。[②] 也许是限于篇幅的原因，秦前红在该文中仅仅讨论了第三个层面的宪法变迁。他对宪法变迁与宪法权威、宪法效力、宪法文化、宪法解释、民主政治的关系以及宪法变迁的界域等问题进行了论述。同年，杨海坤也对"宪法变迁"做了界定。[③]

2002 年，秦前红出版了其博士论文《宪法变迁论》，从上述三个层面对宪法变迁理论做了全面、系统的研究。他指出了研究宪法变迁的价值和意义，论述了宪法变迁与社会现实的协调，分析了宪法变迁的原因和途径，探讨了宪法变迁与民主制度、民族政治文化、宪法修改、国际人权公约等问题的关系等。然后，在此基础上，秦前红提出中国宪法变迁的总体思路。[④]

2004 年，占美柏就经济全球化对宪法变迁的影响进行了论述。他认为，法解释学意义上的宪法变迁关注的是微观的宪法规范，法社会学意义上的宪法变迁指向的是宏观的宪法制度。[⑤] 侯健研究了宪法变迁模式与政治秩序的塑造问题，他认为宪法变迁的过程也是政治秩序的塑造过程，需要妥善处理好宪法的权威性、稳定性和适应性之间

[①]　韩大元：《宪法变迁理论评析》，《法学评论》1997 年第 4 期。

[②]　秦前红：《论宪法变迁》，《中国法学》2001 年第 2 期。

[③]　杨海坤：《跨入新世纪的中国宪法学——中国宪法学研究现状与评价》，中国人事出版社，2001，第 646 页。

[④]　迎锋：《秦前红著：〈宪法变迁论〉》，《学海》2003 年第 5 期。

[⑤]　占美柏：《经济全球化与宪法变迁》，《江汉论坛》2004 年第 2 期。

的关系。① 陈冬认为，社会的发展和变迁与政治运作行为互动的结果导致宪法变迁。② 根据陈冬的观点，宪法解释是宪法变迁的诸多方式中十分重要的一种，通过加强宪法解释等方式实现宪法变迁，有利于良好政治秩序的建构。

2005 年，李海平论述了宪法变迁的有关问题。他赞同韩大元有关宪法变迁的界定，认为宪法变迁的立论基础主要包括经济基础论、政治动因论、思想根源论；宪法变迁的界限主要有三个层面：宪法原则层面、宪法规范层面、社会现实层面。③ 汪全胜借用新制度经济学分析制度变迁方式的方法考察了各国宪法的变迁方式问题，并结合中国的宪法修改做一些简要评述。④

2006 年，李海平从宪法民主制度、宪法人权制度、宪法权力制衡制度三个方面论述了当代西方国家的宪法变迁问题。他认为，西方国家从 20 世纪 80 年代开始推行的行政改革导致这些国家的宪法在未经修改的情况下发生了巨大变迁。⑤

2008 年，韩永红从历史的角度分析了宪法变迁的互动与妥协，认为"互动与妥协"是宪法变迁的本质属性。⑥ 汪进元在分析西方宪法变迁的基本理路的基础上探讨了中国宪法变迁的路径选择。他认为，英、美宪法变迁的成功经验在于渐进式的积累与进化理性主义，法、德宪法变迁的多劫之源在于激进式的革命与建构理性主义，中国近现代一百多年宪法变迁失败的原因亦可归结于建构理性主义。⑦

---

① 侯健：《宪法变迁模式与政治秩序的塑造》，《法律科学》2004 年第 4 期。
② 陈冬：《论宪法变迁与宪法解释》，《河南社会科学》2004 年第 5 期。
③ 李海平：《论宪法变迁的立论基础及其界限》，《长白学刊》2005 年第 4 期。
④ 汪全胜：《宪法变迁方式比较论——兼评我国的宪法修改》，http：//www. fxy. wh. sdu. edu. cn/jiuye/ShowArticle. asp？ ArticleID＝19。
⑤ 李海平：《论当代西方国家的宪法变迁》，《当代法学》2006 年第 1 期。
⑥ 韩永红：《从历史的角度看宪法变迁的互动与妥协》，《厦门特区党校学报》2008 年第 2 期。
⑦ 汪进元：《从西方宪法变迁理路看中国宪法变迁的路径选择》，《湖北社会科学》2008 年第 8 期。

2010 年，李海平认为宪法变迁是一个宪法规范和社会现实之间的冲突协调的理论概念，是一种宪法条文没有修改，但理论内涵已发生潜移默化的变化的现象；进而对社团自治与宪法基本权利制度、宪法民主制度、权力制约制度方面的关系进行论述。① 常安借良性违宪行为的理论冲突说明中国宪法变迁的复杂性和困难性，认为宪法变迁的发展与改革有密切的联系，应从宪法惯例、宪法修改、宪法解释等方面整体认识宪法变迁与改革的关系。②

2011 年，王锴将宪法变迁理解为一个事实与规范之间的概念，不同于宪法解释、宪法修改和违宪。宪法变迁是一种客观事实，必须接受法内在价值的评价，与宪法解释、修宪和违宪具有密切的关系。③

2012 年，秦前红和涂云新以中国近六十年宪法变迁为语境，探讨作为宪法变迁重要方式的宪法修改，认为宪法修改应采取折中的宪法修改理论与阶段式修宪模式。④

2013 年，李忠夏认为宪法变迁的产生渊源在于宪法文本与宪法实践的不一致性，为了应对此种困境，就有必要发展宪法解释制度，实现宪法不同冲突价值的整合。⑤ 陈胜强将宪法变迁理解为立宪主义国家面临社会经济、政治危机时的制度供给手段，是社会事实与规范系统相互调适后的制度表达。影响宪法变迁的原动力是人民，但在其中起关键作用的是中央政府的推动。⑥

① 李海平：《社团自治与宪法变迁》，《当代法学》2010 年第 6 期。
② 常安：《"摸着石头过河"与"可改可不改的不改"——改革背景下的当代中国宪法变迁》，《法律科学》2010 年第 2 期。
③ 王锴：《宪法变迁：一个事实与规范之间的概念》，《北京航空航天大学学报》（社会科学版）2011 年第 3 期。
④ 秦前红、涂云新：《宪法修改的限制理论与模式选择——以中国近六十年宪法变迁为语境的检讨》，《四川大学学报》（哲学社会科学版）2012 年第 6 期。
⑤ 李忠夏：《作为社会整合的宪法解释——以宪法变迁为切入点》，《法制与社会发展》2013 年第 2 期。
⑥ 陈胜强：《论宪法变迁与中央政府变革的函变关系》，《电子科技大学学报》（社会科学版）2013 年第 4 期。

2015 年，王锴对德国的宪法变迁理论进行了梳理，认为德国目前主流的宪法变迁途径就是宪法解释。宪法变迁的直接原因是宪法的内涵与事实规范出现了背离，缺失了时效性。宪法变迁的成立标准就是接受宪法核心价值的检验。① 阎天认为当代美国宪法变迁遇到的重大挑战就是如何通过宪法解释实现宪法法律权威和政治权威的平衡，社会运动在此种情况下就必须要受到宪法解释的限制。②

2016 年，吴家清和李晓波认为宪法变迁的实现形式主要是宪法解释和宪法惯例以及不成文宪法中的宪法含义的变迁。其中，宪法解释主要是全国人大常委会的法律形式的解释，惯例主要指的是中国共产党在执政过程中产生的一些与宪法相关的惯例。③

2017 年，李晓波和吴家清对美国和德国的宪法变迁理论的异同进行了分析，德国宪法变迁的主要形式是宪法解释，美国主要是司法解释和宪法惯例。两者在历史任务、宪法惯例、宪法基本价值方面存在相同之处。④ 苗连营等人认为现行宪法文本存在局限与疏漏，在成文宪法国家，宪法变迁的主要方式包括宪法修改和宪法解释，然而宪法解释出现了虚置，就要求必须进行宪法修改。⑤

如前所述，国内外学者对宪法变迁做了各种界定。相比而言，秦前红有关宪法变迁的定义更加科学，既具有理论意义，也具有实践意义。⑥ 笔者赞同秦前红有关宪法变迁定义的观点，认为宪法变

① 王锴：《德国宪法变迁理论的演进》，《环球法律评论》2015 年第 3 期。
② 阎天：《社会运动与宪法变迁：以美国为样本的考察》，《华东政法大学学报》2015 年第 3 期。
③ 吴家清、李晓波：《中国宪法变迁实现机制存在的问题及其完善》，《法学论坛》2016 年第 3 期。
④ 李晓波、吴家清：《德国和美国宪法变迁比较分析》，《学术研究》2017 年第 7 期。
⑤ 苗连营、陈建：《宪法变迁的路径选择——以我国现行宪法文本为分析主线》，《河南社会科学》2017 年第 7 期。
⑥ 贺鉴：《宪法变迁的几个基本理论问题》，《湘潭大学学报》（哲学社会科学版）2013 年第 4 期。

迁概念应当包括上述三个层面的含义。为此，本著作既要从历史的、宏观的角度研究非洲阿拉伯国家的宪法变迁与政治发展，也要对北非阿拉伯国家的宪法变迁与政治发展的具体问题进行论述，还要探讨北非阿拉伯国家未来宪法变迁与政治发展的长远目标。

二　宪法变迁的主要方式

关于宪法变迁的方式，国内外都有不少学者进行了论述。

（一）外国学者关于宪法变迁方式的代表性观点

关于宪法变迁方式，有两位外国学者的观点是比较有代表性的，对后来学者的有关研究产生了深远影响。

1. 耶林令克关于宪法变迁方式的观点

如前所述，最早论述宪法变迁方式的学者是联邦德国的公法学者耶林令克。他在《宪法的修改与宪法的变迁》一书中对宪法变迁的方式进行了系统论述，认为宪法变迁主要有五种方式：（1）因议会、政府及裁判所的解释而发生的变迁；（2）因国家权力的不行使而发生的变化；（3）因政治上的需要所发生的变化；（4）因宪法惯例而发生的变化；（5）因宪法的根本精神而发生的变化。[①] 从他对宪法变迁的五种方式的论述可以看出，他所指的宪法变迁都属于"宪法文本没有改变"的变迁。

2. K. C. 惠尔关于宪法变迁方式的观点

1960 年，英国牛津万灵学院 K. C. 惠尔（K. C. Wheare）教授在《现代宪法》（*Modern Constitution*）一书中用了三章（第六、七、八章）的篇幅论述了宪法变迁的方式问题。他认为宪法变迁的方式主要有宪法修改、司法解释以及宪法惯例和习惯等几种。[②] 在他看来，宪法修

---

① 秦前红：《论宪法变迁》，《中国法学》2001 年第 2 期。

② K. C. Wheare, *Modern Constitution*, Oxford University Press, 1966, pp. 98 - 200.

改、司法解释、宪法惯例和习惯并非截然分开的，而是有着密切的联系。因时间和地点的变化，它们相互间的重要性会有所不同。宪法的健全性和灵活性，就依赖于它们的有效配合。① 从 K. C. 惠尔的论述可以看出，他所说的宪法变迁的方式既包括"宪法条文本身没有发生任何变化"的变迁方式（司法解释以及宪法惯例和习惯等），也包括"宪法条文本身发生变化"的变迁方式（宪法修改）。

（1）关于宪法修改

关于宪法修改，K. C. 惠尔的观点是：对于大多数现代宪法来说，修正程序的目的似乎就在于维护下述四个因素中的一个或几个。第一，宪法的变化，一定要审慎为之，千万不能轻率或反复变化无常；第二，在宪法变化完成之前，应尊重人民的意见，给人民以充分表达意见的机会；第三，在整个联邦范围之内，各成员邦（州）和中央政府的权力，任何一方都不可以单独变更；第四，个人或共同体的法权应该受到保障，如少数民族在语言、宗教或文化上的法权。在某些宪法中，只有一个因素起作用；而在其他宪法中，可能会有两个、三个或四个因素全部都起作用。但是，凡是刚性宪法的修正程序几乎都可依照这四个因素中的一个或几个而被充分解释。②

（2）关于司法解释

关于司法解释，K. C. 惠尔认为：对于许多国家来说，司法解释是促使宪法变化的重要方式，因为通过对案件的司法裁决所实现的司法释宪往往比修宪更常见，也更加灵活。实行司法审查制的国家都面临一个无法回避的难题：法院和法官解释宪法的正当性何在？诚然，法院拥有解释宪法的权力，但这种解释被限定于"宪法语词

---

① K. C. Wheare, *Modern Constitution*, Oxford University Press, 1966, p. 120.
② K. C. Wheare, *Modern Constitution*, Oxford University Press, 1966, p. 121.

所容许的界限之内"。法官也可以就单词和术语的内容做出解释，还可以对以前的判决进行修正、补充和提炼，甚至还可以废除已有的判决或者重新做出相反的判决，但不能超越宪法文本的规定。在 K. C. 惠尔看来，司法审查的成功主要靠高水平的法官。[①]

（3）关于宪法惯例和习惯

关于宪法惯例和习惯，K. C. 惠尔指出：宪法惯例和习惯，无论是在成文宪法典国家还是在非成文宪法国家，都发挥着十分重要的作用。他认为，严格意义的宪法之法律被一套由习惯和惯例所组成的规则集合所补充。尽管这些规则并不是法律的一部分，但在实践中通常被认为是有约束力的。因为它们规范着一个国家的政治机构，所以被认为构成了政府体制的一部分。[②] 例如，在议会的立法程序中，惯例和习惯约束着议会组织法和程序法的相关内容，从而对立法结果产生重要影响。[③]

（二）中国学者关于宪法变迁方式的主要观点

如前所述，中国台湾和大陆学者都对宪法变迁进行了研究。由于对宪法变迁界定的差异，中国学界关于宪法变迁的方式也是众说纷纭。笔者认为，根据"宪法条文本身是否发生变化"，可将中国有关宪法变迁方式的众多观点归纳为以下两大类：基于"宪法条文本身没有发生变化"的变迁方式；基于"宪法条文本身发生变化"的变迁方式。

1. 基于"宪法条文本身没有发生变化"的变迁方式

持此类观点的学者主要是受耶林令克关于宪法变迁方式之观点的

---

① K. C. Wheare, *Modern Constitution*, Oxford University Press, 1966, pp. 147 – 177.

② 根据 K. C. 惠尔的观点，宪法惯例和习惯发生效力的方式有两种。1. 惯例和习惯可以废止宪法的某个条文。这种废止并不是对宪法文本做内容上的修改，而是使其在实践中不可能发挥作用。例如，很多君主立宪国家的宪法中都规定国家元首有权否决或者拒绝同意立法机关制定的法律，但事实上这种权力往往被惯例废止了。2. 惯例和习惯可以补充宪法。K. C. Wheare, *Modern Constitution*, Oxford University Press, 1966, p. 178.

③ 张伟：《现代宪法的变迁与互动模式——读〈现代宪法〉》，《博览群书》2007 年第 12 期。

影响。例如，台湾学者林纪东认为，"宪法变迁"仅仅指宪法的自然变更或无形修改，不包括宪法沿革和宪法修改。大陆学者郭道晖、韩大元、杨海坤、李海平等人也接受了这种观点，在此基础上进行了论述。其中，郭道晖和韩大元的观点比较有代表性。郭道晖没有使用"宪法变迁"，而是采用了"宪法演变"一词，但其实论述的就是宪法变迁问题。他指出，"宪法演变"的方式主要有以下六种：（1）因时过境迁，自动失效；（2）无法实现，形同空文；（3）立法；（4）宪法解释；（5）因政治实务运作，形成政治惯例；（6）因社会实践发展，突破宪法规定。[①] 韩大元认为，因分类标准的不同，"宪法变迁"的方式也就有各种不同的划分。根据他的观点，依宪法变迁动机的不同，宪法变迁可分为因宪法解释的变迁、因宪法惯例的变迁、补充宪法规范的不足等方式；根据变迁性质的不同，可将其分为：根据形势的变化和通过积极的作为而发生的变迁、因国家权力的不作为而发生的变迁。[②]

2. 基于"宪法条文本身发生变化"的变迁方式

台湾学者荆知仁认为，修改宪法、基本立法、行政措施、宪法判例或解释以及宪法习惯或者政治惯例等方式，都属于宪法变迁的内容。[③] 邹文海认为，因宪法文字的自然适应、政治传统的补充、宪法解释、宪法修改所引起的宪法含义的变化都是宪法变迁方式的内容。[④] 大陆学者秦前红、汪进元、侯健、陈冬、汪全胜、韩永红等人也都是在"宪法条文本身发生变化"的基础上探讨宪法变迁方式的。其中，秦前红的观点最具代表性。他认为，宪法变迁的方式有立法、宪法修正案、宪法解释、宪法惯例、全面革新宪法、宪法文字的自然

---

① 郭道晖：《论宪法演变与宪法修改》，《中国法学》1993 年第 1 期。
② 韩大元：《宪法变迁理论评析》，《法学评论》1997 年第 4 期。
③ 荆知仁：《宪法变迁与政治成长》，台北三民书局，1977，第 4~10 页。
④ 邹文海：《比较宪法》，台北正中书局，1982，第 8~16 页。

变更六种。① 此外，汪进元和汪全胜的观点很有特色。汪进元以哈耶克的理性分类学说为理论支撑，将宪法变迁的方式分为"经验主义的变迁方式"和"唯理主义的变迁方式"。他认为，英、美宪法以经验主义变迁方式为主，主要表现为宪法惯例和判例，突出的精神为日耳曼自由主义；法、德宪法以唯理主义的变迁方式为主，主要表现为成文宪法典，是参照英、美宪法的模板而来的。② 汪全胜借用新制度经济学分析制度变迁方式的方法将宪法变迁的方式归纳为两类：政府主导型的变迁方式；社会主导型的变迁方式。③ 李伯超和邹琳在论述中华人民共和国宪法变迁史研究中的几个重要问题时认为，中华人民共和国成立以来只制定过一部宪法（1954 年宪法），有九次修宪；分别发生在1975 年、1978 年和 1982 年的中国三次大的宪法变迁，其性质都是修改宪法，而不是制定新宪法。④ 从其有关论述可以看出，"宪法修改"和"制定新宪法"都属于宪法变迁的范畴，而且是重要内容。

如前所述，笔者赞同秦前红先生有关宪法变迁定义的观点，认为宪法变迁的概念有三层含义：（1）作为整体意义上的某国宪法或某种类型宪法产生、发展的经过；（2）某国宪法条文的修改之经过；（3）宪法条文本身未变，但其规范内容发生变更，在规范形态中出现适应社会生活实际要求的新的含义与内容。以此为立论基础，将宪法变迁的方式归纳为六种。⑤ 但是，在本文中，笔者将主要从"宪法文本发生改变"（有形变迁）的角度研究埃及宪法变迁问题。

---

① 秦前红：《论宪法变迁与市场经济发展的非对应性》，《法学评论》1996 年第 4 期。

② 汪进元：《从西方宪法变迁理路看中国宪法变迁的路径选择》，《湖北社会科学》2008 年第 8 期。

③ 贺鉴：《宪法变迁的几个基本理论问题》，《湘潭大学学报》（哲学社会科学版）2013 年第 4 期。

④ 李伯超、邹琳：《共和国宪法变迁史研究中的几个重要问题》，《湘潭大学学报》（哲学社会科学版）2010 年第 2 期。

⑤ 汪全胜：《宪法变迁方式比较论——兼评我国的宪法修改》，http：//www.fxy.wh.sdu.edu.cn/jiuye/ShowArticle.asp？ArticleID＝19，最后访问时间：2017 年 12 月 19 日。

第二节 政治发展及其主要模式

不同的人很少对同一事物采用相同的量化标准，这将导致对同一事物的界定各有不同，政治发展也是如此。由于不同的人对政治发展采取了不一样的量化标准，所以关于政治发展的概念也就很难有一个定论。

一 政治发展的界定及其与政治现代化的关系

（一）政治发展的概念

二战后，广大亚非拉地区掀起了民族解放的浪潮。获得民族独立的发展中国家开始走向现代化，而它们面临的普遍问题是如何实现政治转轨、经济起飞、社会转型。在此背景下，发展问题开始引起相关学界的关注，各种研究发展问题的政治理论、经济理论以及社会理论快速兴起。在经济学、社会学有关经济与社会领域已有的"发展"概念的基础上，政治学家们对政治领域的发展问题进行探索，纷纷提出"政治发展"的概念。在厘清"政治发展"概念的过程中，首先必须要明确一个前提，即何谓"发展"。

经济学家严格区分发展与增长的含义：增长是指一个事物量的增加，而发展多指一个事物质的变化，即一个事物在结构上的优化。例如，"经济增长"说的是一个国家的人均收入和产出的增长。"经济发展"的含义在包含"经济增长"的基础上，还强调实现经济结构的转型和根本改变。就两者之间的关系而言，没有增长就不会有发展，但增长并不等于发展。[①] 杜德利·西尔斯即指出："增长本身是不够的，事实上也许对社会有损害；一个国家除非在经济增长之外在

---

① 吴志华、郝宇青：《政治学概论》，中国人民大学出版社，2013，第294页。

不平等、失业和贫困方面趋于减少，否则不能享有 '发展'。"① 经济学研究指出，"经济发展的关键因素，是人民必须是这一过程的主要参与者，这样才能带来结构的诸多变化。外国人能够，并必然会介入进去，但他们不能包办代替。参与过程，意味着享受发展带来的利益，并且参与这些利益的生产过程。如果增长在国内外只是极少数富人受益，那就不是经济发展"。②

需要强调的是，社会学家更多的是从社会组织内部结构变化的角度来解读"社会变迁"的过程，政治学家则聚焦于政治体系内部的结构变化来完成"社会变迁"的完整表达。但是，"变迁"这一词语没有褒贬之分，它既能指代具有明显进步、为社会所肯定的变化，也能指代不被社会认可、给社会带来负累的变化。然而，这也正是"发展"一词与"变迁"的区别所在，"发展"一词侧重于"变迁"的积极维度，是一种具有积极意义的政治或者社会"变迁"。③

综合上述发展理论，对于发展，我们可以从三个角度去理解：从形式上看，发展是一个持续变化的过程；从性质上看，发展是一个事物内部结构质的变化；从价值上看，发展是朝着积极方向的发展，是向理想目标的趋近。④

在此基础上，许多西方学者从各自的角度对"政治发展"做了界定。罗伯特·J. 杰克逊（Robert J. Jackson）、米歇尔·B. 施泰因

① 杜德利·西尔斯：《发展的含义》，见〔美〕塞缪尔·亨廷顿等《现代化：理论与历史经验的再探讨》，上海译文出版社，1993，第 68 页。
② 燕继荣：《治民·治政·治党——中国政治发展战略解析》，《北京行政学院学报》2006 年第 1 期。参见〔美〕吉利斯、波金斯、罗默、斯诺德格拉斯《发展经济学》，黄卫平等译，中国人民大学出版社，1998，第 7 页。
③ 参见塞缪尔·亨廷顿《导致变化的变化：现代化、发展和政治》，载西里尔·E. 布莱克编《比较现代化》，杨豫、陈祖洲译，上海译文出版社，1996；杜德利·西尔斯：《发展的含义》，载〔美〕塞缪尔·亨廷顿等《现代化：理论与历史经验的再探讨》，上海译文出版社，1993。
④ 参见吴志华、郝宇青《政治学概论》，中国人民大学出版社，2013，第 294~295 页；燕继荣：《发展政治学：政治发展研究的概念和理论》，北京大学出版社，2006，第 37~38 页。

（Michael B. Stein）从个三方面分析了政治发展的含义，认为政治发展是反映了政治制度本质的政治机构结构发生变迁的过程。萨缪尔·H. 比尔（Samuel H. Beer）则是从因果关系的角度出发，将政治发展界定为历史过程中的一种方向或趋势的观念。鲁恂·W. 派伊对政治发展的三要素进行了概括，并认为政治发展呈现出个人平等观念的形成、政治体系能力的增强、制度分化和专门化三种综合变化趋势。[①]他还对众多政治学家对政治发展的定义做了归纳，概括为十个方面。[②] 塞缪尔·P. 亨廷顿（Samuel P. Huntington）在使用"政治发展"这一词语时综合考虑到了以下四个方面[③]：地理的、派生的、目的论的、功能的。詹姆斯·S. 科尔曼（James S. Coleman）从历史、类型学和演化三个方面分析了政治发展问题。[④] 阿尔蒙德和鲍威尔认为，政治发展就是政治体制对其社会和国际环境的变化做出的一种反应，政治发展的程度可以使用"文化世俗化、结构和角色分化、政治体系的政策能力"三个变量进行衡量。[⑤] 马丁·C. 尼德尔（Martin C. Needler）认为，政治发展的范围很小，只需要关注政治完整性的维持和参与程序的高低两个方面。J. P. 奈特尔（J. P. Nettl）和 C. H. 多德（C. H. Dodd）都认为政治发展应该涵盖四个方面的含义，但在具体内容的表述时却又不一样。前者认为：政治发展是一组确定的优先顺序，应该有阶段层次的划分。后者则坚持：政治变迁有一定的目

---

① 张星炜：《政治发展：一个需要加以分析并明确界定的概念》，《中共四川省委党校学报》2007 年第 3 期。

② 〔美〕鲁恂·W. 派伊：《政治发展面面观》，任晓、王元译，天津人民出版社，2009，第 49～62 页。

③ 〔美〕格林斯坦、波尔斯比编《政治学手册精选》（下卷），商务印书馆，1996，第 151～153 页。

④ 参见陈鸿瑜《政治发展理论》，吉林出版集团有限公司，2009，第 23 页；吴志华、郝宇青：《政治学概论》，中国人民大学出版社，2013，第 296 页。

⑤ 参见〔美〕加布里埃尔·A. 阿尔蒙德、小 G. 宾厄姆·鲍威尔《比较政治学：体系、过程和政策》，曹沛霖译，上海译文出版社，1987，第 22～24 页。

标；政治领域的一般变迁过程与社会其他领域密切关联。①

如上所述，自 20 世纪 90 年代开始，我国政治发展便进入了一个理论愈加丰富的快速发展阶段。在这一阶段的发展过程中，国内学者不仅注重对西方政治发展相关理论的引入，更侧重于将之与中国的政治发展实践相结合，注重本国政治发展的特殊情况和实际逻辑。以下学者的观点比较有代表性。

王浦劬认为，从内容来看，"政治发展是政治关系的变革和调整"，"同时也意味着政治关系各种外延形态和表现形式的发展变化"。② 李元书将政治发展定义为：通过付出和扬弃代价，以寻求不断发挥人的政治潜能的政治体制和政治生活方式的过程，以及这些体制和生活方式的生长过程。政治发展的主要特征是政治发展的进步性、目的性、多样性、注重人的发展以及政治权力从超强到衰微的演变过程。③ 王惠岩等人也认为，政治发展是政治关系和政治结构的调整与变革，政治发展是经济发展和社会发展的重要条件。④ 姚建宗认为，政治发展的主要内容实际上都可以用培育和建立政治民主来概括。⑤ 台湾学者陈鸿瑜也做了类似的界定。⑥

根据以上学者的观点，政治发展的定位更多的是一种目标性的发展，这些目标包含民主、平等、高效、有序、多元等诸多方面。但有一些学者与上述观点有所区别，他们认为政治发展是一种由低级到高级的发展状态，这种状态具有渐进性、总体性。

王邦佐等人认为，广义上的政治发展是指政治体系向着更高级形态的变迁，在从奴隶制国家到封建制国家，再到资本主义国家，进而

① 吴志华、郝宇青：《政治学概论》，中国人民大学出版社，2013，第 296 页。
② 王浦劬主编《政治学基础》，北京大学出版社，1995，第 375 页。
③ 参见李元书《政治发展的涵义、特征和研究意义》，《学习与探索》1996 年第 6 期。
④ 王惠岩主编《政治学原理》，高等教育出版社，1999，第 249~260 页。
⑤ 姚建宗：《国外政治发展研究评述》，《政治学研究》1999 年第 4 期。
⑥ 陈鸿瑜：《政治发展理论》，吉林出版集团有限公司，2009，第 30 页。

到社会主义国家和共产主义社会的演进过程中就必然伴随着政治发展。① 根据燕继荣的观点，所谓政治发展，就是政治生活和政治社会形态由简单、原始状态到复杂、高级的较为完善状态的演变过程。② 刘宁宁认为政治发展是人类政治生活的基本问题和政治进步的过程。③

综上而言，笔者认为：政治发展不仅仅只是表现一种普通的变化过程，而且是一种政治体系或者国家制度不断向前、向更高级形态变化的过程。这一变化过程存在不同的阶段，各个阶段有先后、因果之分，并且这一变化过程具有很强的趋向性或者目的性，以达到某些理想的具有共识性的政治目标，这其中往往涉及自由、民主、法治、人权等价值选择，要求政治结构与功能的分化、专业化、制度化和功能化。在这种政治发展的过程中，存在一个核心的要点，也可以说是最主要的内容，即政治发展过程中公民的政治参与程度、法治（法制）的建设完备和运行情况、政治的制度化水平等。

（二）政治发展与政治现代化的关系

现代化是指一个国家从传统社会向现代社会转变的过程，④ 现代化过程包括理智、政治、经济、社会和心理五个方面，它是一个社会全面变革的过程。

对于发展中国家来说，发展意味着走向现代化，政治发展的目标就是实现政治现代化。⑤ 在早期的政治发展研究中，较为普遍的观点是把二者等同起来。正如蒙哥马利所言，"目前的倾向实际上是把政

---

① 张科：《中国特色社会主义民主政治发展道路研究》，博士学位论文，中共中央党校，2015，引自王邦佐主编《新政治学概要》，复旦大学出版社，1998，第91页。

② 燕继荣：《政治学十五讲》，北京大学出版社，2004，第295～297页。

③ 刘宁宁：《论中国特色社会主义政治发展道路》，《当代世界与社会主义》2007年第6期。

④ 詹·奥康内尔：《现代化的概念》，载〔美〕西里尔·E.布莱克《比较现代化》，杨豫、陈祖洲译，上海译文出版社，1996，第66～67页。

⑤ 农卫东、张俊燕：《农村社区政治发展指标体系初探：基于个体行为视角》，《广西教育学院学报》2008年第3期。

治发展和政治现代化等同起来了"。①

但是，随着政治发展研究的深入，人们逐渐将政治发展和政治现代化区分开来。亨廷顿对此进行了充分的论述，提出了必须将二者区分的两点理由。（1）如果把政治发展和政治现代化等同于一个概念，那么就会出现一种误区，即将政治发展在时间上和空间上的发展应用性进行了限制。事实上，政治现代化与现代人、现代社会、现代经济有密切的关系；政治发展的应用范围很广，既可适用于现代社会，也可在非现代情境中予以体现。不能将政治发展理解为一个历史演化的特殊阶段。（2）政治现代化不一定会引发政治发展。就政治现代化的结果来说，尽管理论上政治现代化是从传统政体向现代政体的变迁，但在政治实践中，政治现代化的结果并非倾向于民主，反而可能倾向于腐败的民主和集权式的个人军事独裁或一党专制；政治现代化也没有促成政治稳定，反而造成更多的革命和政变；政治现代化也没有促进统一的民族主义和国家建设，反而造成更严重的民族冲突和内战；政治现代化也没有形成制度合理化和分化，反而导致行政机关的衰颓和腐化。②

综上所述，政治发展与政治现代化之间有着十分密切的联系，但也有明显区别。其主要区别在于：政治现代化在于过程，是一个不可逆的客观过程，在这一过程中，既有积极的产物如政治发展，也有消极的产物如政治衰败；而政治发展在于结果，主要是指政治现代化进程中取得的积极成果。

---

① 张星炜：《政治发展：一个需要加以分析并明确界定的概念》，《中共四川省委党校学报》2007 年第 3 期，转引自〔美〕西里尔·E. 布莱克《比较现代化》，杨豫、陈祖洲译，上海译文出版社，1996，第 32 页。

② See Samuel P. Huntington, "Political Development and Political Decay," *World Politics*, (1965) 17, pp. 386 – 430, 转引自燕继荣《发展政治学：政治发展研究的概念和理论》，北京大学出版社，2006，第 46 页。

二 政治发展研究的两种主要理论

体制功能方法学派①，社会进程方法学派②，比较历史方法学派③是政治发展研究进程中形成的三个重要的学术流派。而现代化理论和依附理论被认为是政治发展研究过程中所形成的最为重要的两大理论。④

（一）现代化理论

二战后，广大亚非拉殖民地通过各种方式取得独立。随着冷战的开始，这些新独立的国家成为世界政治格局中的重要组成部分，从而受到西方学者特别是美国社会科学界的关注。美国学者特别关注亚非拉国家是如何完成民族国家建构、社会整合等一系列目标而成为一个现代、文明、民主的国家的。其研究目标是避免苏联式的共产主义模式的侵蚀。在冷战的背景下，现代化理论由此而生。⑤

现代化理论从本质上看，是一种"西化理论"。现代化理论从不同角度出发给出了区分现代化社会与传统社会的经济性指标、社会性指标和政治性指标。⑥ 除此之外，现代化理论还认为，先发展国家的现代化和后发展国家的现代化有两个方面的不同。一是动力来源不同。前者来自国家内部，后者来自外部的压力或者推动；二是两者演

---

① 体制功能方法学派把体系理论要素和结构功能主义结合在一起，擅长传统与现代社会的类型研究和比较。

② 社会进程方法学派试图通过对国家社会进行比较的定量分析，把政治行为和进程与诸如市场化、工业化和传播媒介的日益利用等社会进程联系起来，该流派擅长对现代化过程的具体描述和解释。

③ 比较历史方法是政治学家通常使用的研究方法，该学派注重传统方法与热切追求系统严密性的努力的结合。

④ 吴志华、郝宇青：《政治学概论》，中国人民大学出版社，2013，第301～302页。

⑤ 参见景跃进、张小劲《政治学原理》，中国人民大学出版社，2006，第370～371页。

⑥ 〔美〕西里尔·E.布莱克：《比较现代化》，杨豫、陈祖洲译，上海译文出版社，1996，第44页。

变过程不同。前者主要是自发演变，后者主要是对西方文明和机制的引进和输入，并在改造传统的基础上，与国家相适应。①

然而，现代化理论的猜想与发展中国家的现实并不吻合，反而大相径庭。现实情况是，这些后发展国家并没有按照西方模式走上现代化道路，反而普遍陷入经济混乱和政治冲突之中。于是，从 20 世纪60 年代早期开始，在现代化理论的框架下产生了各种修正理论。其中比较有代表性的是摩尔、亨廷顿、庇护学派以及国家主义者的观点。

摩尔的比较历史学派认为，结构模式的变化可能形成民主，也有可能导致威权主义。决定这两者产生的原因在于变化结构的不同，自由民主道路的选择与精英的创造性没有必然的联系。庇护学派的学者则反对将运用于西方国家政治发展经验的传统—现代二分法的分析框架直接套用到发展中国家，他们强调对发展中国家的现实进行更细致的探索；指出很多发展中国家实际的政治、经济、社会制度是一种父权主义的庇护关系，种族冲突普遍存在，要想实现政治发展，需要建立现代的国家行政机构、功能健全的市场机制以及有保障的公民权。②

与原有现代化理论者不同的是，亨廷顿期望通过建立强有力的政府来实现政治现代化，而非仅仅照搬西方社会的制度。他反对现代化理论认为的经济、社会现代化必然会导致政治现代化的观点，认为现代化往往导致不稳定。这是因为经济、社会现代化使政治参与急剧增加，而第三世界却缺乏稳定、有效的政治制度来先整合这些动员起来的参与者，这将会导致普遍冲突和不稳定。

国家主义者更多地采用马克思的阶级分析方法，认为世界资本主义

① 燕继荣：《发展政治学：政治发展研究的概念和理论》，北京大学出版社，2006，第 22 页。
② 参见景跃进、张小劲《政治学原理》，中国人民大学出版社，2006，第 372 页。

发展不平衡，第三世界国家资产阶级不够强大，因而第三世界国家有机会相对独立地发展。他们认为研究者应该关注发展中国家的领导者，如政治家、行政官僚的重要作用，研究他们如何选择代表普遍公民利益的公共政策，如何进行土地改革、工业化和反对新殖民主义。这一学派主要研究埃及的纳赛尔、印度的尼赫鲁、印度尼西亚的苏加诺等和社会主义阵营关系密切的政治领导人。①

综上所述，现代化理论是一种"西化理论"，"传统"与"现代"的二元区分是现代化理论的一个重要特点。它盲目地强调西方社会价值观念和制度的正确性，极力推崇西方社会价值观念和制度在亚非拉等不发达国家的普世化，忽略了亚非拉等传统社会的差异性以及可取性，该观点值得商榷。修正的现代化理论不同于原来的现代化理论，它不再强调现代化过程中的和谐、一致，转而强调冲突和不稳定是第三世界现代化的主调；放弃了"传统"和"现代"非此即彼的二元划分模式，承认二者可以相互补充、相互依存；强烈反对僵化地照搬西方发展模式。

（二）依附理论

依附理论发端于20世纪60年代末70年代初，源于拉美等第三世界，系统分析了不发达国家对于发达国家的高度依赖性。"依附"强调的是不发达国家对发达国家在政治、文化和经济方面的高度依赖性，落脚于两者的国际关系。就分析方法而言，依附理论反对局部分析和社会间分析，提倡世界性分析。它的基本假设是：（1）世界已经构成一个整体，不应该单独地分析一个国家的社会发展，而应从世界系统出发去考察一个国家的发展；（2）在许多情况下，往往是外部因素对某个国家的社会发展起到更加主要的作用。② 其理

---

① 参见景跃进、张小劲《政治学原理》，中国人民大学出版社，2006，第372页。
② 参见燕继荣《发展政治学：政治发展研究的概念和理论》，北京大学出版社，2006，第23～24页。

论逻辑深受列宁主义世界经济体系观的影响，所以，它的理论基础被认为是马克思列宁主义的。而且，依附论的主要倡导者都倾向于成为马克思主义者，或者对不发达问题建议采取社会主义的解决方案。①

依附理论着眼于发达国家和发展中国家之中心与边缘的关系，这种关系虽然在一定程度上能促进发展中国家经济的发展，但从长远来看，由于发展中国家对发达国家"药方"的盲目崇拜，再加上一些国家原本就是发达国家的殖民地，这种关系只会加剧它们对西方国家技术和资金方面的依赖，导致发达国家愈加受益，发展中国家愈加不发达。因此，发展中国家要实现发展，就要实行"脱钩"战略，自力更生，中断与西方的贸易，阻止西方技术和跨国公司的侵入，甚至要全面切断与发达国家的直接联系；打破现有体系，改造世界政治经济秩序。一个国家开始争取均衡和合理的发展以及文化的复兴在时间上越晚，越有必要经历一个经济孤立的时期。②

综上所述，现代化理论和依附理论都有其进步性，但局限性也很明显。现代化理论认为第三世界的落后是由于其内部原因，如制度、技术、资源等方面的约束；而依附理论则将第三世界的不发达归结于外部原因，即西方发达国家的经济侵略，忽视了对内部条件的分析，因而其理论框架亦缺失不发达国家对自身进行改造的研究。现代化理论认为第三世界落后的主要原因是这些国家的资本主义发展不够充分，"传统"因素阻碍了现代化；而依附理论则指出，第三世界的不发达国家的资本主义成分并非太少，而是太多，从而导致它们在政

---

① 参见〔美〕劳伦斯·迈耶等《比较政治学：变化世界中的国家和理论》，华夏出版社，2001，第358页。

② 燕继荣：《发展政治学：政治发展研究的概念和理论》，北京大学出版社，2006，第24页，转引自刘雪松、杨晓彬《跨跃卡夫丁峡谷的确证——对中国现代化前提和道路的分析》，《求是学刊》1999年第3期。

治、经济上依附于发达国家，并认为解决这种发展困境的最好方法就是退出西方资本主义国家的国际经济政治秩序，采取民族独立发展的策略。值得肯定的是，就不发达国家而言，不独立自主，就不可能实现现代化。但是，依附论却无视西方资本、技术和市场力量对不发达国家的积极作用，将摆脱对西方发达国家的依赖与从西方发达国家引进先进技术和制度完全对立起来。不改革开放、引进外资，是不可能实现现代化的。

三　政治发展的主要模式

所谓政治发展的模式，是指政治发展具有一定的典型性和普遍性的道路，它是对具体发展道路的一种理论抽象。[①]

（一）外国学者关于政治发展模式的代表性观点

在关于政治发展模式研究的外国学者中，布莱克对政治发展模式的概括比较有代表性。[②]

布莱克认为，没有两个社会以同一种方式实现现代化。他确立了5 项比较的准则，将 170 多个政治体系的现代化模式划分为 7 种模式。

这 5 项比较准则是：一是政治权利从传统精英到现代精英时间转移的早晚准则；二是现代性政治对传统精英挑战的来源内外准则；三是在现代化时期内，社会在拥有领土和人口方面是否具有历史延续性准则；四是社会是采取自治还是长时期殖民统治以进入现代化的准则；五是社会进入现代化后，制度的自我演变或者引入的准则。

---

① 邱芝：《转型期俄罗斯政治发展模式的选择及其启示》，《世界经济与政治论坛》2003 年第 6 期。

② 参见〔美〕C. E. 布莱克《现代化的动力：一个比较史的研究》，景跃进、张静译，浙江人民出版社，1989，第 87～115 页。

布莱克运用上述 5 项准则，将 170 多个政治体系的政治发展历程分类成 7 种模式：（1）英法模式；（2）英法的派生模式；（3）欧洲模式；（4）欧洲的派生模式；（5）相对自主模式；（6）有发达传统文化和宗教的殖民地模式；（7）撒哈拉以南非洲和大洋洲的殖民地模式。第六种模式由 34 个独立的国家和 29 个地区组成，第七种模式由撒哈拉非洲和大洋洲的 31 个独立国家和约 20 个地区组成。尽管这两种模式存在一定的差异，但具有更多的共同点。[①] 根据布莱克的相关理论观点，埃及的政治发展模式属于殖民地国家模式中的第六种。

（二）中国学者关于政治发展模式的代表性观点

在关于政治发展模式研究的中国学者中，俞可平比较有代表性。他在对世界多数国家的政治发展经历进行总结的基础上，归纳出五种几种政治发展模式：欧美道路、苏东道路、拉美道路、东亚道路以及中国道路。

第一种模式：欧美道路。

政治发展的欧美道路以英法美等发达国家为代表，也包括其他地理位置不在欧美的西方国家。这些国家经历了长时期的政治发展演变，演变的动力来自国家的内部。[②] 尽管在政治发展过程中经历了短暂的传统势力的复辟，但民主化的理念根深蒂固，向民主化发展的趋势不可逆转。欧美政治发展道路有三个方面的特点：第一，政治结构分化和

[①] 首先，它们都经历了殖民主义，来自外部的现代性的挑战具有刺激它们启动现代化的作用。其次，现代精英与传统精英有着千丝万缕的联系，但与传统精英和殖民地统治精英持相反的立场。再次，由于现代制度是从外部引进的，与传统文化和制度不相一致，因而阻碍了政治制度化的程度，因此，传统文化和制度常常成为现代化的障碍。最后，这些国家都经历了国家的独立和少数民族的独立等。因此，独立后的国家建设及国民形成经常遇到危机，经政府形态、社会、经济发展的方向等问题，经常出现分歧，其发展进程也经常遭遇挫折。

[②] 张科：《中国特色社会主义民主政治发展道路研究》，博士学位论文，中共中央党校，2015。

功能专门化程度高;[1] 第二,政府效能提高;[2] 第三,政治参与门槛较低。[3]

第二种模式:苏东道路。

苏东道路的典型代表是苏联、东欧各国,以及冷战期间的社会主义阵营中的国家。这些国家都是通过无产阶级的暴力革命推翻了封建专制政权,建立了社会主义现代国家,实行无产阶级专政和人民民主,采用计划经济体制,强调政治上的平等,主要通过道德激励和政治动员来调动民众的积极性。"二战"后,这一政治发展模式得到扩展,在冷战期间为社会主义阵营的国家所普遍采取,也曾被一些追随社会主义道路的发展中国家所模仿。苏东模式政治发展道路的主要特点体现在三个方面:第一,政治结构和功能分化不足;[4] 第二,政治制度化程度低;[5] 第三,公民的参与质量低。[6]

---

[1] 在长期的政治发展中,欧美国家形成了众多专业化政治机构。这些机构在政治体系中承担特定功能,从而增强了国家的治理能力。

[2] 欧美国家建立了一系列的制度来保证政府效能。

[3] 欧美国家在政治发展过程中吸纳了不同阶层、利益集团的政治参与。选举制度被普遍采用,成为公民政治参与的主要途径。欧美道路的缺点是对个人自由的强调有绝对化的倾向,导致社会"原子化",个人之见的冲突增加。个人主义至上还导致福利国家的支出膨胀,加重了政府财政负担。贫富两极分化放大了贫富之间政治影响力的差距,使政治功效降低,政治冷漠现象逐渐突出。

[4] 苏东国家实行一党领导,国家的决策过程由政党控制,党政不分。国家对社会和经济实行全面而直接的控制,政企不分。

[5] 苏东国家的政治经济权力高度集中,可以在短期内集中国内的资源,政府效能较高,但政治权力运行的制约和监督机制缺乏。

[6] 在苏东国家,公民在形式上具有多方面的政治权利,但这些权利在很大程度上流于形式。经过几十年的发展,到20世纪70年代,计划经济体制的弊端逐渐显露,其平均主义的分配已经无法再调动广大人民的积极性。与计划经济相配套的是集权政治制度,其最大的缺点是僵化,无法有效地反映民众的要求,人民的生活长期得不到改善,政权最终丧失合法性。针对这些弊端,苏东国家进行了经济改革,包括扩大企业的自主权,引入商品经济的机制以及其他市场化的改革。与此同时,苏东国家改革了过于集权的政治体制,使之适应经济上的市场化改革。到20世纪90年代初,苏东国家纷纷进行了激烈的政治经济改革,经济上实行全面市场经济,政治上建立西方式的代议民主。

第三种模式：拉美道路。

拉美道路的典型国家是墨西哥、巴西、阿根廷等拉丁美洲国家。政治发展过程中的主要特点是军人干政以及威权统治与民主体制的多次交替。[①] 拉美发展道路的主要特点包括：第一，政治结构分化不充分；[②] 第二，政府的效能经常面临挑战；[③] 第三，政治参与的非理性化倾向；[④] 第四，拉美国家的政党制度不够成熟，缺乏必要的代表性，对政治的影响力不足。

第四种模式：东亚道路。

东亚道路的典型是日本、韩国以及东南亚诸国（泰国、缅甸、马来西亚、菲律宾、印度尼西亚、新加坡）。这些国家在二战之后相继建立了政治权力相对集中的威权政府，并在政府的推动下实现了经济的快速增长。[⑤]

东亚政治发展道路的主要特点包括以下三个方面。第一，国家对社会的控制程度较高，相互剥离水平较低。长期以来，东亚地区的威

---

① 拉美国家曾为葡萄牙和西班牙的殖民地，19世纪中叶通过独立革命实现了非殖民化，多数国家建立了军队掌握权力的普力夺（praetorianism）制度。20世纪20年代，平民主义兴起，各国纷纷建立民主体制。70年代前后，民主进程出现反复，军事政变频发，拉美进入军人强权主义统治阶段；随后，军人统治和民主政治在拉美地区经历了长期的斗争。80年代，拉美国家经历了向民主政治的转型，民主制度在拉美地区得以进一步推进，文官治国取代了普力夺式的军事独裁统治。但是，民主政治在拉美地区仍然缺乏稳固的基础，仍然存在军人干政的反复和政治不稳定问题。

② 现代化转型期军人政权在拉美形成一种威权主义统治模式，军队是威权主义的后盾。拉美国家政治结构分化不充分是一种特殊心态，主要表现为军人干政。

③ 作为军人执政遗产的威权主义统治模式，由于其带来的经济绩效而获得合法性，但70年代末拉美国家经济衰退，军人政权的合法性遭到质疑，民主化运动在拉美率先发起，很快席卷整个拉美地区，拉美地区陷入了巨大的政治危机之中。

④ 拉美长期的军人统治造就了一种遵从权威的政治文化。领导者与民众之间存在直接的克里斯马式的联系，政治参与的制度化程度不高。

⑤ 东亚地区的政治发展经历了先经济增长后政治改革的历程，威权政权长期存在，而且影响长远。二战后，日本在美国等西方国家的影响下建立了民主制度，但在很长时间内形成的是"一党独大"的政治体制；继日本之后，新加坡、缅甸、泰国、马来西亚、菲律宾与印度尼西亚相继建立了威权政府，成为经济发展的重要支持。

权政府始终保持对社会的较大干预和控制。第二，政府效能较高。东亚地区的威权主义政权以发展本国的经济为目标，具有较强的资源动员能力，其政府被称为"发展型政府"。第三，政治参与具有非理性化色彩。在东亚地区的政治过程中，民众的政治参与容易在政治狂热与政治冷漠之间摆动。

东亚道路的威权主义具有两面性。尽管其与现代民主标准还有一定差距，却在一定程度上适应了东亚的经济和社会条件，促进了东亚经济的迅速发展。然而，经济的发展也为威权主义政权的瓦解创造了条件，东亚地区已经开始摒弃威权主义，向民主制度转型。①

第五种模式：中国道路。

自 1949 年中华人民共和国成立以来，中国走的是一条独特的政治发展道路。基本特征是实行中国共产党领导下的多党合作制度，实行议行合一的人民代表大会制度，走社会主义道路，实行社会主义经济制度。中国的政治发展经历了反复曲折的过程。中华人民共和国成立初期到 20 世纪 50 年代，中国就已建立社会主义民主政治体制的基础。这主要体现在宪法的制定、基本政治制度的确立、国家机构的设立以及多党合作制度的形成。但是，在"反右"和"文革"等政治运动中，政治发展的进程受到一定阻碍，直至党的十一届三中全会才重新回到正轨。中国在成功实现经济起飞的同时，没有实行西方式的代议制和多党制，而是仍然实行社会主义政治制度。这种政治制度与经济制度的搭配与西方国家有本质区别，也与多数已经或正在经历经济现代化的发展中国家不一样。

---

① 20 世纪 80 年代，在内外压力的推动下，东亚地区民主化进程加快。20 世纪 90 年代末爆发的东南亚金融危机，暴露了威权政府保护下的经济增长的脆弱性。东亚地区经济秩序失衡、垄断现象严重、"泡沫经济"泛滥等弊端充分暴露，经济陷入低谷。在经济困难的形势下，东亚地区各威权政治体系普遍遭遇了政治不稳定和政治危机，迫使它们进一步向民主政治体制转型。

中国在政治发展道路方面，和其他国家都有所不同。第一，政党、国家和社会的合作。① 第二，政府的高效运转。中国政府能在社会管理遇到问题的情况下，及时转变思路，适应社会实际情况，在政策上做到灵活，从而在最大限度上实现经济的快速发展和社会的和谐有序。第三，政治稳定的高度重视。中国在发展过程中将稳定作为发展的前提，其中的稳定既包括国家政治的稳定，也包括政府政策和政治制度的稳定。只有稳定的环境，才能使市场经济发展无后顾之忧，才能更好地促进经济又好又快增长。

中国的道路是具有中国特色的社会主义政治发展道路，这是一条区别于拉美国家激进的民主化的道路，也不同于西方国家的自由民主。这种道路能更好地与中国的实际情况相结合，一方面实现经济发展与政治稳定的平衡，另一方面又能将社会主义的意识形态运用于政治、经济改革的过程中，促进改革开放政策的完善②。要坚定不移地走中国特色社会主义政治发展道路，发展适合中国国情的特色社会主义政治制度。在道路方面，既不对外国模式进行输入，也不对中国模式进行输出，更不会要求别国来借鉴、复制中国的模式，学中国的做法。

四　影响政治发展的变量

对于任何一个国家来说，其政治发展必然具有特殊逻辑，不同国家的政治发展形态往往千差万别，但无论如何，它也要遵循政治发展的一般逻辑。因此，我们仅就影响政治发展的一般因素做简要的分析。

---

① 中国实行共产党领导下的多党合作和政治协商制度。中国不实行利益集团政治，而是在党和政府之外设立人民代表大会和政治协商会议。全国人民代表大会是议行合一的权力机构，而不是单纯的代议机关。各级人民代表在代表大会上表达本地区或本行业的各种利益要求。政治协商制度同样承担着人民利益表达和综合的功能。各种民间组织、传播传媒等也承担着社会各阶层、各群体利益表达的功能，它们属于非专门的利益表达和利益综合机制。

② 孙景珊：《政治发展研究述要》，《理论界》2007 年第 1 期。

1. 阶段[①]

在由传统社会向现代社会变迁的过程中，通常要经历过渡阶段的发展而进入现代阶段。政治发展的进程和成果，往往取决于这些阶段中的某个阶段所发生的事情。过渡阶段和现代阶段政治发展的进程以及这些阶段政治体系的性质，可能受到传统社会和政治体系性质的影响；或者过渡阶段和现代阶段的政治发展和政治体系，可能受到过渡阶段性质的决定性影响；或者，现代阶段的政治发展可能主要反映了社会在那个阶段所获得的现代性水平。

关于不同阶段对政治发展的影响，主要有三种看法。一种理论认为，一个体系的政治民主程度反映了社会经济发展水平。这样，更为现代、发达的社会就应该具有更多的民主政治。例如，亨廷顿认为，经济发展对民主化有巨大的作用。另一种理论认为，现代政治体系的民主或非民主性质与过渡进程的性质之间存在密切关系。特别是过渡进程是暴力的还是和平的，以及在过渡进程中，社会经济的变化是迅速的还是渐进的，对现代政治体系的民主或非民主性质的影响尤其重大。第三种理论认为，对一个过渡或现代社会民主的程度起决定作用的，是先前存在的那个传统社会的性质。在传统阶段由中央集权的官僚主义统治的社会，在现代阶段就有可能为中央集权的专制或独裁政治所统治。反之，在过渡阶段封建主义盛行的社会，在现代阶段就有可能具有民主和多元的政治体系。[②]

2. 因素

经济的、社会的、文化的、政治的因素通常会对政治发展产生影响。

---

① 本节主要参考了塞缪尔·P. 亨廷顿、乔治·I. 多明格斯：《政治发展》，见格林斯坦、波尔斯比编《政治学手册精选》（下卷），商务印书馆，1996，第 160~166 页。

② 反之，在过渡阶段封建主义盛行的社会，在现代阶段就有可能具有民主和多元的政治体系。参见 David E. Apter, *The Politics of Modernization*, Chicago: University of Chicago Press, 1995, pp. 81 - 123; Samuel P. Huntington, *Political Order in Changing Societies*, New Haven: Yale University Press, 1968, pp. 140 - 191。

政治发展中经济因素的影响在马克思主义那里得到了特别强调，"经济决定政治"就是马克思主义政治学的一个重要命题。即使是一些非马克思主义学者，也不否认经济因素对政治发展的作用，只不过他们是从另外一些角度来看待经济的，如经济发展的速度、社会动员与经济发展的关系、各地区之间经济发展的平衡或不平衡、土地占有和使用权的模式等。

关于社会因素对政治发展的影响，多从社会中地位体系的性质和演变、社会动员的机会、社会中群体差异（种族、民族、语言、宗教）的性质等角度进行研究。如梅尔森和沃尔普即认为，在群体分裂根深蒂固的社会里，不可能发展稳定的民主机构。[①]

文化因素对影响现代化进程中的所有阶段的政治发展起着重要作用。例如，有学者认为，传统社会拥有什么样的文化对其现代化的进程起着决定性的影响。如果是工具性的文化，那么，它就能够逐步适应现代化；如果是终极性的文化，那么，就意味着它必须同其过去进行完全的而且常常在政治上是革命性的决裂。[②]

政治因素当然也会对政治发展产生影响。传统政治体系的性质、新集团参与政治的顺序和方式、政治精英人物的价值、政治领导人的技能、政治参与的扩大同政治机构的发展之间的关系都会对政治变革的模式产生某种影响。

3. 环境

一个社会的政治演变会受到外部及内部环境的影响。在不同的社会和同一社会的不同时期，这两者的影响是不同的。任何社会的演变都明显地反映了它的地理环境和先前历史的境遇。

---

① 如梅尔森和沃尔普即认为，在群体分裂根深蒂固的社会里，不可能发展稳定的民主机构。Robert Melson and Howard Wolpe, eds., *Nigeria: Modernization and the Politics of Communalism*, East Lansing, Mich.: Michigan State University Press, 1971.

② 如果是工具性的文化，那么它就能够逐步适应现代化；如果是终极性的文化，那么就意味着它必须同其过去进行完全的并且常常在政治上是革命性的决裂。David E. Apter, *The Politics of Modernization*, Chicago: University of Chicago Press, 1965, pp. 81–123.

另外，外部环境对政治发展的影响可能采取的形式有以下几种。（1）社会内部的个人和集团引进其他社会的思想、模型、技术、资金和机构。如果这种引进是大范围和不可避免的，那么，其结果将造成一个社会依赖另一个社会的局面。（2）其他社会的个人和集团通过政治、军事、经济或文化手段进行干涉，以直接或间接地影响该社会的政治发展。（3）其他社会的个人和集团进行统治（殖民主义）。（4）社会内部的个人和集团反对外来干涉或统治威胁的反应（防御性现代化）。总体来说，外部环境对后发现代化国家的影响要比早发现代化国家大得多。

4. 时机

时机指的是一个社会进入现代化的进程比其他社会早还是晚。开始现代化进程早还是晚，时机对一个社会的政治发展有着深远的影响。[1] C. E. 布莱克指出："在许多方面，欧洲少数率先现代化的社会具有最适宜的时机，因为它们有相当的时间消化新知识和新技术，并逐渐内化、构建现代观念和现代体制。"[2]

5. 顺序

E. A. 诺德林格认为，"如果首先出现国家本体，接着是中央政府制度化，然后出现群众性党派和选民，政治体系在非暴力、非独裁并最终在民主稳定的情况下得到发展的概率最大"。[3] 在这里，某些政治变数最高值的概率又取决于其他政治变数出现的顺序。D. A. 罗斯托也认为，政治发展"最有效的顺序"是首先建立国家统一体，接着是行政管理当局，然后是政治平等。[4] 由此可见，如果政治体系

---

① 吴志华：《政治学概论》，中国人民大学出版社，2013，第310页。

② 窦金波：《现代化理论的主要理论思想及其缺陷》，《延安职业技术学院学报》2010年第3期，第11页。

③ Eric A. Nordlinger, "Political Development: Time Sequences and Rates of Change," *World Politics*, 1968 (20), pp. 494 – 520.

④ Dankwart A. Rustow, *A World of Nations*, Washington D. C. : The Brooking Institution, 1967, pp. 120 – 130.

按照这一序列发展本体，现代进程中出现强制的程度就较低。

另一反方向的政治发展序列认为，在一个社会里，如果政治参与的扩大出现在政治机构的发展之前，就会导致政治不稳定和暴力。[①] 还有学者认为，对农业革命的概率起决定性影响的是，在一个社会里，农业商品化、农民政治化和城市中心的发展出现的序列。政治化—商品化—城市化的序列导致农民革命，而商品化—政治化—城市化的序列则有助于产生农业改造。这三个独立变数的其他序列对农业改造或革命的概率影响很小，或者是没有影响，或者是影响不确定。[②]

总体来说，在一个社会的发展中，各种变数是按照序列依次发生，还是同时发生，以及发生的程度如何，这对于考察这个社会的政治发展水平的状况也是非常重要的。一般来说，各种变数按照序列出现，则有可能促进和平变革，产生稳定的政府和更为民主的机构；各种变数同时出现，则有可能使政治体系"负担过重"，进而产生尖锐的分裂、暴力和压制。

6. 速度

现代化的社会、经济、文化和政治方面变革的速度，对政治发展产生着重要的影响。而现代化诸方面变革速度的差异，会逐渐转变为变革序列的差异。那些经济高速变革的社会要比那些经济低速发展的社会更有可能遭遇社会冲突和政治瓦解。政治机构的变革发展相对于经济的发展创新往往是滞后的，因为政治发展所需要的时间更多，制度的一些调整和变革需要时间慢慢推进。同时，发展顺序失当或改革不平衡，如城市化迅速而工业化发展缓慢，则可能给政治体系带来压

---

① Samuel P. Huntington, *Political Order in Changing Societies*, New Haven：Yale University Press, 1968.

② 这三个独立变数的其他序列对农业改造或革命的概率影响很小，或者是没有影响，或者是影响不确定。John Duncan Powell, *The Political Mobilization of the Venezuelan Peasant*, Cambridge, Mass.：Harvard University Press, 1971, pp. 212 – 217.

力和危机。最后，在后发国家社会经济改革过程中，如果政治改革推进得较快，则会与社会的发展相脱节，更有可能产生不稳定、暴力和独裁统治等诸多问题。

第三节　宪法变迁对政治发展的影响

各种宪法变迁的方式在不同程度上对政治发展产生影响。

一　"立法"对政治发展的影响

"立法"作为宪法变迁方式的一种，在此有着特定的含义。它是指立法机关在其实施的，表面上看来与宪法毫无关系的活动过程中改变了宪法的内容。例如，二战后日本宪法第 9 条的文本虽然没有任何变化，但其条款的含义已经发生了重大的变化。其主要原因就是1992 年日本通过了 PKO 法案，这使日本可以以参加维和的名义出兵海外。又如，1993 年通过的《中华人民共和国公司法》明确规定：股东依其所持股份享有相应权利，股东按股分红。这种规定改变了中国现行宪法第 6 条关于分配制度的原有内容，从法律上确认了"按资分配"是我国分配制度的一种补充形式。日本上述立法突破其战后和平宪法的框架，实际上是违宪的，这种宪法变迁是脱离其界限的变迁，对政治价值的维护是极为有害的。① 中国的上述立法符合其宪法总的原则和宗旨，能促进政治发展。

二　"宪法修正案"对政治发展的影响

"宪法修正案"是宪法变迁的重要方式，从变动的内容来看，宪

---

① 贺鉴：《宪法变迁的几个基本理论问题》，《湘潭大学学报》（哲学社会科学版）2013 年第7 期。

法修改有三种情况：第一，在不改变原来内容的情况下，增加宪法的规定；[①] 第二，删除宪法中的一些规定；第三，将不合适的规定改变为合适的规定，用新规定代替旧规定。[②] 第一种情况是利用宪法修改的方式对原有宪法存在的疏漏进行弥补。第二种情况是由于时代的发展以及社会的进步，原有的一些规定已变得不能适应，失去了适当性。第三种情况是因为有关规定存在瑕疵。这种变迁方式因保持宪法的相对稳定而易树立宪法的权威。就变动的自由程度来看，宪法修改所受的约束较少，具有较大的灵活性。[③] 从各国宪法修改的实践来看，修改的缘由都与经济体制的改革有很大的关联，而且这些宪法文本的修改都起到了良好的社会和经济效果，从而有效推动了有关国家的政治发展。

三 "宪法解释"对政治发展的影响

"宪法解释"包括"无权解释"（学理解释）和"有权解释"，但这里主要是指后者。当今各国的宪法解释机制不尽相同。有的国家由立法机关解释宪法，监督宪法实施（如中国）；有的国家将宪法解释权赋予宪法法院（如德国、奥地利）或宪法委员会（如法国）；有的国家将宪法解释的权力赋予普通法院（如美国），利用司法审查制度实现宪法的解释。由于宪法解释并不直接变动宪法的文字，并且任何一次宪法解释都只能是对宪法的部分解释而不可能对宪法内容做大规模变动，从而维护了宪法的规范性价值。[④] 因此，通过加强宪法解释的方式实现宪法变迁，有利于良好政治秩序的建构。

---

① 侯健：《宪法变迁模式与宪政秩序的塑造》，《法律科学》2004 年第 4 期。
② 侯健：《宪法变迁模式与宪政秩序的塑造》，《法律科学》2004 年第 4 期。
③ 秦前红：《论宪法变迁与市场经济发展的非对应性》，《法学评论》1996 年第 4 期。
④ 陈冬：《论宪法变迁与宪法解释》，《河南社会科学》2004 年第 5 期。

四 "宪法惯例"对政治发展的影响

宪法惯例是在国家的政治、经济生活中经过长期演绎而成的，是在大量的反复行为中产生的，主要是指那些约定俗成的、涉及宪法层次的问题的做法或习惯。宪法惯例就像一只看不见的手在调整着宪法的内容，它的出现和消失都是逐渐的、缓慢的，它所引起的宪法的变迁也因此是平和的、舒缓的。相对于成文宪法，宪法惯例更具适应性，它能够有效地解决宪法与社会现实之间的冲突。① 因此，宪法惯例是政治发展过程中最活跃的、最有生命力的因素之一。

五 "全面革新宪法"对政治发展的影响

所谓"全面革新宪法"，是指以一部新宪法代替一部旧宪法。只有在宪法的基本宗旨和精神都被普遍认为与时代发展格格不入或国家政治出现根本变化的情况下，才能全盘抛弃旧宪法、制定新宪法。② 从世界宪法变迁史的视角来看，它具有以下特点：社会主义国家比资本主义国家更加倾向于采用"全面革新宪法"的宪法变迁方式；与联邦制国家相比，单一制国家更多采用"全面革新宪法"的宪法变迁方式；现代国家的宪法变迁愈来愈表现出以部分更新代替全面更新的趋势。③

六 "宪法文字的自然变更"对政治发展的影响

"宪法文字的自然变更"也称"宪法的无形修改"，它是指"国家的自然发展，有时使文字的含义自然发生变更"或"不变动宪法条文，而仅更换其中某一条或条文中某些词语、语句的内容，使宪法

---

① 侯健：《宪法变迁模式与政治秩序的塑造》，《法律科学》2004 年第 4 期。
② 张艳丽：《政治解决途径在我国土地历史遗留问题中的选择性适用》，《农业经济》2009 年第 9 期。
③ 秦前红：《论宪法变迁与市场经济发展的非对应性》，《法学评论》1996 年第 4 期。

的某些规定具有新的含义"。① 例如，中国的 1954 年宪法、1975 年宪法、1978 年宪法以及 1982 年宪法都规定："国营经济是社会主义全民所有制经济，是国民经济中的主导力量。"一直到 1993 年的宪法修正案才将"国营经济"改变为"国有经济"。② 事实上，从 1954 年到 1993 年宪法修正案出台之前的几十年间，尽管"国营经济"在中国宪法中的表述没有任何变化，但其含义却自然发生改变。

一般认为，英国著名法学家梅因是最早论述法律无形变迁问题的学者。不过，他没有使用"无形修改"这一词语，而是提出了"法律拟制"（fiction of law）。③

有的宪法变迁带来了积极的社会效果，但有的也带来了消极的结果。因此，选择适当的宪法变迁方式是非常必要的，它能促进政治的良性发展。特别值得注意的是，必须将宪法变迁的时机和内容限定在一定的界限之内，以保证政治的价值性与操作性的统一，④ 否则反而会阻碍政治发展。

① 卫夏：《宪法的"无形修改"浅析》，《法学评论》1986 年第 4 期。
② 卫兴华：《坚持和完善中国特色社会主义经济制度——访著名经济学家、中国人民大学经济学院卫兴华教授》，《思想理论教育导刊》2012 年第 4 期。
③ 他在《古代法》的第二章中指出，"法律拟制是要用以掩盖，或目的在于掩盖一条法律规定已经发生变化这个事实的任何假定，其时法律的文字并没有被改变，但其运用规则已经发生了变化"。他还论述了"法律拟制"的优点和缺陷。〔英〕梅因：《古代法》，沈景一译，商务印书馆，1959，第 13～25 页。
④ 韩大元：《宪法变迁理论评析》，《法学评论》1997 年第 4 期。

第二章
独立初期北非阿拉伯国家的
宪法与政治体制

所谓北非，是指非洲大陆北部地区，习惯上指撒哈拉沙漠以北广大区域，面积 837 万平方千米，包括埃及、南苏丹、苏丹、利比亚、突尼斯、阿尔及利亚、摩洛哥、加那利群岛（西班牙属）、亚速尔群岛（葡萄牙属）。阿拉伯文化与伊斯兰教为北非重要人文特征，阿拉伯人占北非总人口 70% 以上。一般将埃及、苏丹、南苏丹、利比亚称东北非；将突尼斯、阿尔及利亚、摩洛哥称西北非或马格里布。北非阿拉伯国家就是指以上国家。[①]

除埃及外，其他北非阿拉伯国家都是在二战后独立的。独立初期，北非阿拉伯国家普遍实行以西方国家，特别是其原宗主国政治体制为蓝本的民主政治，其宪法初创和宪制尝试也主要是模仿西方国家特别是原宗主国的宪法，试图实行西方模式的宪法制度。此外，它们也在一定程度上受到苏联的影响。这突出表现在北非阿拉伯国家宪法初创时期有关国家形式和政党制度的规定上。

---

① 周琦、贺鉴：《非洲军人政权对国家宪法变迁与宪政发展的影响》，《求索》2011 年第 10 期。

第一节　北非阿拉伯国家宪法初创的历史背景

北非阿拉伯国家宪法初创的历史背景有很大的相似性，主要表现在以下几个方面：政治上获得独立；经济上没有摆脱殖民主义的控制；文化上受原宗主国影响很大。[①]

一　政治上获得独立

第二次世界大战后，席卷非洲的民族解放运动，从 20 世纪 50 年代初开始不断取得胜利，一系列国家先后赢得独立。北非六个阿拉伯国家中，除了埃及早在 1922 年取得独立外，其他五个国家都是在第二次世界大战后新取得独立的国家。北非阿拉伯国家获得民族独立的方式和经历不尽相同，大致可分为以下三种情况：通过和平方式取得独立；通过武装斗争获得独立；通过进步的军事政变或人民革命取得独立。

（一）通过和平方式取得独立

北非阿拉伯国家取得民族独立的第一种方式是通过和平方式取得独立。北非六个阿拉伯国家中，通过这种方式独立的有：突尼斯、摩洛哥、苏丹、利比亚。这些国家都是在群众运动的基础上，通过上层谈判和"宪法改革"等和平方式，逐步取得民族独立的。

1. 突尼斯的殖民简史与独立过程

1881 年 4 月，法国武装占领突尼斯。同年 5 月 12 日，法国强迫突尼斯当局在巴尔杜（Bardo）签订了在巴黎事先拟好的条约。《巴尔杜条约》的签订，标志着突尼斯沦为法国的殖民地。在突尼斯人

---

① 贺鉴：《北非阿拉伯国家宪法变迁与政治发展及其启示》，《当代世界与社会主义》2014 年第 1 期。

民的长期斗争之下，1955 年 3 月 30 日，突尼斯和法国签订了关于内政自治的《法突协定》。根据这个协定，法国把内政交给了突尼斯政府，但法国有治外法权，可以决定突尼斯的对外政策、维护在突尼斯的法国人的权利。《法突协定》使一个纯粹由突尼斯人组成的政府得以建立，但它是建立在从属于宗主国基础上的，并没有废除关于突尼斯保护国的条约。因此，内政独立仅仅只是民族独立的第一步。后来通过谈判，1956 年 3 月 20 日，突尼斯与法国签订了《法突联合议定书》。议定书规定，法国承认突尼斯独立，自 1881 年以来双方签订的所有条约和协定中与突尼斯新地位相冲突的条款全部被废除，突尼斯由此宣告正式独立。①

2. 摩洛哥的殖民简史与独立过程

从 1912 年开始，摩洛哥沦为法国的"保护国"，法国对摩洛哥实行殖民统治。1912 年 3 月 30 日，法国强迫摩洛哥素丹穆莱·哈菲德在《非斯条约》上签字，标志着摩洛哥主权的丧失，正式沦为法国的殖民地。1923 年 12 月，迫于英国的压力，法国、西班牙与英国签订了《巴黎公约》，摩洛哥进一步被分割成法属摩洛哥、西属摩洛哥（里夫）和丹吉尔国际共管区三部分。这期间，摩洛哥人民反抗不断，取得了一系列的斗争胜利，最具有代表性的是 1921 年的"里夫起义"，不仅取得了武装斗争的胜利，还建立了独立的里夫共和国。第二次世界大战后，摩洛哥民族解放运动高涨，迫使法国殖民当局对摩洛哥人民的要求稍作让步，允许摩洛哥人担任部分政府职务。1955 年 11 月 18 日，素丹穆罕默德五世提出"新政府将与法国谈判，结束保护国的政权"，"在君主立宪基础上，举行自由选举来建立民主制度"。12 月 7 日，摩洛哥新政府成立。1956 年 11 月 18 日，摩洛

---

① 杨鲁平、林庆春：《列国志·突尼斯》，社会科学文献出版社，2003，第 47 页。

哥正式独立，素丹改称国王。[①]

3. 苏丹的殖民简史与独立过程

1899 年，英国与埃及签订了《英埃共管苏丹协定》。但实际上，埃及对苏丹的统治只是象征性的，埃及实际上已成为英国的殖民地。一战后，苏丹民族主义运动逐渐高涨。第二次世界大战结束后，苏丹民族解放运动持续高涨，催生了大量的民族主义政党组织，在英国主导下，具有咨询性质的殖民地立法会议也建立起来，各种民族主义政党开始在苏丹出现，并在 1953 年建立了自治政府。1956 年 1 月 1 日，苏丹宣布独立，并通过大选产生了苏丹第一届文官政府，建立了议会共和制的国家——苏丹共和国。[②]

4. 利比亚的殖民简史与独立过程

从 20 世纪初开始，意大利开始成为利比亚的宗主国。二战后期，利比亚全境处于英、法两国的军事管制之下。1949 年 12 月 21 日，联合国大会通过决议，规定利比亚应于 1952 年 1 月 1 日前成为独立的主权国家。1950 年 11 月 17 日，联合国大会再次通过决议，重申 1949 年关于利比亚独立问题的决议，要求利比亚国民议会预备委员会在 1951 年 4 月 1 日前组成利比亚临时政府，各有关国家在 1952 年 1 月 1 日之前将权力移交给临时政府。1951 年 5 月，国民议会通过决议，建立临时联邦政府。在权力移交完成后，1951 年 12 月 24 日利比亚宣告独立，成立由伊德里斯一世为国王的利比亚联合王国。[③]

（二）通过武装斗争获得独立

北非阿拉伯国家取得民族独立的第二种方式是通过武装斗争走向独立。北非六个阿拉伯国家中，通过这种方式获得独立的只有阿尔及利亚一个国家。

---

① 肖克：《列国志·摩洛哥》，社会科学文献出版社，2008，第 99 页。
② 刘鸿武、姜恒昆：《列国志·苏丹》，社会科学文献出版社，2008，第 150~151 页。
③ 潘蓓英：《列国志·利比亚》，社会科学文献出版社，2006，第 54~68 页。

从 1830 年开始，阿尔及利亚沦为法国的殖民地。从 1830 年到独立，阿尔及利亚先后爆发了几百次不同规模的对法武装斗争。二战的爆发进一步增强了阿尔及利亚人们的民族独立意识。二战期间，约有 30 万阿尔及利亚人参加了反法西斯战争。法国戴高乐将军因此承诺："战后给予非洲殖民地人民自由和自决权。"[①] 但战后，戴高乐并未兑现其承诺。1945 年 5 月的塞提夫事件彻底打碎了阿尔及利亚人民通过非暴力方式取得政权的愿望，也正式揭开了法国和阿尔及利亚之间武装斗争的序幕。[②] 于是，阿尔及利亚人民从 1954 年 11 月开始进行新一轮的反对法国殖民统治的武装斗争。1954 年 11 月，阿尔及利亚战争爆发，第四共和国立刻起兵镇压。1958 年 9 月 19 日，阿尔及利亚共和国临时政府在开罗正式宣告成立。此后，在斗争的同时，阿尔及利亚共和国临时政府先后与法国进行了多次谈判，但大多是无果而终；或签订了有关协议，但被法国不断破坏。经过 7 年半的浴血奋战和多次艰苦谈判，阿尔及利亚终于在 1962 年 7 月宣布独立，建立起以本·贝拉为首的民族国家政权。[③]

（三）通过进步的军事政变或人民革命取得独立

北非阿拉伯国家取得民族独立的第三种方式是通过进步的军事政变或人民革命取得独立。北非六个阿拉伯国家中，通过这种方式取得独立的只有埃及。

在阿拉伯国家中，埃及是第一个遭受西方殖民主义侵略的国家。1789 年 7 月，拿破仑带领法国军队占领了开罗和下埃及，并成立了由埃及人组成的开罗行政会议、各省行政会议和全埃及国务会议。1801 年 10 月，英国和土耳其联军大败法军，结束了法国在埃及的三年殖民统治。1882 年 9 月 15 日，英军占领开罗。从此，尽管埃及名

---

① 赵慧杰：《列国志·阿尔及利亚》，社会科学文献出版社，2006，第 57 页。
② 张静：《浅析法国在阿尔及利亚的非殖民化》，《咸宁学院学报》2012 年第 4 期。
③ 赵慧杰：《列国志·阿尔及利亚》，社会科学文献出版社，2006，第 65～68 页。

义上仍属奥斯曼帝国的一个行省，但事实上已沦为英国的殖民地。1914 年，宣布结束奥斯曼帝国对埃及拥有的近 400 年的宗主权，变埃及为英国的保护地。埃及从此正式沦为英国的殖民地。埃及人民也从此掀起了一次又一次的反英斗争。1922 年 2 月 28 日，英国政府发表声明，有保留地承认埃及独立。[①] 1922 年 3 月 15 日，埃及获得了名义上的独立。[②]

二　经济上没有摆脱殖民主义的控制

如前所述，北非阿拉伯国家都曾长期遭受西方国家的殖民统治。殖民化所造成的单一经济结构使北非阿拉伯国家的经济成为一种外向型经济，严重依赖国际市场。这使北非阿拉伯国家的经济极易受西方国家占统治地位的国际经济秩序的影响。在此情况下，由于经济自我存活力的低下，北非阿拉伯国家在经济上对外存在严重依附；而经济上的脆弱性则必然导致其政治极易受外部环境和因素变化的影响。因此，尽管北非阿拉伯国家政治上已获得独立，但经济上仍旧没有摆脱新老殖民主义的控制。

例如，名义上独立了的埃及，仍旧是一个落后的农业国，棉花是其国民经济的支柱产业，经济仍然畸形发展，国民经济在很大程度上还是受西方大国尤其是英国的控制。苏丹也因长期受西方殖民统治尤其是受英国统治，独立后其国民经济受英国影响很大。利比亚独立初期，经济、文化十分落后，许多人的收入来源主要是打扫战场收集废金属；新独立国家所急需的管理人员、技术人员、医

---

① 1922 年 2 月 28 日，英国政府发表声明，承认埃及独立的四点保留是：1. 维护大英帝国交通线的安全；2. 保护埃及免遭外国及其代理人的入侵和干涉；3. 保护外国在埃及的利益，保护埃及的少数民族；4. 独占苏丹。参见杨灏城、许林根《列国志·埃及》，社会科学文献出版社，2006，第 98 页。

② 杨灏城、许林根：《列国志·埃及》，社会科学文献出版社，2006，第 84～98 页。

师、教授等都极其缺乏。这就决定了利比亚不得不依赖外国的援助，从而受其控制和影响。[①] 阿尔及利亚曾经处于法国殖民统治下一个多世纪，独立后殖民地经济痕迹突出。此外，摩洛哥和突尼斯也因长期被法国殖民统治，独立后其经济也没有摆脱法国的控制。

三 文化上受原宗主国影响很大

长期殖民统治的后果之一是，北非阿拉伯国家在文化上受西方文化，特别是原宗主国文化影响很大，主要表现在两个方面。

（一）北非阿拉伯国家社会精英"西化"

长期殖民统治使西方教育在非洲国家得到不同程度的传播。这产生了深远的社会政治后果。最突出表现在，新独立的非洲国家的领导人，来自接受了西方生活方式的"文明"人士中。[②] 北非阿拉伯国家的情况也是这样。

首先，长期殖民统治增加了受过教育的北非阿拉伯国家精英的人数，并促使其生活方式、思维方式和行为规范等方面不同程度地"西化"，而这些社会精英正是独立后的北非国家统治集团以及文职人员的骨干。[③] 其次，西方文化对北非阿拉伯国家的影响还表现在对其国民人格的影响：北非阿拉伯国家的小资产阶级一般都具有双重性格或心态，他们一方面嫉妒、仇视白人，另一方面又羡慕、奉承和极力模仿白人。这种双重心态对于那些日后掌握政权的社会精英在国家发展道路的取向上无疑有着潜移默化的影响。[④]

（二）原宗主国语言成为北非阿拉伯国家的通用语言

西方长期殖民统治对北非阿拉伯国家的文化影响是：原宗主国语

---

① 潘蓓英：《列国志·利比亚》，社会科学文献出版社，2006，第66页。
② Rene David & Johne C. Brierley, *Major Legal Systems in the World Today*, Stevens & Sons, 1985, p. 517.
③ 张宏明：《多维视野中的非洲政治发展》，社会科学文献出版社，1999，第211页。
④ 张宏明：《多维视野中的非洲政治发展》，社会科学文献出版社，1999，第212页。

言成为北非阿拉伯国家的通用语言。一般说来，原宗主国的语言往往成为其所统治下的殖民地的官方语言或商业用语，并且这种地位一旦确立，即便在殖民地独立后也仍然会发挥重要影响。例如，在独立后的阿尔及利亚、摩洛哥、突尼斯，法语迄今都是重要的通用语言；在独立后的埃及、利比亚、苏丹等国，英语也是通用语言。由此可见，语言的影响力是持久的，而且语言并非一种"中性工具"，相同的语言无疑有助于交流和对话。北非阿拉伯国家后来的政治实践亦表明，在维系北非阿拉伯国家与其原宗主国传统联系与合作方面，共同的语言确实起着十分重要的桥梁作用。例如，共同的语言以及许多北非法语国家社会精英在法国本土所受的教育，这两条纽带为这些国家向巴黎而不是华盛顿学习司法模式提供了一种合乎逻辑的解释。[①]

上述历史背景决定了北非阿拉伯国家宪法初创时的立宪方式和内容，也对北非阿拉伯国家宪法变迁与政治发展产生了深远影响。

第二节　北非阿拉伯国家对西方国家形式的模仿

所谓国家形式，就是指国家政权的组织形式，包括国家管理形式和国家结构形式。受原宗主国的影响，北非阿拉伯国家独立初期在国家管理形式和国家结构形式方面都模仿了西方国家特别是其原宗主国。

一　北非阿拉伯国家模仿西方国家形式的表现

北非阿拉伯国家独立初期的国家形式，一般是通过其独立后的第

---

① Louis Henkin, Albert J. Rosenthal, *Constitutionalism and Rights*: *The Influence of the United States Constitution Abroad*, Columbia University Press, 1990, p. 335.

一部宪法或者独立前夕颁布的宪法所确立的。北非阿拉伯国家对西方国家特别是原宗主国国家形式的模仿，主要表现在国家管理形式和国家结构形式两个方面。

（一）北非阿拉伯国家对西方国家管理形式的模仿

国家管理形式，即国家政体或称国家政权组织形式。国家形式决定着一国最高国家机关相互关系的原则、结构、组织和组成最高政权机关的方法。一般认为，国家管理形式基本上有君主立宪制和共和制两种。[①]

1. 北非阿拉伯国家独立初期的共和制

所谓共和制，是指国家元首或国家代表机关由选举产生的一种政治制度，包括议会制和总统制两种形式。前者是指政府（内阁）由议会中拥有多数席位的政党组成，并对议会负责。后者是指总统由选举产生并直接领导政府，不对议会负责。[②]

北非阿拉伯国家独立初期，有 3 个国家受西方共和制国家宪法与政治制度的影响，采取了共和制。这 3 个国家是：阿尔及利亚、突尼斯、苏丹。

阿尔及利亚 1962 年 7 月宣布独立后，于次年 9 月 8 日由公民投票通过第一部宪法。阿尔及利亚 1963 年宪法规定，阿尔及利亚是一个民主人民共和国；实行总统制，国家元首——总统行使行政权，只对国民议会负责；总统任期 5 年，由民族解放阵线提名后直接秘密普选产生。[③]

突尼斯在沦为法国保护国期间（1881 年 5 月 12 日至 1956 年 3 月 20 日）保留了君主制的统治形式。1956 年 3 月 20 日突尼斯独立后，于 1959 年 6 月 1 日通过共和国第一部宪法，规定突尼斯

---

① 洪永红、夏新华等：《非洲法导论》，湖南人民出版社，2000，第 284 页。
② 林光华：《论宪政与民主》，《法律科学》2001 年第 3 期。
③ 赵慧杰：《列国志·阿尔及利亚》，社会科学文献出版社，2006，第 113～114 页。

建立共和政体，以人民主权为根据，以权力分立为基础;① 国民议会是国家最高立法机构；总统是国家元首，兼武装部队最高统帅，对国民议会负责；国家法官独立行使司法权，法官根据法官委员会的提名由总统任命。②

1956～1958 年苏丹第一届文官政府时期，实行的是议会共和制下的内阁制，国家最高领导人是内阁总理。苏丹共和国的第一部宪法是独立前夕于 1955 年 12 月制定的临时宪法。它是在英国殖民政府的影响下制定的，具有明显的英国式政治制度的色彩。根据这部临时宪法，苏丹实行议会共和制；国家的最高权力机构是国家最高委员会，与参议院和众议院共同行使立法权；部长会议行使政府内阁的职能，由总理和部长组成，是苏丹最高行政机构；苏丹司法机构自成独立系统，向国家最高委员会负责。③

2. 北非阿拉伯国家独立初期的君主立宪制

君主立宪制，也称"有限君主制"，是以君主（国王、皇帝）为国家元首，其权力按宪法规定受不同程度限制的政权组织形式。君主立宪制包括二元制君主立宪制④和议会制君主立宪制⑤两种。⑥

北非阿拉伯国家独立初期，有 3 个国家受西方君主立宪制国家宪法与政治制度的影响，采取了君主立宪制。这 3 个国家分别是：埃及、利比亚、摩洛哥。

1922 年 3 月 15 日，埃及获得了名义上的独立。次年 4 月，埃及颁布了有史以来的第一部宪法，确立了二元制君主立宪制。1923 年

① Michel Louis Martin, *Les Nouvelles Constitutions des Pays Francophones du Sud*, L'Hermes, 1998, pp. 93 - 94.
② 杨鲁平、林庆春：《列国志·突尼斯》，社会科学文献出版社，2003，第 74 页。
③ 刘鸿武、姜恒昆：《列国志·苏丹》，社会科学文献出版社，2008，第 115～116 页。
④ 二元制国家的君主是国家的最高统治者，掌握国家的立法、司法、行政和军事大权，虽有宪法和议会，但作用不大。
⑤ 议会制君主立宪制，则是君主处于象征地位，国家实权掌握在内阁手中。
⑥ 洪永红、夏新华等：《非洲法导论》，湖南人民出版社，2000，第 285 页。

宪法规定，埃及"政府是世袭君主制政府，其形式为代议制形式"；国王拥有广泛的权力，既是"国家最高元首"，"承担和行使执行权"，又是"陆海军最高统帅"，有权任免大臣，解散下院，钦定 2/5 上院议员等；议会由两院组成。①

1958 年 5 月，穆罕默德五世国王颁布临时宪法，宣布摩洛哥将成为一个君主立宪的国家，全国将举行市议会和地方议会的选举；然后，再由这些议会的议员选举"全国审议会"，以代替"国民咨询议会"，其权力是讨论并表决国家预算；宣布将由普选产生国民议会。但是，实际上，摩洛哥国王依然是国家的最高统治者，不仅享有对政府官员甚至所有议会成员的任命权，可以随时解散议会，还享有制定宪法和指挥军队的权力，可谓大权独揽。② 利比亚于 1951 年 12 月 24 日宣告独立，成立由伊德里斯一世为国王的利比亚联合王国。利比亚 1951 年宪法规定，利比亚是由的黎波里塔尼亚、昔兰尼加和费赞三个具有半自治地位的省组成的联邦制国家，议会由参议院和众议院组成，政府大臣由国王任命。③

（二）北非阿拉伯国家对西方国家结构形式的模仿

所谓国家结构形式，是指由国家的领土组织、行政区域划分以及国家整体与组成部分之间相互关系决定的构成国家的方法或原则的总称，包括单一制和复合制两种。④

1. 北非阿拉伯国家独立初期的单一制

单一制是指由若干行政区域构成单一主权国家的国家结构形式。按这种形式组成的国家一般称为单一国。独立初期，除利比亚外，北

---

① 杨灏城、许林根：《列国志·埃及》，社会科学文献出版社，2006，第 141～142 页。
② 肖克：《列国志·摩洛哥》，社会科学文献出版社，2008，第 99 页。
③ 周琦、贺鉴：《非洲军人政权对国家宪法变迁与宪政发展的影响》，《求索》2011 年第 10 期。
④ 贺鉴：《大陆法系对英语非洲国家宪法的影响——以法、德两国宪法为例》，《湖南科技大学学报》（社会科学版）2010 年第 2 期。

非其他 5 个阿拉伯国家都采取单一制的国家结构形式。但是，埃及1958～1961 年的国家结构形式不属于单一制。[①]

2. 北非阿拉伯国家独立初期的复合制

复合制是指由几个国家协议联合起来，组成各种国家联盟的国家结构形式。按这种形式组成的国家称复合国。复合制的国家有联邦[②]、邦联[③]、君合国[④]和政合国[⑤]等形式。独立初期，北非阿拉伯国家中只有利比亚王国采用了联邦制。如前所述，利比亚 1951 年宪法规定，利比亚是由黎波里塔尼亚、昔兰尼加和费赞三个具有半自治地位的省组成的联合王国。此外，埃及 1958 年与叙利亚合并成立的阿拉伯联合共和国也属于复合制。

二　北非阿拉伯国家模仿西方国家形式的原因

如前所述，独立初期北非阿拉伯国家的立宪背景是：政治上获得独立；经济上没有摆脱殖民主义的控制；文化上受原宗主国影响很大。在此背景下，北非阿拉伯国家模仿西方国家形式的原因大致可归纳为三点："非殖民化"导致对殖民政治遗产的继承；经济依附关系导致遗留政治体制的部分延续；社会精英的"西化"导致对西方，

---

① 1958 年，埃及和叙利亚合并，改称阿拉伯联合共和国，制定了确立南北两地政治关系原则的另一部临时宪法。1961 年埃、叙分裂。

② 实行联邦制的国家一般由两个以上共和国、邦或州联合组成。各成员单位按联邦宪法的规定，设有自己的立法机关和行政机关，有自己的宪法和法律，在自己的管辖区域内行使权力。洪永红、夏新华等：《非洲法导论》，湖南人民出版社，2000，第 295 页。

③ 邦联本身不是国际法主体，但组成邦联的各个部分都是国际法主体。

④ 君合国是两个国家以某种条约同意由一个君主进行统治，从而实现国家联合，但两国均有自己的宪法和权力机关，在国际关系中都有主权地位。如 1815～1890 年荷兰与卢森堡的联合。

⑤ 按政合制组建的国家通常是两个或两个以上共和制国家在缔结条约的基础上组成的国家联合。它们同受一个国家元首管辖，制定共同宪法，有统一的国家机关，规定统一管理军事、外交和财政等事物，在国际交往中成为一个主体，但成员国有自己的宪法和政府等，具有相对独立性。坦桑尼亚是典型的非洲政合制国家。洪永红、夏新华等：《非洲法导论》，湖南人民出版社，2000，第 296 页。

特别是原宗主国的模仿。

（一）"非殖民化"导致对殖民政治遗产的继承

北非阿拉伯国家的独立是民族解放斗争和"非殖民化"的必然结果。殖民宗主国把殖民地政治上的独立作为"非殖民化"的终结。北非阿拉伯国家的独立在很大程度上说，是北非阿拉伯国家的民族主义政党与殖民宗主国相互妥协的产物。对殖民宗主国而言，为了继续保持宗主国的传统影响和权力，必须要在殖民地中选择与自己政治观点和价值相似的可靠伙伴，从而做出一定的妥协。对北非民族主义政党而言，要想尽快执掌政权并进而维持其统治，必须寻找外部支持者，从而也做出一定的妥协。北非阿拉伯国家的"非殖民化"过程的实质内容是殖民宗主国归还北非阿拉伯国家主权，其方式和进程在相当程度上则是按照宗主国的意志进行的。殖民宗主国在"非殖民化"进程中通常采取的方式是压迫或诱使殖民地建立西方式的，特别是宗主国的政体模式。北非两个最主要的殖民宗主国——英国和法国都是如此。关于殖民地内部自治，英国的行动比法国更早。它在 1948 年就宣布实行殖民地内部自治，在领地范围内实行了一系列宪制改革，以"间接统治"代替直接统治。在法属非洲殖民地的"非殖民化"进程中，一个重要的事件是 1956 年法国《海外领地根本法》的修改，不仅制定了殖民地分阶段自治的日程表，还规定了未来自治国家的政治体制及其操作方法。据此，在法属非洲殖民地自治初期，各自治共和国的宪法都一律明文规定在未来国家的政体上采用总统共和制。① 正是因为这样，独立初期北非阿拉伯国家都不同程度地继承了宗主国的政治遗产。

（二）经济依附关系导致遗留政治体制的部分延续

西方殖民者入侵前，北非阿拉伯国家都还处于前资本主义的发展阶段，政治上实行的是君主制或酋长制等传统世袭和集权化的政治结

---

① 张宏明：《多维视野中的非洲政治发展》，社会科学文献出版社，1999，第 213～214 页。

构。长期的殖民统治导致了北非殖民地经济的畸形结构并使之固定化，主要表现在：殖民统治导致北非经济的依附性；殖民统治导致了北非经济的不平衡性①和经济结构的二元性②；殖民统治导致了北非经济的单一性③。这就使独立后的北非阿拉伯国家与西方国家，特别是其原宗主国的经济关系表现为典型的依附关系，与西方国家特别是其原宗主国的交往是北非阿拉伯国家与世界联系的主要渠道。财政需要和出口型的单一经济结构决定了这种经济上的附属和依附关系。为了获得西方国家，特别是其原宗主国在经济上的扶持和帮助，在政治上一定程度地保持原有的殖民体制便成为获取这种外交和经济支持的前提和条件。④

（三）社会精英的"西化"导致对西方特别是原宗主国的模仿

如前所述，长期殖民统治使西方教育在北非阿拉伯国家得到不同程度的传播。这既导致了北非阿拉伯国家社会精英的"西化"，也对北非阿拉伯国家国民人格产生了重大影响。这是导致独立初期北非阿拉伯国家模仿西方，特别是原宗主国宪法与政治的重要原因之一。北非阿拉伯国家民族运动的领导人大都接受过良好的西式教育。他们有的在殖民当局开办的西式学校学习过，有的还有留学西方国家的经历，受过西方式的高等教育，甚至还有人在西方殖民政府中任过职。这种经历和教育背景在很大程度上影响了独立初期北非阿拉伯国家对西方国家宪法与政治模式的选择。⑤ 独立初期，北非阿拉伯国家的民族主义政党领导人都非常赞赏西方国家的制宪理论和包括政党制度在内的政权模式。他们继承原殖民地现成的政治体制或仿效原宗主国的

---

① 北非经济的不平衡性既指各地区、各部门之间的发展不平衡，也指地区内部、部门内部的不平衡。
② 北非经济结构的二元性是指现代部门与传统部门并存。
③ 北非经济的单一性是指主要把一种或少数几种农矿产品作为国民收入来源。
④ 贺文萍：《非洲国家民主化进程研究》，时事出版社，2005，第67页。
⑤ 贺文萍：《非洲国家民主化进程研究》，时事出版社，2005，第68~69页。

多党议会民主制。具体说来，北非阿拉伯国家主要是受英国威斯敏斯特议会内阁制和法兰西第五共和国总统共和制的影响。尤其是法语北非国家，更直接地追随原宗主国的宪法模式。[①]

第三节　北非阿拉伯国家对苏联和
西方政党制度的模仿

北非阿拉伯国家独立初期，除利比亚禁止政党活动外，其他5国分别模仿苏联或西方国家的政党制度建立了一党制或多党制。

一　北非阿拉伯国家独立初期的一党制与多党制

（一）北非阿拉伯国家独立初期的一党制

独立初期，北非阿拉伯国家中实行一党制的国家有：阿尔及利亚、埃及、突尼斯。

1. 阿尔及利亚独立初期的一党制

独立初期，阿尔及利亚实行的是一党制。"民族解放阵线"是阿尔及利亚民族解放运动中产生并发展起来的，独立后成为执政党。1962年6月，在阿尔及利亚独立前夕，有6个政党[②]获得批准参加有关民族自决投票的宣传活动。1962年7月，本·贝拉上台执政后，明令禁止除民族解放阵线外的一切政党活动，一党制政治体制开始确立。[③] 阿尔及利亚1963年宪法规定：阿尔及利亚实行总统制和民族解放阵线一党制；民族解放阵线是阿尔及利亚的唯一政党，它负责确

---

① Louis Henkin, Albert J. Rosenthal, *Constitutionalism and Rights*：*The Influence of the United States Constitution Abroad*, Columbia University Press, 1990, p. 335.

② 这6个政党是：阿尔及利亚共产党、阿尔及利亚人民党、统一社会党、争取合作运动、社会党（法国社会党阿尔及利亚支部）、支持埃维昂协议的卜利达—米蒂贾委员会。据新华社阿尔及尔1962年6月16日电。

③ 赵慧杰：《列国志·阿尔及利亚》，社会科学文献出版社，2006，第111页。

定国家的政策，并监督国民议会和政府的各项活动；国家元首——总统由民族解放阵线提名后直接秘密普选产生。

2. 埃及独立初期的一党制

从 1922 年获得名义上的独立到 1952 年，埃及实行多党制。[①]1952 年革命成功后，埃及获得真正意义上的独立。埃及独立初期[②]的一党制是通过军事政变建立军人政权，实行权力转移，花了几年时间才建立的。因此，埃及的一党制带有极为浓郁的军人色彩。1952 年纳赛尔推翻法鲁克封建王朝后，实行军人统治。1953 年 1 月，以纳赛尔为首的自由军官组织解散了除穆斯林兄弟会以外的所有政党，1954 年进而宣布穆斯林兄弟会为非法组织，予以取缔。纳赛尔取缔原有的政党后，先后于 1953 年、1957 年、1962 年建立了 3 个政治组织：解放大会[③]、民族联盟[④]、阿拉伯社会主义联盟[⑤]。纳赛尔一再声明，这三个组织都不是政党，而是"体现人民意志的联盟"。[⑥] 事实上，这三个处于不同时期的政治组织是具有一切政党要素的，先后在埃及政坛上活动的唯一政党。因此，事实上，自 1954 年起，埃及的多党制被废，代之以一党制。[⑦]

3. 突尼斯独立初期的一党制

早在 20 世纪初期，突尼斯就在爱国知识分子组织——青年突尼

①　主要政党有：穆斯林兄弟会、民族民主运动、华夫脱党等。

②　这里的"埃及独立"是指 1952 年革命后埃及的真正独立。尽管埃及早在 1922 年就已获得名义上的独立，但其地位仅仅是从殖民地变为半殖民地，所以埃及的真正独立应该是在 1952 年革命之后。

③　解放大会建立于 1953 年 1 月，所有人包括被取缔的政党的成员都可以参加，一年后成员达550 万人，其任务主要是促使英国无条件从尼罗河流域撤军，该组织于 1956 年完成使命。

④　民族联盟建立于 1957 年 5 月，在 1958 年 2 月埃及与叙利亚合并后改名为阿拉伯民族主义组织，1961 年 9 月被解散。

⑤　阿拉伯社会主义联盟建立于 1962 年 5 月，成员由五种"劳动人民力量"组成，"反动力量"不得加入，到 1963 年 1 月时成员达 488 万人。

⑥　周琦、贺鉴：《非洲军人政权对国家宪法变迁与宪政发展的影响》，《求索》2011 年第 10期。

⑦　杨灏城、许林根：《列国志·埃及》，社会科学文献出版社，2006，第 174 页。

斯的基础上创建了自由政治党。1934 年 3 月，以布尔吉巴为首的现代派与传统派决裂，成立"新政治党"，马哈茂德·马里特当选主席，布尔吉巴总书记。1938 年 4 月，布尔吉巴接替马里特任党主席兼总书记。1956 年突尼斯共和国独立后，实行一党制，新政治党成为执政党。新政治党主席布尔吉巴出任总统，新政治党成为唯一合法政党。在 1959 年 11 月大选中，新政治党获得议会全部议席，组成政府。1964 年 10 月，党的第七次代表大会为贯彻"政治社会主义"的路线和方针政策，决定将党改名为"社会主义政治党"。①

（二）北非阿拉伯国家独立初期的多党制

独立初期，北非阿拉伯国家中实行多党制的国家有苏丹和摩洛哥。

1. 苏丹独立初期的多党制

独立之前，苏丹就有了民族联合党和乌玛党等民族政党。而且，苏丹是在各个政党没有就永久性宪法的形式和内容达成一致的情况下于 1956 年 1 月 1 日独立的。在独立后的首次选举中，第一届政府以民族联合党为主体组成，内阁总理由民族联合党主席阿扎里担任。1956 年 6 月，一些脱离民族联合党的人组建了人民民主党。随后，在政党斗争的压力下政府改组，民族联合党让出 4 个部长职位给乌玛党和人民民主党。同年 7 月，乌玛党与人民民主党携手联合倒阁，改由乌玛党总书记阿卜杜拉·哈利勒组阁。1958 年 3 月，苏丹举行大选，乌玛党和人民民主党组成联合内阁。但是，从西方移植这种竞争性的政党政治与议会制度，在当时的苏丹这样的非洲国家，实际上一开始就因为缺乏足够的历史文化基础与政治条件而显得十分脆弱。1956～1958 年苏丹第一届文官政府时期，各政党相互倾轧，政局动

---

① 杨鲁平、林庆春：《列国志·突尼斯》，社会科学文献出版社，2003，第 89～90 页。

荡，内阁改组频繁。① 为了挽救政治危机，乌玛党于 1958 年 11 月 17 日策划发动了军事政变，苏丹进入第一届军人政权时期，组成了以阿布德为首的苏丹武装部队最高委员会，作为国家的最高权力机关。然而，动荡的政局并未因军人政权的建立而稳定下来。1959 年 3 月、5 月、11 月，苏丹连续发生了 3 次军事政变。在军人执政期间，国内各党派同军政权之间的矛盾不断激化。1964 年 10 月下旬，全国爆发了大规模的反对军政权运动，推翻了阿布德的军政权统治，无党派人士和各党派组成了以中间力量为主的过渡政府。随后，在 1965 年 4 ~ 6 月举行的苏丹北部六省制宪议会大选② 中，乌玛党和民族联合党在制宪议会的 173 个席位中分别获得了 75 席和 54 席，选出了由 5 人组成的新一届"国家最高委员会"，同时由乌玛党的政治局执行委员穆罕默德·艾哈迈德·马哈古卜担任总理。1965 年 6 月 14 日，以乌玛党和民族联合党为主的新政府组成，苏丹进入了独立后的第二届文官政府统治时期，继续实行议会共和制度。③

2. 摩洛哥独立初期的多党制

摩洛哥的民族主义政党"摩洛哥行动委员会"出现于 1934 年。二战后，在民族独立运动的推动下，出现了不少政党。1955 年 11 月 16 日，苏丹穆罕默德五世以国王的名义组成了一个包括独立党、民主独立党以及其他独立派人士的，代表摩洛哥人的政府。1956 年 11 月 18 日，摩洛哥正式独立，实行君主制，由独立党、民主独立党以及其他无党派独立人士共同组成政府。1958 年 5 月 8 日，穆罕默德五世颁布临时宪法，确定向君主立宪制过渡。1960 年，国王与各党派关系紧张，独立党和"人民力量全国联盟"的不少领导人被捕。1960 年 5 月 26 日，穆罕默德五世国王重新组阁，亲自执政，并挑选

① 刘鸿武、姜恒昆：《列国志·苏丹》，社会科学文献出版社，2008，第 151 页。
② 南部三省由于政治原因抵制大选。
③ 刘鸿武、姜恒昆：《列国志·苏丹》，社会科学文献出版社，2008，第 153 页。

独立党、"人民力量全国联盟"、"人民运动"、"摩洛哥旅游总会"的右翼分子担任其各部大臣。[1] 1961 年 3 月 3 日，穆罕默德五世的长子穆莱·哈桑继位，称哈桑二世。1962 年 12 月 7 日，在独立党和"人民运动"等党派的支持下，同时也在"人民力量全国联盟"的反对声中，摩洛哥通过了第一部正式宪法。根据 1962 年宪法，国王哈桑二世独揽了党政军大权，又是宗教领袖，其下设有议会，实行多党制。1963 年 1 月，为了加强自己的权力，哈桑二世在"人民运动"党的基础上组建了新的政党——"保卫宪法体制阵线"。在 7～11 月的议会选举中，"保卫宪法体制阵线"胜出，并组阁。[2]

二 北非阿拉伯国家选择一党制或多党制的原因

如前所述，独立初期北非阿拉伯国家模仿苏联和西方国家建立了自己的政党制度，但由于各种原因，它们分别选择了一党制或多党制。

（一）北非三个阿拉伯国家选择一党制的原因

独立初期，阿尔及利亚、埃及、突尼斯都选择了一党制，其原因主要包括以下几个方面。

1. 苏联的影响

从 20 世纪初建国到 20 世纪 90 年代初解体，苏联一直实行一党制。非洲的民族独立运动在很大程度上是在苏联的影响下开始并发展的，苏联的一党制也因此对部分非洲国家产生了重大影响。苏联通过一党制巩固了新生的政权，依靠一党集权在短期内实现了经济、社会的重建，推动了经济社会的快速发展。这使北非部分国家认为，建立"先锋革命党"的高度集权和实行一党执政是一种可资借鉴的可行办

---

① 肖克：《列国志·摩洛哥》，社会科学文献出版社，2008，第 81 页。
② 肖克：《列国志·摩洛哥》，社会科学文献出版社，2008，第 83 页。

法。于是，在苏联的影响下，阿尔及利亚、埃及、突尼斯等北非阿拉伯国在独立初期都建立了一党制。

2. 传统社会的特性

传统社会的特性是导致北非国家一党制的重要原因。一党制与以酋长制为典型代表的北非国家传统政治文化的物化形态有着更多的相似性。北非传统社会是一个无阶级的阿拉伯社会，以大家庭（家族或氏族）为基础的村社是传统社会中人们的生活中心，伊斯兰教义是北非传统社会的精神支柱。在北非传统社会中，村社内部的生产资料归集体所有，产品由集体分配。在独立后的北非阿拉伯国家，村社体制和大家庭的结构作为一种超稳定结构，深刻地影响着人们的政治、经济和社会生活等各个方面。就如马克思所言，在北非这样一个"自然形成的不发达状态中，传统必然起着非常重要的作用"。[①] 同时，北非阿拉伯国家的文化传统是推崇社会的一体性和一致性的，这也成为北非国家独立初期推行一党制的历史文化资源。正如日本学者田口富久治等人所言："一党制的理论根据，从非洲人社会的一体性这一意识形态中很容易找到。"[②] 独立初期的北非阿拉伯国家的领导人认为，北非阿拉伯国家并不存在明显的阶级分化，建立一个人人皆党员的"全民党"或者"超级党"才更有利于推进各国民主化进程。他们强调虽然只有一党，但这并不意味着就是"一言堂"，依然可以群策群力，发出不同的声音，促进民主制度的建立，这也更符合北非阿拉伯国家的文化传统。[③] 北非阿拉伯国家独立初期的领导人还认为，在一党制条件下，各种部族、不同地区、不同宗教的政治力量被吸收团结在同一政党内，全体公民才能获得平

---

① 《资本论》（第3卷），人民出版社，1975，第893页。
② 〔日〕田口富久治等：《当代世界政治体制》，耿小曼译，光明日报出版社，1988，第167页。
③ 陆庭恩、刘静：《非洲民族主义政党和政党制度》，华东师范大学出版社，1997，第183页。

等参与讨论国家大事的机会，执政党才能真正代表全体国民的利益。①

3. 执政党在民族独立运动中的超强领导地位

如前所述，北非阿拉伯国家的独立是在有关民族政党的领导下成功的，例如，阿尔及利亚的"民族解放阵线"、埃及的"自由军官组织"②、突尼斯的"新政治党"。因此，独立后有关民族政党也就理所当然地成为有关国家的执政党。独立后，部族主义、宗教偏见和地区差别等成为北非阿拉伯国家无法回避的问题。为了协调部族和宗教矛盾，消除部族主义、宗教偏见和地区差别，独立初期北非阿拉伯国家有的政党领导人觉得必须实行中央集权的一党制政治模式。他们认为，一党制有利于巩固国家统一和民族团结，能够增进各部族及社会集团之间的交流和理解。由此可见，执政党在民族独立运动中的超强领导地位是导致一党制的重要原因。

（二）北非两个阿拉伯国家选择多党制的原因

苏丹和摩洛哥在独立初期都选择了多党制，其原因主要包括以下几个方面。

1. 原宗主国的影响

苏丹和摩洛哥都是在民族运动的基础上，通过上层谈判和"宪法改革"等和平方式，逐步取得民族独立的。如前所述，苏丹和摩洛哥社会精英的"西化"导致对西方特别是原宗主国的模仿，他们继承原殖民地现成的政治体制或仿效原宗主国，建立了多党议会民主制。二战后，在北非民族独立运动不可逆转的形势下，法国和英国开始在其北非殖民地推行"非殖民化"政策。例如，二战后殖民宗主

---

① 贺文萍：《非洲国家民主化进程研究》，时事出版社，2005，第79页。
② 有学者认为，军官集团是产生于非洲具体条件下的特殊形式的一种政党；他们建立的军政权也是非洲特殊条件下形成的政党制度。参见陆庭恩、刘静《非洲民族主义政党和政党制度》，华东师范大学出版社，1997，第224页。

国英国为了控制苏丹民族运动的发展进程和走向，开始在殖民地建立自治政府和议会。1948年，在英国殖民当局的主持下，苏丹举行了咨询性的立法议会选举，其目的是以后在苏丹建立议会制政府。1953年，苏丹宣布自治，并开始为未来独立国家制定一部宪法。1955年12月，苏丹议会通过了临时宪法，它是在英国殖民政府的影响下制定的，具有明显的英国式政治制度的色彩。根据这部临时宪法，苏丹将实行议会共和制和多党制，总理必须是议会中多数党的领袖。[①] 在原宗主国法国的影响下，摩洛哥独立后，无论是穆罕默德五世统治时期，还是哈桑二世执政期间，都实行多党制。

2. 各部族之间的斗争

苏丹和摩洛哥都是建立在各种不同部族基础上的，都属于多族体即复合族体国家。各部族之间的斗争是导致苏丹和摩洛哥独立初期实行多党制的重要原因之一。民族独立运动时期，各部族及其相关政党之间就既有合作也有斗争。非洲国家独立后，部族和相关政党之间的斗争依然难以避免，尤其是面对胜利果实的诱惑。这主要是因为在非殖民化过程中得到更多好处的只是少数"部族"或集团，而有关政党的领袖恰恰又是"部族"首领。因此，不少政党不可避免地把自己建立在"部族"、地区或宗教的基础之上，无论是苏丹还是摩洛哥的民族主义政党都是如此。为扩大在国内的政治基础，苏丹和摩洛哥的各个政党都积极通过种族、"部族"和宗教信仰等渠道寻求政党支持来开展政治斗争。1983年苏丹人民解放运动成立后，南苏丹的族群关系围绕这一革命组织发生了质的变化。与第一次南北内战中的阿巧亚巧亚运动主要由赤道地区各族组成不同，"苏人运"在成立初期，由于南部赤道各族对其持敌视态度，因此其成员主要来自北部的丁卡人、努尔人和希鲁克人，其中丁卡人占据绝对优势。直到1988

---

① 刘鸿武、姜恒昆：《列国志·苏丹》，社会科学文献出版社，2008，第155页。

年以努尔人为主的"阿尼亚尼亚第二"被吸收进来后，努尔人在"苏人运"中的影响力才大幅提高。苏丹人民解放运动成为反抗苏丹政府的主导力量，丁卡人和努尔人则掌握着"苏人运"的主导权，他们的军事化程度和政治地位远超过了其他民族。从"苏人运"成立、发展到新国家成立，丁卡人始终在政治领域占据主导地位，努尔人和西鲁克人对此感到强烈不满，其他族群则由于人口、实力较弱或依附于丁卡人，或追随努尔人。因此，独立后实行权力分享、竞争选举的多党议会体制也就成为必然。①

3. 民族独立运动中的多党政治实践

苏丹和摩洛哥在争取民族独立的过程中，为了完成共同的反对殖民主义、实现民族解放和国家独立的伟大使命，各主要民族主义政党之间一般能搁置政治分歧，一致对外，共同御敌。例如，早在20世纪40年代，苏丹民族政党纷纷建立，其中影响较大的主要是民族联合党和乌玛党等民族政党。1954年1月，几个主要的民族政党建立了联合自治政府。1956年1月1日，在各个政党没有就永久性宪法的形式和内容达成一致的情况下，苏丹宣布独立，并成立以民族联合党为主体的联合政府。同年7月，乌玛党与人民民主党携手联合倒阁，改由乌玛党总书记阿卜杜拉·哈利勒组阁。1958年3月，苏丹举行大选，乌玛党和人民民主党组成多党联合内阁，实行多党制。又如，二战后在民族独立运动的推动下，摩洛哥出现了不少政党。1955年11月16日，素丹穆罕默德五世以国王的名义组成了一个包括独立党、民主独立党以及其他独立派人士的代表摩洛哥人的政府。1956年11月18日摩洛哥正式独立，实行君主制和多党制，由独立党、民主独立党以及其他无党派独立人士共同组成政府。1960年5月26日，穆罕默德五世国王重新组阁，亲自执政，并挑选独立党、"人民

---

① 贺文萍：《非洲国家民主化进程研究》，时事出版社，2005，第67页。

力量全国联盟"、"人民运动"、"摩洛哥旅游总会"的右翼分子担任其各部大臣。[①] 1961 年 3 月 3 日，哈桑二世继位。随后，1962 年 12 月 7 日，在各主要政党的斗争中，摩洛哥通过了第一部正式宪法。根据 1962 年宪法，国王哈桑二世独揽了党政军大权，又是宗教领袖，其下设有议会，实行多党制。

综上所述，北非阿拉伯国家宪法初创和政治尝试的历史背景有很大的相似性，主要表现在以下几个方面：政治上获得独立；经济上没有摆脱殖民主义的控制；文化上受原宗主国影响很大。北非阿拉伯国家获得民族独立的方式大致可分为以下三种情况：通过和平方式取得独立；通过武装斗争获得独立；通过进步的军事政变或人民革命取得独立。独立的方式对北非阿拉伯国家宪法初创和政治尝试有很大影响。北非阿拉伯国家经济上的脆弱性和严重依附性，必然导致其政治极易受外部环境和因素变化的影响。[②] 北非阿拉伯国家在文化上受西方文化特别是原宗主国文化影响很大，主要表现在两个方面：导致北非阿拉伯国家社会精英"西化"；原宗主国语言成为北非阿拉伯国家的通用语言。独立初期，北非阿拉伯国家的宪法与政治尝试主要是对西方国家，特别是对原宗主国的模仿，但也在一定程度上受苏联的影响，主要表现在对西方国家之国家形式的模仿与对苏联和西方政党制度的模仿两个方面。这一切都有着深刻的原因。

---

① 肖克：《列国志·摩洛哥》，社会科学文献出版社，2008，第 81 页。
② 周琦、贺鉴：《非洲军人政权对国家宪法变迁与宪政发展的影响》，《求索》2011 年第 10 期。

第三章
变革时期北非阿拉伯国家的
宪法变迁与政治发展

从总体上来看，20 世纪 60 年代中期至 80 年代末期是北非阿拉伯国家宪法与政治的变革时期。当然，对具体某一个国家来说，有的可能早于 20 世纪 60 年代中期，如埃及。在这个时间段内，社会主义思潮、伊斯兰复兴运动和军人政权对北非阿拉伯国家宪法变迁与政治发展起着重要影响。这一时期，北非阿拉伯国家宪法变迁与政治发展的突出特点是，许多国家宣称走"建立在伊斯兰基础上的社会主义"道路。

第一节　社会主义思潮对北非阿拉伯国家宪法变迁与政治发展的影响

第二次世界大战之后，非洲大陆掀起了民族独立运动的高潮。非洲国家国内发生了重大变化，纷纷寻求政治和民族的独立。从 1951 年到 1980 年，不到 30 年间，有 47 个非洲殖民地成功摆脱了原宗主国的殖民统治，[1] 建立了独立的民族国家。在这些国家中，有 30 多个国

---

[1]　高晋元：《试论战后非洲的民族独立战争》，《西亚非洲》1986 年第 5 期。

家独立之后都在国家制度建构中规定了社会主义宪法的内容。有学者统计，二战后在 50 多个独立非洲国家中，有近一半的国家先后公开而明确地宣称奉行社会主义，还有为数众多的非洲民族主义政党自称以社会主义为奋斗目标，1981 年还成立了全非性的奉行民主社会主义的非洲社会党国际。① 这一时期，社会主义浪潮席卷整个非洲。非洲社会主义强调它不是任何外来的社会主义，而是在"世界两大巨人之间保持思想和行动独立的"、唯一适用于非洲的"独特的"社会主义。非洲社会主义国家在政体上的一个共同特点是从议会民主制向集权制转变。它们修改宪法，在经济上采取国有化措施，十分强调民族经济的发展，反对外资渗入。在政治上，它们大多废除多党制，实行一党制。② 北非阿拉伯国家除摩洛哥外，其他国家也都坚持对社会主义的信仰，以社会主义理论来构建国家的结构体系。埃及、苏丹、利比亚、阿尔及利亚制定的宪法内容与社会主义联系最为紧密，是非洲特色的社会主义宪法。

一　非洲社会主义的主要类型

非洲社会主义流派繁多，内容各异。有的称"非洲式社会主义"，有的称"乌贾马社会主义"，有的称"民主社会主义"，有的称"科学社会主义"，有的称"伊斯兰社会主义"等。国内外学者对其进行的划分也多种多样，众说纷纭。比较早的划分方式来自苏联学者，主要有以下几种。阿马特·丹索科、诺达尔·西莫尼亚、恩尼·拉查根据阶级属性的不同，将非洲社会主义划分为小资产阶级社会主义、资产阶级社会主义。③ 罗斯季斯拉夫·乌里扬诺夫斯基从政治态

① 唐大盾等：《非洲社会主义：历史·理论·实践》，世界知识出版社，1988，第 2 页。
② Filip Reyntjens, "Recent Development in the Public Law of Francophone African States," *Journal of African Law*, 1986（2）.
③ 阿马特·丹索科、诺达尔·西莫尼亚、恩尼·拉查：《论亚洲和非洲的社会主义概念》，《和平和社会主义问题》1971 年第 9 期，转引自唐大盾、徐济明、陈公元主编《非洲社会主义新论》，教育科学出版社，1994，第 79 页。

度，即对两大世界体系——社会主义和资本主义的倾向上，划分为民族改良主义、现代小资产阶级空想社会主义、民族民主社会主义或革命民主社会主义。① A.C.考夫曼以是否"彻底实行"以社会主义为方向的方针，将非洲社会主义分为"彻底实行以社会主义为方向的方针"的和"不彻底的"。② 西方学者主要的划分包括：卡尔·G.罗斯伯格将黑非洲国家奉行的社会主义分为"非洲社会主义"和"自称的'科学社会主义'和'马克思列宁主义'"。③ 奥塔维夫妇又在此基础上提出从"意识形态的演变"方面，把非洲的社会主义分为"非洲社会主义"、"非洲共产主义或非洲的马克思列宁主义"、介乎前两者之间的"过渡性"的社会主义。④ 我国学者自 20 世纪 80 年代初以来，对非洲社会主义提出了以基本特征为标准的新划分标准，将非洲社会主义划分为四种类型，即阿拉伯社会主义、非洲村社社会主义、非洲民主社会主义、非洲科学社会主义。⑤

（一）阿拉伯社会主义

阿拉伯社会主义起源于西亚，并在北非阿拉伯国家中盛行一时，尤其是埃及、阿尔及利亚和利比亚 3 国。第一次提出"阿拉伯社会主义"概念的人是叙利亚民族主义者米歇尔·阿弗拉克及其同窗好

---

① 罗斯季斯拉夫·乌里扬诺夫斯基：《论马克思主义对待发展中国家非马克思主义社会主义的态度》，《和平和社会主义问题》1971 年第 9 期，转引自唐大盾、徐济明、陈公元主编《非洲社会主义新论》，教育科学出版社，1994，第 79 页。

② A.C.考夫曼：《以社会主义为方向的国家的发展问题》，〔苏联〕《工人阶级和当代世界》1985 年第 6 期，转引自唐大盾、徐济明、陈公元主编《非洲社会主义新论》，教育科学出版社，1994，第 79 页。

③ 卡尔·G.罗斯伯格主编《撒哈拉以南非洲的社会主义：重新评价》，转引自唐大盾、徐济明、陈公元主编《非洲社会主义新论》，教育科学出版社，1994，第 80 页。

④ 戴维·奥塔韦、马玛丽娜·奥塔维：《非洲共产主义》，东方出版社，1986，第 29 页，转引自唐大盾、徐济明、陈公元主编《非洲社会主义新论》，教育科学出版社，1994，第 12 页。

⑤ 唐大盾、张士智、庄慧君、汤平山、赵慧杰：《非洲社会主义：历史、理论、实践》，中国社会科学出版社，2007，第 32 页。

友萨拉赫丁·比塔尔。作为阿拉伯社会主义的创始人，他们于1944年在其代表作《阿拉伯民族主义者对共产主义的态度》一书中指出："社会主义的灵魂是伊斯兰教。"阿尔及利亚的社会主义者认为，社会主义应该以阿拉伯民族主义和伊斯兰教教义作为理论基础。索马里总统西亚德·巴雷则声称："伊斯兰教义中有社会主义的基础。"①

　　阿拉伯社会主义有如下几个基本特征：第一，将伊斯兰教义作为理论之基，与伊斯兰教息息相关，强调伊斯兰传统社会已经孕育了社会主义的幼芽；第二，对外追求阿拉伯统一，具有浓厚的阿拉伯民族主义色彩；② 第三，军队是国家政权的基础；第四，实行大规模的国有化，将外国企业收归国有，并努力推动工业化建设进程。③

（二）非洲村社社会主义

　　村社社会主义是一种具有浓厚的黑非洲传统村社色彩的，以非洲传统村社价值标准为基础的社会主义流派。它曾经在村社制残余大量存在的撒哈拉以南非洲地区广泛流行。④ 但不同国家的人对村社社会主义的表述也不一样。例如，赞比亚总统卡翁达就是撷取村社文化中的人道主义因素，提出赞比亚的人道社会主义理论的。坦桑尼亚总统尼雷尔把非洲部落（或民族）社会中共同生活、集体劳动和共享劳动成果的大家族——"乌贾马"（意为 Familyhood，即家族精神或 Brotherhood，即兄弟精神）作为其社会主义的名称。马达加斯加的总统拉齐拉卡则把马尔加什人的村社传统即"福科诺洛纳"作为其社会主义的专称。⑤

　　村社社会主义有如下几个基本特征。第一，强调非洲的传统属

---

① 唐大盾、徐济明、陈公元主编《非洲社会主义新论》，教育科学出版社，1994，第30页。
② 参见杨增耀《关于阿拉伯民族主义的几个问题》，《西北大学学报》（哲学社会科学版）1994年第1期。
③ 唐大盾、徐济明、陈公元主编《非洲社会主义新论》，教育科学出版社，1994，第83页。
④ 沈阳：《我国非洲社会主义研究的回顾与展望》，《马克思主义研究》2014年第12期。
⑤ 唐大盾、徐济明、陈公元主编《非洲社会主义新论》，教育科学出版社，1994，第33页。

性，将非洲传统村社制作为理论源泉，认为社会主义为非洲传统村社所固有，恢复传统公社社会的基本原则，就是实行社会主义。① 第二，不承认阶级和阶级斗争的存在，认为无产阶级专政理论不适用于非洲。尼雷尔就在其《乌贾马：非洲社会主义的基础》一文中提到，非洲社会不存在欧洲社会主义者所谓的"阶级"或者"等级"。② 第三，实行独特的一党制——"全民党"政党制度，即全体人民皆为党员。③ 第四，具有鲜明的民主主义色彩，致力于泛非主义和非洲统一。

（三）非洲民主社会主义

非洲民主社会主义深受欧洲社会党思想影响，是唯一具有泛非组织形式的非洲社会主义流派。它形成较晚，发展较快，是非洲很有势力和影响的一个社会主义流派。非洲民主社会主义的代表人物是塞内加尔的桑戈尔。他认为，在撒哈拉以南非洲，传统的社会结构依然是以大家庭（家族）为基础的村社，因此，可以把黑人文化归结为"黑人传统精神"。在此基础上，桑戈尔还吸收了欧洲一些社会主义流派的思想，进而形成了独具特色的民主社会主义思想。

民主社会主义有如下几个基本特征：第一，将社会主义等于人道主义，坚信人道主义才是最符合非洲现状的；第二，经济上保留私有制，公有制和私有制经济并存，实行有限的自由经济政策；第三，政治上采取改良主义，在西方宪政主义指导下，实行多党制，强调三权分立和民主自由；第四，文化上强调非洲传统属性，试图在非洲传统

---

① 沈阳：《我国非洲社会主义研究的回顾与展望》，《马克思主义研究》2014年第12期。

② 尼雷尔：《乌贾马：社会主义论丛》，牛津大学出版社，1974，第11页，转引自唐大盾、徐济明、陈公元主编《非洲社会主义新论》，教育科学出版社，1994，第152页。

③ 卡尔·G. 罗斯伯格、托马斯·M. 卡拉汉合编《撒哈拉以南非洲的社会主义》，加利福尼亚大学，1979，第72页，转引自唐大盾、徐济明、陈公元主编《非洲社会主义新论》，教育科学出版社，1994，第151页。

文化基础上建构社会主义；① 第五，对外关系上倾向西方，抵制苏联，与西欧社会党国际关系密切。②

（四）非洲科学社会主义

非洲科学社会主义，亦称"非洲共产主义"，是自称以马克思主义为指导思想的一种社会主义流派。20 世纪 60 年代末，非洲出现了第一个公开宣称奉行马克思主义的国家——刚果人民共和国；其执政党是刚果劳动党。它们都是 1968 年通过军事政变上台的马里安·恩古瓦比领导刚果人民创建的。此外，通过军事政变或武装斗争上台的贝宁、埃塞俄比亚军政权、安哥拉和莫桑比克等也都奉行非洲科学社会主义。1980 年津巴布韦独立后，也加入了这一行列，从而使宣称奉行马克思主义的非洲国家达到 6 个，约占当时宣布奉行社会主义的非洲国家总数的 1/3，③ 科学社会主义在非洲的势力和影响范围，得到了进一步的发展和壮大。

非洲科学社会主义有如下几个基本特征：第一，坚持科学社会主义，将马克思主义作为官方意识形态，尤其是将其贯彻为执政党的指导思想；第二，不仅承认非洲社会存在阶级，而且强调阶级斗争在非洲政治发展中的重要性；④ 第三，在政党制度方面，坚定不移地实行一党制，突出执政党的领导地位，强调党领导一切；⑤ 第四，经济上主张建立一个"独立而先进的计划经济体制"；⑥ 第五，对外关系上，由于其独立过程中得到以苏联和古巴为代表的共产国际阵营的军事和经济援助，故而尤其强调与社会主义国家的关系。⑦

---

① 蒲国良：《冷战后时代非洲的民主社会主义》，《学术探索》2005 年第 6 期。
② 唐大盾：《非洲社会主义的由来和发展》，《西亚非洲》1985 年第 5 期。
③ 唐大盾、徐济明、陈公元主编《非洲社会主义新论》，教育科学出版社，1994，第 254 页。
④ 张薏：《非洲"社会主义"思潮浅谈》，《西亚非洲》1984 年第 2 期。
⑤ 门晓红、周广坤：《"非洲科学社会主义"的产生发展及衰落——以莫桑比克为例》，《科学社会主义》2008 年第 6 期。
⑥ 唐大盾、徐济明、陈公元主编《非洲社会主义新论》，教育科学出版社，1994，第 255 ~ 262 页。
⑦ 唐大盾：《非洲社会主义的由来和发展》，《西亚非洲》1985 年第 5 期。

二 北非阿拉伯国家的社会主义尝试及其宪法与政治变革

在席卷非洲的民族解放运动中获得民族独立的北非阿拉伯国家，普遍面临着共同的道路选择问题，资本主义道路或社会主义道路。西方资本主义国家数百年的殖民统治使北非阿拉伯国家人民天然地厌恶资本主义发展道路，而以中国和苏联为代表的社会主义所展现出来的强大生产力和经济建设成就，对于非洲国家而言，无疑具有巨大的吸引力。并且，其在民族独立时期的各种援助也使非洲新兴国家的领导人和人民心存好感，北非阿拉伯国家选择走社会主义道路便不难理解了。

（一）北非阿拉伯国家的社会主义尝试

突尼斯政党于20世纪50年代较早地发出了社会主义的声音，提出了一些理论。但随之于1957年颁布的第一部共和国宪法却没有对社会主义的相关理论做出明文规定。不过在宪法的相关条文中，尤其是在公民的基本权利和自由方面，突尼斯着重规定了公民社会权的保障。这一条款的规定，也在一定程度上引领了突尼斯社会主义的新发展。

1952年7月23日，以纳赛尔为首的自由军官组织推翻法鲁克王朝，成立革命指导委员会。在纳赛尔执政时期，埃及于1956年首次颁布了倾向于社会主义的宪法，该宪法强调"人民享有国家主权"。[①]新宪法的内容体现了浓厚的阿拉伯社会主义的意味。宪法颁布以后，便在国内展开了社会主义相关理论和制度的实验。此后，阿尔及利亚（1962年）、突尼斯（1963年10月）[②]、利比亚（1969年）、苏丹

---

① 上海社会科学院法学研究所编译室编译《各国宪政制度和民商法要览》（非洲分册），法律出版社，1986，第19页。

② 20世纪50年代末，突尼斯政治党提出了"社会主义"的口号；60年代初，布尔吉巴提出"新政治党的社会主义"，1963年10月正式宣布在突尼斯实行社会主义。

（1972 年）也都相继加入了阿拉伯社会主义的行列，一股阿拉伯社会主义的浪潮在北非地区悄然兴起。

这些国家大多是在群众运动的基础上，通过上层谈判和"宪法改革"等方式，逐步取得民族独立的。独立后大多采取较为慎重的政策，一般允许甚至鼓励外资企业和本国私人企业的发展，实行国营、私营和合营企业并存的"混合经济"体制，没有立即进行大规模的社会主义试验，只是在经过一段"过渡时期"之后，才采取全面的社会主义措施。

（二）社会主义影响下北非阿拉伯国家宪法与政治的变革

宪法是公民权利的保障书。[①] 宪法根本大法的地位决定了北非阿拉伯各国都非常重视宪法制度的建立和发展。

1962 年 5 月，埃及全国人民力量代表大会正式提出了"阿拉伯社会主义"思想。埃、叙合并决裂后，埃及在 1964 年制定了属于自己的宪法，该宪法的内容具有浓重的社会主义色彩。该宪法明文规定埃及是"一个建立在劳动人民力量联盟基础上的社会主义民主国家"。萨达特上台后，埃及于 1971 年颁布了"永久宪法"。1971 年宪法重申埃及走社会主义的道路，该宪法第 1 条规定，"阿拉伯埃及共和国是以劳动人民力量联盟为基础的民主和社会主义制度的国家"；第 4 条规定，"埃及的经济基础是建立在富足和正义，以防止剥削、谋求消灭阶级差别的社会主义制度上"[②]。1980 年，埃及颁布宪法修正案，依然规定埃及是"建立在劳动人民力量联盟基础上的民主社会主义制度"。[③]

1963 年阿尔及利亚颁布的第一部社会主义性质的宪法前言部

---

① 胡正昌：《宪法可诉性的法理审视》，《湖南科技大学学报》（社会科学版）2009 年第 2 期。

② Jean du bois de Gaudusson, Gerard Conac, Christine Desouches, *Les Constitutions Africaines*, La Documentation Francaise, 1997, pp. 306 – 325.

③ 贺鉴：《非洲社会主义宪法述评》，《当代世界与社会主义》2010 年第 4 期。

分规定，"阿尔及利亚人民民主共和国遵照社会主义之原则与人民大众……迈向国家建设之道路……为实行社会主义而动员"。①该宪法第 10 条规定，"实行社会主义民主之建设"是阿尔及利亚人民民主共和国的基本目标之一。该宪法确立了阿尔及利亚的社会主义政治体制，为阿尔及利亚进行全面社会主义改造提供了法律基础。这期间颁布的具有宪法性质的文件——《的黎波里纲领》，进一步巩固了社会主义的建国原则。阿尔及利亚在布迈丁执政时期于 1976 年 11 月 9 日颁布了第二部社会主义性质的宪法——《国民宪章》。1976 年宪法序言规定，"阿尔及利亚人民自独立的翌日起，建设一个以消灭人剥削人为基础的，在社会主义选择范围内……进步的新社会……又一次按照坚定不移的社会主义来选择制订理论、提出战略的机会……"② 1976 年宪法第 10～24 条对"社会主义"做了详尽规定，明确指出："社会主义足唯一能够完成民族独立的道路"，"在我们的时代，民族解放和社会解放在本质上是互相依存的"。③ 直至 1979 年 2 月沙德利上台执政后颁布 1989 年宪法修正案，才删除了有关"社会主义"的相关内容，重新确定国家性质，把"阿尔及利亚国家是社会主义的"改为"阿尔及利亚是一个民主人民共和国"。④

此外，利比亚 1969 年制定的《宪法性宣言》，着重突出了阿拉伯统一、社会主义等内容。⑤ 苏丹 1973 年宪法规定，苏丹是一个社会主义的国家，政体和国体均具有社会主义性质。

---

① 贺鉴：《非洲社会主义宪法述评》，《当代世界与社会主义》2010 年第 4 期。
② 贺鉴：《非洲社会主义宪法述评》，《当代世界与社会主义》2010 年第 4 期。
③ 潘蓓英：《从〈的黎波里纲领〉到〈国民宪章〉——"阿尔及利亚社会主义"的理论与实践》，《西亚非洲》1981 年第 5 期。
④ Michel Louis Martin, *Les Nouvelles Constitutions des Pays Francophones du Sud*, L'Hermes, 1998, pp. 33－57.
⑤ 贺鉴：《非洲社会主义宪法述评》，《当代世界与社会主义》2010 年第 4 期。

第二节　伊斯兰复兴运动及其对北非阿拉伯国家
宪法变迁与政治发展的影响

20 世纪 60 年代，随着北非阿拉伯国家强调自身的独立以及民族的解放，伊斯兰复兴运动在北非迅速得到了发展，也催生了伊斯兰法的复兴。伊斯兰复兴运动在北非阿拉伯各国的兴起，给各国的政治制度带来了重大的转变，也对宪法变迁和政治发展产生了重大的影响。

一　伊斯兰复兴运动

（一）传统的伊斯兰复兴运动

伊斯兰复兴运动在伊斯兰国家中长期存在，而且具有一定的周期性。如果国家发生重大变动，如社会出现混乱时，伊斯兰复兴主义便会抬头，呼吁对伊斯兰原旨教义的遵守，以希冀达到维持社会和谐稳定的目标。根据不同的主体来划分，伊斯兰复兴运动可分为公众的、官方的和政治反对派的。近代以来所发生的伊斯兰复兴运动，大多规模比较小，是由精通伊斯兰教义、对社会现状了解较多的宗教家和伊斯兰学者来统一组织的。近代较为著名的是瓦哈比宗教复兴运动和埃及的穆斯林兄弟会运动。这些组织都遵循伊斯兰教原旨教义和传统，遵照《古兰经》来调整自己的行为，并利用《古兰经》作为自己的生活标准和解决矛盾纠纷的准则。对于伊斯兰国家出现的腐败、社会不公、对公民不平等对待问题，他们认为都是由于缺乏对伊斯兰教原来的信仰，人们的思想观念出现了偏差，国家的制度也偏离了正确的民主轨道。

（二）当代伊斯兰复兴运动的发展

当代伊斯兰复兴运动几经起落，大致可分为两个时期：二战结束到 20 世纪 60 年代末为第一阶段；自 20 世纪 70 年代起至今为第二阶段。由于时代的发展进步以及国家政权的稳固，当代的伊斯兰复兴运动呈现出不同于传统伊斯兰复兴运动的特点：（1）有更明确的政治目标和行动纲领；（2）组织形式非常严谨，尤其是在伊斯兰活动中，都有一定的领导者加以引领，以保持本身的纯洁性和纪律性，但组织本身也存在对自由的保护，自发性的活动也可以生存；（3）有广泛的国际联系。伊斯兰世界之间不是封闭的，而是存在彼此的联系，只要是有相关的起义运动，往往都会对邻国进行波及。虽然其本身强调地域性和多中心性，但发展的趋势却是共联性。进入 20 世纪 80 年代中期以后，伊斯兰复兴运动渐趋和缓。①

二　伊斯兰法复兴运动与阿拉伯国家的法律现代化

在伊斯兰复兴运动的影响下，从 20 世纪 60 年代开始出现了伊斯兰法②复兴运动，这对阿拉伯国家的法律现代化产生了重大影响。在伊斯兰法复兴背景下，北非阿拉伯国家的宪法变迁与政治发展也就有了新的特点。

（一）伊斯兰法复兴运动

近代以来，阿拉伯国家的法律经历了现代化的变迁，在接受西方法律的同时，根据社会现实和价值观对传统法律特别是伊斯兰法进行了改革。但自 20 世纪 60 年代末以来，伊斯兰国家的法律改革出现了

---

① 中国伊斯兰百科全书编辑委员会：《中国伊斯兰百科全书》，四川辞书出版社，1994，第667 页。

② 伊斯兰法"沙里阿"，原意是"通向水源之路"或"应该遵循的常道"。在伊斯兰教义里，"沙里阿"被引申为"通往先知的大道"，意为"安拉降示的神圣命令的总和"，它是在中世纪政教合一的阿拉伯国家中形成和发展起来的、适用于全体穆斯林的有关伊斯兰宗教、政治、社会、家庭和个人生活准则的总称。伊斯兰法作为一种宗教法，与伊斯兰教义、教规密切相关，是在 7 世纪初伊斯兰教和阿拉伯统一国家的形成过程中产生的，其四大根源（又称四大基础）是《古兰经》、《圣训》、公议和类比。伊斯兰法在形成和发展过程中，根据需要有选择地吸收了传统的习惯和习惯法，主动对流行于各地的习惯和习惯法予以整理，并参照伊斯兰教义加以改造，使之成为伊斯兰法的一部分。参见洪永红、贺鉴《伊斯兰法与中东伊斯兰国家法律现代化》，《阿拉伯世界》2002 年第 1 期。

一个独特的现象：一些国家宣布废除沿用的西方法律，重新采用传统的伊斯兰法，这就是所谓的"伊斯兰法复兴运动"，或称"伊斯兰法复兴热"。利比亚是"伊斯兰法复兴运动"的先锋，紧跟其后的是伊朗和苏丹等国，它们在主要的法律领域恢复了伊斯兰法的主导地位，这对其他中东伊斯兰国家的法律发展产生了重大影响。[①] 具体表现为：虽然迫于西方的压力引进了西方的一些法律制度，但这些制度的引进也不是全盘进行接受，而是有所侧重，最主要的是与本国的实际情况以及追求世俗化和现代化的特点相结合。而且不同的国家还设定了一定的法律审查制度，其中一个重要的判断标准就是是否与伊斯兰法的基本原则相冲突。同时还在宪法和法律中重申某些伊斯兰法原则，如埃及和科威特等国都采取了相应的措施。具体如下。

1969年，利比亚宣布伊斯兰教为国教，1971年10月28日宣布恢复伊斯兰法。随后便制定了一系列具有伊斯兰法色彩的民事和刑事法律制度。当年还成立了专门委员会对当时的法律是否与伊斯兰原则相符进行审查，然后起草新的法律以废除和取代违背伊斯兰原则的法律。由于伊斯兰刑法在《古兰经》中规定得较为明确具体，且在近代的法律改革中基本上被废除，在伊斯兰法复兴热中，传统刑法的恢复就成为一个重要的内容。[②] 1972年，利比亚颁布第148号法令，重申伊斯兰刑法有效，对偷窃者处以断手的惩罚。[③] 1973年，利比亚恢复了对"通奸"惩罚的传统伊斯兰刑法制度，不论已婚通奸还是未婚通奸，均鞭打通奸者100下；通奸主体仅限于异性，对同性恋者不做处罚；1974年9月16日的第52号法令宣布恢复《古兰经》对诬

---

① 洪永红、贺鉴：《伊斯兰法与中东伊斯兰国家法律现代化》，《阿拉伯世界》2002年第2期。

② 洪永红、贺鉴：《伊斯兰法与中东伊斯兰国家法律现代化》，《阿拉伯世界》2002年第2期。

③ Ann Elizabeth Mayer, "Reinstating Islamic Criminal Law in Libya," in *Law and Islam in the Middle East*, ed. by Daisy Hilse Dwyer, Bergin Garvey Publishers, 1990, p. 103.

告通奸的有关规定。①

1977 年伊朗伊斯兰革命成功后，伊朗赋予伊斯兰法以最高权威。
1979 年的伊朗宪法规定：立法不得与宗教原则和官方命令抵触，一
切与伊斯兰原则相抵触的法律无效，并设立最高司法委员会和监督委
员会分别负责修改旧法律，按伊斯兰原则起草新法律和监督议会立
法。这两个机构对伊朗法律的伊斯兰化发挥了重要作用。② 伊朗还恢
复了传统刑法，1982 年的《犯罪惩罚法》恢复了伊斯兰法对通奸罪
的有关规定。伊朗还积极恢复传统的民商法律原则。1979 年以前，
由于社会、经济关系和生活已经西化，伊朗广泛采用了西方的民商法
律原则。1979 年新政权成立后，认为西方的民商法律原则与伊斯兰
原则相悖，1983 年在原有《民法典》修改的基础上，制定和颁布了
具有伊斯兰法色彩的新《民法典》和《商法典》。此外，伊朗还恢复
了婚姻家庭的某些传统规则和传统司法组织。

苏丹是当代伊斯兰法复兴运动的另一典型国家。1973 年的《苏
丹宪法》第 9 条规定："伊斯兰法和伊斯兰惯例是主要根源。"③ 1983
年的《司法判决渊源法》规定：在缺少可适用的法律时，法院应采
用《古兰经》和《圣训》中的条文规定。如找不到相应规定，则可
根据伊斯兰原则行使裁量权。④ 法官在审判过程中，在搜索相关的法
律制度的前提下，对于伊斯兰法必须要予以考虑适用。为了保持法律
与伊斯兰法原则的一致性，苏丹于 1977 年成立了法律委员会来专门负
责此项事务。苏丹还恢复了伊斯兰传统刑法，如 1983 年《刑法典》不
同程度地恢复了伊斯兰法中有关饮酒罪、通奸罪、盗窃罪等的规定。

① 洪永红、贺鉴：《伊斯兰法与中东伊斯兰国家法律现代化》，《阿拉伯世界》2002 年第 2
期。
② 吴云贵：《伊斯兰教法概略》，中国社会科学出版社，1993，第 311 页。
③ S. H. Amin, *Middle East Legal Systems*, Koyston Limitted, 1985, pp. 65 – 339.
④ 洪永红、贺鉴：《伊斯兰法与中东伊斯兰国家法律现代化》，《阿拉伯世界》2002 年第 2
期。

同年，苏丹的《民商法》和《诉讼法》也恢复了伊斯兰法的一些原则。1985 年尼迈里总统下台后，苏丹伊斯兰法的复兴一度中止。1989 年激进的军人上台后，苏丹的伊斯兰法复兴热再度升温。[①]

（二）伊斯兰法复兴运动对阿拉伯国家法律现代化的影响

伊斯兰法复兴运动由几个伊斯兰国家带头，影响了整个伊斯兰世界。许多伊斯兰国家把原宪法中的"一切权力属于人民"改为"一切权力属于安拉"。伊斯兰法在一些伊斯兰国家中不同程度地被恢复，重新成为"主要根源"。传统的刑法、民商法、婚姻法的某些传统规则以及传统的司法组织也在不同国家得到不同程度的恢复，对中东伊斯兰国家法律的发展产生了重大影响。中东伊斯兰国家在恢复传统法律时一致采用政府立法的形式。由于政府立法具有地域性特征，颁布的伊斯兰法实际上已变成了一种"属地法"，这无疑是对西方法的效仿，与传统的伊斯兰法理论相悖，体现了伊斯兰法复兴过程中内容与形式的矛盾。当然，中东伊斯兰国家本质上并不排斥现代化，伊斯兰法复兴也不反对运用法律治理社会，它只是反对西化，主张实行"伊斯兰法治"，这是它追求的法律现代化的目标。应该承认，在中世纪，伊斯兰法对维护国家统一和指导人们的社会生活发挥过重要作用，与同时期其他国家或民族的法律相比，在内容和形式上都不落后。然而在社会结构和关系已发生巨大变化的今天，法律的世俗化和现代化必定要成为一种发展趋势，这也许就是伊斯兰法复兴运动在世纪之交陷入低潮的原因。

三　伊斯兰法复兴背景下北非阿拉伯国家宪法变迁与政治发展

伊斯兰法复兴运动对北非阿拉伯国家的宪法变迁与政治发展产生了重要的影响，主要表现在以下两个方面。

[①] 洪永红、贺鉴：《伊斯兰法与中东伊斯兰国家法律现代化》，《阿拉伯世界》2002 年第 2 期。

（一）伊斯兰法复兴运动对北非阿拉伯国家宪法变迁的影响

伊斯兰法复兴运动对北非阿拉伯国家宪法变迁的影响主要表现为新宪法的颁布和宪法修改的有关内容。

1. 伊斯兰法复兴运动推动了新宪法的颁布

在伊斯兰复兴运动特别是伊斯兰法复兴运动的影响下，有一些北非阿拉伯国家颁布了新宪法，从宪法层面确认伊斯兰法和伊斯兰教的崇高地位。例如，早在 1956 年埃及就颁布了革命后第一部临时宪法，强调埃及的阿拉伯属性及其为阿拉伯事业所承担的义务。此后，埃及 1964 年宪法和 1971 年颁布的永久宪法都强调了伊斯兰法和伊斯兰教的崇高地位。[①] 阿尔及利亚 1963 年宪法规定，阿尔及利亚是阿拉伯马格里布、阿拉伯世界和非洲不可分割的一部分。1976 年宪法重申了伊斯兰教的崇高地位和阿尔及利亚的阿拉伯属性。利比亚 1951 年宪法第 5 条规定，伊斯兰教为利比亚国教。1969 年《宪法性宣言》强调了阿拉伯统一，伊斯兰与社会主义结合。苏丹 1973 年宪法规定，苏丹是"阿拉伯和非洲两个实体的一部分"。此后，苏丹 1985 年宪法也重申了有关内容。摩洛哥 1970 年宪法规定：摩洛哥是独立的具有领土完整的阿拉伯伊斯兰国家，伊斯兰教为国教。突尼斯 1959 年宪法序言规定："忠于伊斯兰教教义，大马格里布的统一，以及成为阿拉伯国家中的一员。"

2. 伊斯兰法复兴运动影响了宪法修改的内容

受伊斯兰法复兴运动的影响，北非阿拉伯国家对原有宪法进行了修改，重申或者增加了有关伊斯兰法和伊斯兰教的规定。例如，突尼斯 1959 年宪法确立了伊斯兰教的崇高地位和突尼斯的阿拉伯属性，以后七次修宪都做了重申。1989 年 2 月 23 日，阿尔及利亚经全民公

[①] Jean du bois de Gaudusson, Gerard Conac, Christine Desouches, *Les Constitutions Africaines*, La Documentation Francaise, 1997, pp. 306 – 325.

决通过宪法修正案，对 1976 年宪法做出几处重要修改，突出了伊斯兰教的地位和作用。阿尔及利亚 1989 年宪法修正案在序言中指出，"阿尔及利亚是伊斯兰的土地"，"宪法保护和承认宗教的财产"等。1996 年 11 月 28 日，阿尔及利亚再次通过宪法修正案，重新确定阿尔及利亚的伊斯兰、阿拉伯、柏柏尔属性。埃及 1980 年、2005 年、2007 年的宪法修正案都重申了伊斯兰教的崇高地位和埃及的阿拉伯属性。

（二）伊斯兰法复兴对北非阿拉伯国家政治发展的影响

伊斯兰法复兴对北非阿拉伯国家政治发展的影响，主要体现在以下几个方面。

1. 重新确立伊斯兰法的地位

如前所述，20 世纪 60 年代末以来，在"伊斯兰法复兴运动"中一些阿拉伯国家宣布废除沿用的西方法律，重新采用传统的伊斯兰法。这在很大程度上影响了北非阿拉伯国家的政治发展。这个时期，在北非阿拉伯国家的政治实践中都特别强调伊斯兰法的重要性。有的国家还在宪法中规定，伊斯兰法是立法原则的一个重要来源。例如，苏丹 1973 年宪法规定，"伊斯兰教法和习惯法是立法的基础"。甚至还有一些激进的伊斯兰主义者主张完全抛弃从西方引进的政治制度，实行"伊斯兰法治"。

2. 强调国家的阿拉伯属性

由于其特殊的宗教背景，北非阿拉伯国家的政治发展带有浓厚的伊斯兰色彩。受伊斯兰复兴运动的影响，特别是"伊斯兰法复兴运动"以来，北非阿拉伯国家在政治发展过程中日益重视伊斯兰的价值和精神，强调国家的伊斯兰属性。如上所述，北非国家的宪法及其修正案都对此做了有关规定。此外，北非阿拉伯国家宪法一般还规定伊斯兰教为国教，阿拉伯语为官方语言，有的国家还根据宪法的有关规定设立了伊斯兰委员会。这些都体现了北非阿拉伯国家对伊斯兰教

的地位和阿拉伯属性的重视。由此可见，伊斯兰法复兴对北非阿拉伯
国家政治发展的确产生了重大影响。

第三节 军人政权对北非阿拉伯国家宪法变迁与政治发展的影响

军人政权对非洲国家的政治发展产生了重要影响，这突出表现在
北非国家宪法变迁与政治发展上。

一 非洲的军人政权

非洲的军人政权是二战后产生并逐渐发展起来的一种政权形式，
有的学者将其称为"非洲比较普遍比较突出的一种国家管理形式"，[①]
也有的学者将其称为"非洲特殊条件下形成的政党制度"。[②] 还有人
认为，"非洲军队可以称得上是非洲最重要的政治机构"。[③] 非洲军人
政权中比较典型的是尼日利亚的军人政权[④]、加纳的军人政权[⑤]以及
苏丹的军人政权[⑥]。

---

① 洪永红、夏新华等：《非洲法导论》，湖南人民出版社，2000，第 292 页。
② 陆庭恩、刘静：《非洲民族主义政党和政党制度》，华东师范大学出版社，1997，第 224 页。
③ William Tordoff, *Government and Politics in Africa* (Second Edition)，The Macmillan Press Ltd，1993，p. 174.
④ 自从尼日利亚 1960 年 10 月独立以来到 20 世纪末的 40 年中，就有 29 年是处于军人政权统治之下，先后经历了 7 届军政府和 8 位军政首脑的统治，其中军人连续执政最长达 16 年之久。直到 1999 年 5 月，尼日利亚军政府最终将政权交给民选政府。
⑤ 1966 年 2 月，加纳军人推翻民选的恩克鲁玛政权，成立最高国家权力机关"全国解放委员会"。1969 年 8 月，军政府宣布"还政于民"，公布宪法，举行大选，成立文官政府。1972 年 1 月，加纳再次发生军事政变，成立"救国委员会"。1979 年 6 月 4 日，空军上尉罗林斯发动政变，推翻原军人政权，成立"武装部队革命委员会"。6 月 18 日举行大选，建立文官政府。1981 年 12 月，罗林斯再次发动政变，成立"临时全国保卫委员会"，终止宪法，解散议会，禁止一切政党活动。参见洪永红、夏新华等《非洲法导论》，湖南人民出版社，2000，第 292 ~ 293 页。
⑥ 半个多世纪里，苏丹发生了多次军事政变，经历了三届文官政府统治时期（分别为 1956 ~ 1958 年、1964 ~ 1969 年、1985 ~ 1989 年）和三届军人政府统治时期（分别为 1958 ~ 1964 年、1969 ~ 1985 年、1989 年迄今）。

（一）非洲军人政权的发展变化与特点

1. 非洲军人政权的缘起与发展

非洲的军人政权最先出现在二战后的北非阿拉伯国家中。20 世纪 50 年代，埃及（1952 年）和苏丹（1958 年）等国的军官组织发动军事政变，建立了军人政权。在其影响下，20 世纪 60 年代以后，许多撒哈拉以南非洲国家的军官组织也纷纷发动军事政变。据不完全统计，截至 20 世纪 80 年代末，非洲一共发生了 120 多起规模较大的军事政变，其中成功的有 72 起。非洲 50 多个独立国家中，有 29 个国家先后经历过一次或多次军事政变，有 26 个国家曾经历过军人执政。仅 1984 年，便有 23 个非洲国家的首脑由军人担任。[①] 20 世纪 90 年代的民主浪潮尽管对非洲军人政权提出挑战，但也有政局比较稳定的国家因某些问题处理不当，导致多党竞争中政治混乱，再次发生军事政变。例如，作为阿尔及利亚主要政党的"阿尔及利亚伊斯兰拯救阵线"在 1991 年的全国大选中完胜，却引起了军方的不满。军方不仅通过向法院施压，迫使法院通过解散该政党的判决，还进行了大规模的血腥镇压。这招致伊斯兰拯救阵线的顽强反抗，导致阿尔及利亚十年动荡。科特迪瓦自 1960 年独立以来，政局一直比较稳定，被西方人称为非洲"民主窗口"与"和平、稳定样板之地"。然而，谁也没有料到，1999 年 12 月 23 日，科特迪瓦的军人突然哗变，推翻了贝迪埃文官政府，成立了由 10 名军人组成的"全国救国委员会"，实行军人统治。[②] 有舆论认为，"军人们又回到了社会的前台"，"撒哈拉以南非洲大陆的民主化命运仍然掌握在握枪的人手中"。[③] 20 世纪 80 年代，苏丹在五年之中发生了两次军事政变，从而奠定了军队

---

① 徐济民、谈世中主编《当代非洲政治变革》，经济科学出版社，1998，第 24 页。

② 洪永红、夏新华等：《非洲法导论》，湖南人民出版社，2000，第 293 页。

③ Michael Bratton and Nicolas Van de Walle, *Democratic Experiments in Africa: Regime Transitions in Comparative Perspective*, Cambridge University Press, 1997, p. 217.

在国家政治中"一言九鼎"的地位。因此，从这个意义上来说，在今后相当长的一段时期，军人政权仍是非洲国家可能的一种政权形式。

2. 非洲军人政权的特点

与非洲国家普遍采用的君主立宪制和共和制相比，非洲军人政权具有非常明显的特点，主要表现在以下几方面：其一，国家元首既不是世袭也非民选，而是由军人通过政变方式上台；其二，国家最高权力机关是由军人组成的执政委员会；① 其三，军人执政委员会掌握立法、司法和行政大权；其四，一般实行党禁、停止执行宪法；其五，废除文官制，政府要害部门如国防部、内政部等均由军人担任，其余非关键部门负责人也由军人或军政府指定的文人担任；其六，一些军人政权在经过一段统治之后，或"还政于民"，恢复文官统治；其七，一些军人政权"自我演变"，通过制定新宪法、建立新党、举行公民投票等方式，淡化军人色彩，使军人统治合法化；其八，一些军人政权一直坚持军人统治，直到被另一些军人推翻。②

（二）非洲军人政权产生的原因

非洲军人政权的产生，既有主观上的原因，也有其客观原因。

1. 非洲军人政权产生的主观原因

随着非洲国家军官集团的政治与社会地位的提高，干预政治和上台执政的要求日益强烈。在许多国家里，军队反对执政党，便发动武装政变。相比而言，军官集团比文职官员具有较大的优势。军官集团的领导成员都受过西方教育，他们不仅学习了现代的军事技术知识，是社会中最具有严密武装的集团；还学习了诸如政治、经济、社会和

---

① 这类机构的名称不一，如尼日尔称"最高军事委员会"，苏丹称"救国革命指导委员会"，布基纳法索称"争取国家进步复兴军事委员会"，尼日利亚称"武装部队执政委员会"，中非共和国称"国家复兴军事委员会"。

② 洪永红、夏新华等：《非洲法导论》，湖南人民出版社，2000，第292页。

心理等课目，这对于他们文化素质的提高颇有帮助，从而使他们具有对政治，特别是对当权者政绩做出评价的能力，以及应该持有的态度。军官集团还有夺取政权后担任政治领导的能力。① 这就是非洲军人政权产生的主观原因。

2. 非洲军人政权产生的客观原因

非洲军人政权产生的客观原因是，持续的社会动乱为军队发动政变提供了有利的机会。具体来说，主要包括以下几种情况：（1）执政党的政绩不佳，经济一团糟，社会两极分化严重；（2）各"部族"、地区和宗教势力争夺政治权力斗争的激烈化；（3）执政党利用军队打击反对派，助长了军人势力的膨胀，造成社会动乱；（4）当权者独断专行，四面树敌，致使社会动荡。②

3. 蔓延因素

多米诺效应在非洲发生军事政变时常会引起连锁反应。英国学者克劳德·韦尔奇认为：军人"在一国成功夺取控制权可以激起一系列政变"。③ 英国学者威廉·托多夫认为："一旦一个国家防止军人干政的障碍被打破了，那就很有可能在其邻国的障碍也会被打破。"④ 奥立弗与阿特莫尔也认为："无论非洲各国的军人有什么不同，企图干预政治和策划政变则是有感染力的"，"一些军事干预往往并没有什么重大理由，之所以政变是由于邻国军官兄弟的榜样"。⑤ 美国学者理查德·李与威廉·汤姆普森也认为："在一国的军事政变的发生

---

① 陆庭恩、刘静：《非洲民族主义政党和政党制度》，华东师范大学出版社，1997，第224～225页。

② 陆庭恩、刘静：《非洲民族主义政党和政党制度》，华东师范大学出版社，1997，第225～233页。

③ Claude E. Welch, "Soldier and State in Africa," *The Journal of Modern African Studies*, 5, 3 (1967), p. 318.

④ 〔英〕威廉·托多夫：《非洲政府与政治》，肖宏宇译，北京大学出版社，2007，第189页。

⑤ 〔英〕罗兰·奥立弗、安东尼·阿特莫尔：《1800年以后的非洲》，李广一等译，商务印书馆，1992，第352页。

一定程度上影响其他地方随后发生的军事政变的可能性。"① 亨廷顿也持相同观点:"在一政治体系内的军事政变可以引起其他不发达国家政治体系中相似的团体的政变。"② 米尔斯基在归纳促成军事政变的因素时,也认同"连锁反应"。由此可见,蔓延因素是分析军人干政时不得不考虑的重要因素。韦尔奇认为蔓延必须在两个层次上加以考虑:非洲不同国家的军官之间的私人联系与国家间日益增长的联系。据说,前英属殖民地的政治家曾主要在伦敦经济学院学过政治;而说法语的领导人则在达喀尔的威廉·蓬蒂师范学校学过政治。军官主要在桑赫斯特和圣西尔受过训练。在法国军队中的共同经验为中非共和国、达荷美(今贝宁,下同)、多哥、上沃尔特(分别是博卡萨、索格洛、埃亚德玛与拉米扎纳)干政的领袖们提供潜在的重要的私人联系。非常可能的是,一个人赢取政治控制的成功促使其他人考虑干政。军事政变领导人如达荷美的陆军上校索格洛、中非共和国的博卡萨上校和上沃尔特的拉米扎纳上校都参加过印度支那战争。加纳和尼日利亚的军事政变领导人安克拉将军和伊龙西将军,也都参加过联合国部队到刚果作战。米尔斯基认为:"所有这些军官的经历如此相似,引人注目。他们都在殖民军队中经历过长期服役,都有军事才干和果断精神,顺利地沿着军衔的阶梯晋升;完全合乎逻辑的是,这些军官在国家发生内部危急关头就会坚决地夺取政权。"③ 美国学者阿兰·威尔斯认为:"蔓延理论假定在一国军事政变的出现刺激其他国家,尤其是邻近国家。"④ 根据美国学者戴维·胡佛与詹姆斯·

---

① Richard P. Y. Li et al., "The Coup Contagion Hypothesis," *The Journal of Conflict Resolution*, Vol. 19, No. 1 (Mar., 1975), p. 78.

② Samuel P. Huntington, "Political Development and Political Decay," *World Politics*, (1965) 17, p. 526.

③ 〔苏联〕格·伊·米尔斯基:《"第三世界":社会、政权和军队》,力夫、阜东译,商务印书馆,1980,第 46 页。

④ Alan Wells, "The Coup d'Etat in Thoery and Practice: Independent Black Africa in the 1960s," *American Journal of Sociology*, 1974, p. 874.

鲁兹对非洲 30 个国家从 1960 年到 1972 年的统计，在那些发生未遂政变的 18 个国家中，38% 是在其邻国前一年经历政变后发生了它们的第一次。更有甚者，18 个国家中的 75% 在其邻国于任何之前一年发生政变之后发生政变。非洲国家军人干政的蔓延犹如多米诺骨牌，一发而不可收，在非洲一国发生军人干政，由于私人联系或者国家间联系，在其他有关联的国家也极易发生军人干政。

4. 独立初期民主制的夭折

美国学者罗伯特·达尔在《多头政体——参与和反对》一书中认为："一个国家的命运永远不会完全掌握在它自己的人民手里。在有些情况下，由国家以外的人强加的统治可能是决定性的，胜过了迄今为止已经讨论过的所有其他条件的影响。"[1] 非洲国家赢得民族独立后，大多采用原宗主国政体模式即是例证。前英属非洲殖民地国家的宪法基本上以"威斯敏斯特宪法"为蓝本，前法属非洲殖民地国家的宪法基本上以"戴高乐宪法"为蓝本。相应而言，前英属殖民地国家在政体取向上多倾心于议会民主制，前法属殖民地国家在政体取向上多倾心于半总统半议会制。非洲独立国家政体的取向不是源于非洲人民的选择，而是源于前宗主国"非殖民化"的一系列安排。奥立弗与阿特莫尔认为："新兴非洲国家的议会一般是在独立之前的几年中匆匆建立起来的，并且是按照殖民大国英国和法国的模式建立的。然而，适合英国、法国和比利时并经过许多世纪才发展成为具有民族特点的立宪制度，对于赤道非洲的极不相同的社会来说并不一定是理想的制度。"[2] 戴维·拉姆也认为："欧洲列强把一个不能起作用的政治制度强加于非洲。对于年轻的、动荡不安的非洲政府来说，议

---

[1] 〔美〕罗伯特·达尔：《多头政体——参与和反对》，谭君久、刘惠荣译，谭君久校，商务印书馆，2003，第 189 页。

[2] 〔英〕罗兰·奥立弗、安东尼·阿特莫尔：《1800 年以后的非洲》，李广一等译，商务印书馆，1992，第 345 页。

会民主是一种奢侈品。"① 米尔斯基则认为："资产阶级议会民主（这种民主在工业发达的资本主义国家里经历了几百年的社会政治发展过程才取得胜利）确实是'生搬硬套'、人为地从外面引进的。"② 美国学者塞缪尔·亨廷顿认为："20 世纪 60 年代的非洲与 19 世纪 20 年代的拉丁美洲没有多大的不同。在拉丁美洲，克里奥尔人企图建立实际上并不适合该社会的共和制度；而在非洲，土著精英们企图建立同样也不适合于其社会的大众制度。制度的真空被暴力和军人统治所填补。"③ 由于欧洲的民主制度不适合非洲大陆国家独立初期的国情，最终被军人通过发动军事政变废除。1976 年，加纳军政府的一位领导人告诉《泰晤士报》，1969～1972 年，加纳曾在布西亚的领导下试行过"威斯敏斯特模式"（如同 1957 年在恩克鲁玛领导下尝试过的一样），但是，由于"这种尝试并不成功"，他们正在寻找别的模式。他说，"这种探索会花费很长时间"，而且"最终还是要以本国实际情况和经验为基础"。这种模式就是军人干政，军人直接走到政治舞台上。这也是大多数非洲国家在民主试验夭折之后的选择。

二 军人政权统治下北非阿拉伯国家的宪法变迁与政治发展

军人政权对北非阿拉伯国家宪法变迁与政治发展产生了重要的影响，主要表现在两个方面。

（一）军人政权对北非阿拉伯国家宪法变迁的影响

1. 军人政权导致原有宪法被废止

如前所述，北非阿拉伯国家的军官组织通过军事政变上台执政

---

① 〔美〕戴维·拉姆：《非洲人》，张理初、沈志彦译，上海译文出版社，1998，第 44 页。
② 〔苏联〕格·伊·米尔斯基：《"第三世界"：社会、政权和军队》，力夫、阜东译，商务印书馆，1980，第 28、29 页。
③ 〔美〕塞缪尔·亨廷顿：《变革社会中的政治秩序》，李盛平、杨玉生、李培华、张来明译，华夏出版社，1988，第 195 页。

后，通常会宣布废止既有的宪法。例如，1952 年 7 月 23 日，埃及以纳赛尔为首的自由军官组织发动军事政变，1953 年埃及进入三年过渡时期，纳赛尔宣布废除 1923 年宪法。又如，1969 年 9 月 1 日，卡扎菲领导自由军官组织发动"九一革命"，推翻利比亚伊德里斯国王的统治，成功地夺取了政权，随后宣布废止 1951 年宪法。军人政权导致宪法被废止的典型国家是苏丹。1958 年 11 月 17 日苏丹发生了第一次军人政变后，1955 年的临时宪法被废除。1985 年 4 月 6 日，武装部队总司令阿布德·拉赫曼·苏瓦尔·达哈卜发动军事政变上台，宣布中止 1973 年宪法。1989 年 6 月 30 日，巴希尔通过军事政变上台，冻结了 1985 年制定的过渡宪法。

2. 军人政权导致新的立宪

北非阿拉伯国家的军人执掌政权后，大都会逐渐淡化军人色彩，表示要"还政于民"，着手制定并颁布新宪法。例如，埃及三年过渡时期结束后，于 1956 年颁布了革命后第一部临时宪法。又如，利比亚卡扎菲领导自由军官组织取得"九一革命"胜利之后，于 1969 年 12 月 12 日公布了具有临时宪法性质的《宪法性宣言》。军人政权导致新的立宪的典型国家是苏丹，这个国家每次军事政变后都会颁布新宪法。1964 年 10 月，军人政权被推翻后，过渡政府宣布将实行经过修改的 1955 年的临时宪法。1965 年 6 月，苏丹制宪议会成立，宣布将制定新宪法。苏丹第二届军人政权时期，于 1973 年 4 月 11 日由苏丹人民议会通过了一部新宪法。5 月 8 日，经尼迈里总统批准，称为"永久宪法"。阿布德·拉赫曼·苏瓦尔·达哈卜发动军事政变上台后，于 1985 年 10 月颁布了过渡性的临时宪法。1989 年 6 月 30 日，巴希尔通过军事政变上台，苏丹开始进入第三届军人政权统治时期，于 1998 年 6 月 30 日颁布并开始实行新宪法。2005 年 7 月 9 日，巴希尔总统和第一副总统约翰·加朗在喀土穆的一个庆典上联合签署的 2005 年临时宪法取代了 1998 年宪法，直到 2011 年 7 月 9 日，苏丹南部独立。

（二）军人政权对北非阿拉伯国家政治发展的影响

军人政权对北非阿拉伯国家政治发展的影响，主要表现在国家形式、政党制度的变化方面。

1. 军人政权导致国家形式的变化

军人政权对北非阿拉伯国家政治发展的影响，首先表现在国家形式的变化方面。例如，名义上独立的埃及的政体实质上是二元制君主立宪制，1952 年革命成功后，革命指导委员会立意铲除这一弊政，宣布废除帝制，建立共和国。这在埃及 1956 年宪法中得以充分体现。又如，利比亚独立之初实行的是联邦制，1963 年 4 月利比亚改国名为利比亚王国，成为实行君主立宪制的单一制国家。卡扎菲取得"九一革命"胜利之后颁布了《宪法性宣言》，废除了原有的君主立宪制。随后，卡扎菲逐渐推动利比亚建立了独特的民众国制度。如前所述，苏丹经历了三届文官政府统治时期（分别为 1956～1958 年、1964～1969 年、1985～1989 年）和三届军人政府统治时期（分别为 1958～1964 年、1969～1985 年、1989～2011 年 7 月 9 日）。[①] 其中，文官政府统治时期，苏丹实行的是议会内阁制，总理为国家元首和政府首脑。军人政府统治时期，苏丹的国家机构与政府体制经历了几次复杂的变化，总的趋势是在军人政权统治下，国家的政治体制逐渐从议会内阁总理制向联邦总统制过渡，由禁止政党活动向开放政党活动过渡。[②]

2. 军人政权导致政党制度的变化

军人政权对北非阿拉伯国家政治发展的影响，还突出表现在政党制度的变化方面。例如，从名义上独立到 1952 年革命前，埃及一直

---

① 刘鸿武、姜恒昆：《列国志·苏丹》，社会科学文献出版社，2008，第 148 页。
② 刘鸿武、姜恒昆：《列国志·苏丹》，社会科学文献出版社，2008，第 160 页。

实行多党制。1952 年纳赛尔军事政变成功后，宣布废除多党制，禁止任何政党活动，于 1953 年、1957 年和 1964 年相继成立了三个政治组织——解放大会、民族联盟和阿拉伯社会主义联盟。尽管纳赛尔一再声明，这三个组织都不是政党，而是"体现人民意志的联盟"。[①] 但一般认为，埃及从此开始实行事实上的一党制。又如，利比亚独立初期实行党禁，禁止任何政党活动。"九一革命"后，为了进一步动员群众实现他的由人民群众直接掌握权力的理想，卡扎菲在 20 世纪 70 年代组织了阿拉伯社会主义联盟，进行制度创新的尝试。1971 年 6 月 11 日，革命指挥委员会颁布法令，宣布成立阿拉伯社会主义联盟，作为唯一的政党性质的政治组织。这是卡扎菲在挫败了政府和革命指挥委员会内部的反对派之后，用来动员和组织其支持者、使其推行的路线合法化并进一步同反对势力斗争的武器，从而开始了事实上的一党政治。[②] 关于政党制度的变化，苏丹的情况比较复杂。在文官政府统治时期，苏丹一般实行多党制；在军人政府统治时期，苏丹的政党或者被禁止活动，或者名存实亡。例如，1989 年巴希尔政变之前，苏丹注册的政党有 45 个。巴希尔上台后宣布禁止所有政党活动，但许多政党仍然进行地下活动，而且始终与伊斯兰教保持密切联系。在政党斗争的压力下，巴希尔政府于 1999 年 1 月 1 日开始实施开放党禁的《政治结社组织法》，到 2005 年底，苏丹正式注册活动的政党有 30 多个。[③]

　　综上所述，在变革时期，北非阿拉伯国家的宪法变迁与政治发展主要受社会主义思潮、伊斯兰复兴运动、军人政权的影响。实行"建立在伊斯兰基础上的社会主义"，是这个时期北非阿拉伯国家宪法变迁与政治发展的突出特点。在社会主义思潮的影响

---

①　杨灏城、许林根：《列国志·埃及》，社会科学文献出版社，2006，第 174 页。
②　潘蓓英：《列国志·利比亚》，社会科学文献出版社，2006，第 74 页。
③　刘鸿武、姜恒昆：《列国志·苏丹》，社会科学文献出版社，2008，第 175～177 页。

下，北非有五个阿拉伯国家都曾先后宣布奉行社会主义。其中，埃及、苏丹、利比亚、阿尔及利亚 4 国都颁布并适用过社会主义宪法，进行社会主义政治尝试。此外，伊斯兰复兴运动和军人政权也都对北非阿拉伯国家的宪法变迁与政治发展产生了不同程度的影响。

第四章
转型时期北非阿拉伯国家的宪法
变迁与政治发展

　　总体上说来，北非国家宪法与政治的"转型时期"是指20世纪80年代末90年代初以来的这段时期。但具体到每个国家，有的在20世纪80年代中期就开始转型了。冷战后，在民主化浪潮①的推动下，北非阿拉伯国家的宪法变迁与政治发展又有了新的变化。与20世纪60年代中期的那次政治体制变化的取向相反，此番政治体制变化的指向是以多党制为主要特征的民主政体取代以一党制为主要特征的集权政体。北非阿拉伯国家宪法与政治的转型也因此朝着以"多党民主制"为核心的西方模式发展。② 由于2011年发生的"茉莉花革命"，北非阿拉伯国家发生了重大的变化，这些国家的宪法和政治转型也发生了重大的转变，慢慢地向西方的民主和自由靠拢。

---

① 一般认为，迄今为止，全球范围政治民主化经历了三次大的浪潮。第一波民主化起源于美国革命和法国革命，大约在20世纪30年代初结束，共有30多个国家建立了至少是最低限度的全国性民主制度。第二波民主化始于第二次世界大战，大约在20世纪70年代初结束。第三次民主化浪潮始于20世纪70年代中期，首先出现在南欧，后波及亚洲、非洲、拉丁美洲，特别是20世纪80年代末90年代初对非洲国家影响极大。本文的民主化浪潮是指第三波民主化。

② 贺鉴：《北非阿拉伯国家宪法变迁与政治发展及其启示》，《当代世界与社会主义》2014年第1期。

第一节　北非阿拉伯国家宪法与政治转型的背景和表现

同世界上的其他任何地区相比，非洲更能够称为一个研究美国、欧洲和非洲的立宪主义思想及其相互关系的活的实验室。[①] 而在北非阿拉伯国家宪法变迁与政治发展的转型中，欧、美政治主义与北非伊斯兰政治主义的博弈则更突出体现了这一点。北非阿拉伯国家宪法与政治的转型具有复杂的时代背景。

一　北非国家宪法与政治转型的时代背景

北非阿拉伯国家的宪法与政治转型，是在冷战结束、民主化浪潮兴起的时代背景下进行的。

（一）冷战结束

二战后，在美国驻苏联代办乔治·凯南的 8000 字电报[②]和丘吉尔的"铁幕"演说[③]的影响之下，时任美国总统杜鲁门提出了以"反

[①] Kenneth W. Thompson, *The U. S. Constitution and Constitutionalism in Africa*, University Press of America, 1990, （Preface） p. 7.

[②] 1946 年 2 月 22 日，作为当时的美国驻苏联代办，乔治·凯南不顾身患流感和牙疼，口述了一封 5542 个英语单词（约合 8000 个汉字）的电报，发给了美国国务院，对苏联的内外政策进行了深入的分析，提出了对付苏联的一项长期战略。这就是最终被美国政府所采纳的遏制政策。乔治·凯南的这封电报后来被称为美国外交史上最有影响力的电报。http://news.sina.com.cn/w/2005 - 03 - 19/11335404590s. shtml。

[③] 1946 年 3 月 5 日，英国前首相丘吉尔在时任美国总统杜鲁门的陪同下抵达密苏里州富尔顿，在杜鲁门的母校威斯敏斯特学院发表了题为"和平砥柱"的演说。这次演说的核心是"反苏、反共"，又称"铁幕演说"。丘吉尔在演说中公开攻击苏联"扩张"，宣称"从波罗的海的什切青到亚得里亚海边的里雅斯特，一幅横贯欧洲大陆的铁幕已经降落下来"，苏联对"铁幕"以东的中欧、东欧国家进行日益增强的高压控制。对苏联的扩张，不能采取"绥靖政策"。美国正高踞于世界权力的顶峰，应担负起未来的责任。主张英、美结成同盟，英语民族联合起来，制止苏联的"侵略"。铁幕演说也被认为正式拉开了冷战的序幕。富尔顿演说后不到 10 天，斯大林发表谈话，严厉谴责丘吉尔和他的朋友非常像希特勒及其同伴，演说是杜鲁门借他人之口发表的冷战宣言，是美国发动冷战的前奏曲。http://baike.baidu.com/view/82852. htm。

共、反苏"为核心的"杜鲁门主义"①。这标志着冷战的开始。为了推行"杜鲁门主义"，美国政府采取了一系列的冷战行动，其中影响最大的便是马歇尔计划②。随后，半个多世纪里，国际社会基本上处于美苏冷战的两极格局之下。20 世纪 80 年代中后期，在美国以和平演变为核心的超越遏制战略的影响下，苏联领导人戈尔巴乔夫接受了"全球一体化、全人类的利益高于阶级利益、共同安全"等思想。他提出了"人道的和民主的社会主义"，开始实行全面与美国缓和的政策，同时也放松了对东欧国家的控制。这一切导致了严重的后果，使国际共运遭受到了史无前例的打击。东欧国家纷纷放弃社会主义制度，实行资本主义制度，这些国家的共产党也因此丧失了执政地位。1990 年 10 月 2 日，东德政府机关停止工作，联邦德国接收了东德的驻外使领馆；10 月 3 日，两德统一庆典在柏林举行，两德正式宣布统一。1991 年 12 月 25 日，戈尔巴乔夫的辞职预示着苏联政体的瓦解，随之苏联宣布了解体。20 世纪 80 年代末 90 年代初，东欧剧变、苏联解体、两德统一。这标志着冷战的结束和两极格局的终结。

（二）民主化浪潮兴起

世界第三次民主化浪潮从南欧开始，经拉美、东亚、苏联和东欧

---

① 1947 年 3 月 12 日，美国总统杜鲁门在国会两院联席会议上宣读了后来被称为"杜鲁门主义"的国情咨文，发表了敌视社会主义国家的讲话。美国提出"杜鲁门主义"被普遍地认为是美国外交政策上的一个新的急剧转变，其对全世界的影响相当于 1823 年宣布西半球不再受欧洲殖民主义支配的门罗主义。苏联认为杜鲁门主义是美国方面对苏联控制地区与苏俄扩张的一个公开威胁。"杜鲁门主义"是对别国内政的干涉，被学者认为是美苏之间冷战正式开始的重要标志。http：//baike. baidu. com/view/1089. htm.

② "马歇尔计划"（The Marshall Plan），官方名称为"欧洲复兴计划"（European Recovery Program）。二战欧洲战场胜利后，美国提出凭借其在二战后的雄厚实力帮助其欧洲盟国恢复因世界大战而濒临崩溃的经济体系，并同时抗衡苏联和共产主义势力在欧洲的进一步渗透和扩张而提出此计划。因主要提出者是时任美国国务卿乔治·马歇尔而得名。事实上，真正策划该计划的是美国国务院的众多官员，特别是威廉·克莱顿（William L. Clayton）和乔治·凯南（George F. Kennan）。http：//baike. baidu. com/view/56200. htm？fr = ala0_ 1_ 1.

蔓延到了非洲，并迅速在非洲掀起了一股规模浩大的多党民主化浪潮。尤其是 20 世纪 80 年代末 90 年代初在非洲兴起的民主化浪潮，来势凶猛，波及面广。它从北面的阿尔及利亚到南端的南非，从弹丸之地圣多美和普林西比（简称圣普）到幅员辽阔、人口众多的尼日利亚。"民主化"浪潮既发生在以非资本主义为发展方向的国家，也发生在以资本主义为发展方向的国家。它既冲击着被誉为民主"橱窗"或"样板"的科特迪瓦和肯尼亚，又冲击着被称为个人专制独裁的扎伊尔，也冲击着被称为多党制样板的塞内加尔。① 从 1990 年到 1994 年，短短 4 年内就先后有 42 个非洲国家举行了多党民主选举。② 一时间，西方多党议会民主制度几乎成了包医非洲政治病症的"灵丹妙药"，以至于一些西方政要预言，"苏联的崩溃提供了在全球范围内扩展自由民主的历史机遇"，"整个 90 年代，将是非洲政治民主化和经济自由化的年代"③。这一切对北非阿拉伯国家宪法与政治转型的影响极大。

（三）"茉莉花革命"的影响

2010 年 12 月 17 日，一个名叫穆罕默德·布瓦吉吉的突尼斯青年以自焚的形式点燃了人们长期以来积压的对政府的不满，自此引发了突尼斯的"茉莉花革命"。"茉莉花革命"发生的主要原因是诸如经济发展不景气、失业率上升、通货膨胀、政府腐败以及普通民众长期以来的困苦境地没有得到政府的重视，民众心中对政府的愤怒难以平复。一开始，只是在突尼斯的部分地区，如卡塞林、塔莱等地方发生了骚乱，不久之后由突尼斯南部逐渐蔓延到了全国。全国都处于动荡不安的氛围之中。政府在骚乱之初采取了强硬措施予以应

---

① 陆庭恩、刘静：《非洲民族主义政党和政党制度》，华东师范大学出版社，1997，第 260 ~ 261 页。
② 贺文萍：《非洲国家民主化进程研究》，时事出版社，2005，第 95 页。
③ 薛峰：《试析西方式民主在非洲的"水土不服"》，《理论界》2012 年第 1 期。

对，但没有达到预期效果，参与骚乱的人群越来越多，形势愈演愈烈，并向首都突尼斯席卷而来。总统本·阿里虽然对民众做出了一定的承诺，但承诺的范围较窄，没有满足人们的诉求。本·阿里在寻求军队的支持遭到拒绝之后，逃往沙特阿拉伯。突尼斯革命拉开了整个中东地区反对政府活动的序幕，革命之风席卷了阿拉伯国家。

2011 年 1 月 25 日，埃及发生了大规模的要求总统穆巴拉克立即辞职、政府进行全面改革的游行示威活动。1 月 28 日，集会人群增长为几十万人走进解放广场，要求穆巴拉克下台。1 月 30 日，国家的政治、军事系统的高层也转而支持革命，形势已无法逆转。随后穆巴拉克进行了一定程度的改革，设立了新政府总理和副总统，保证修宪，但此时局势已经无法控制。2 月 3 日，穆巴拉克宣布愿意辞职，但无法立即卸任。2 月 11 日，穆巴拉克最后表态，宣布辞职，将政权移交于军方。埃及新的立宪运动开始启动。

2011 年 2 月 17 日，这一日也被称为利比亚的起义日。反政府力量联盟举行了游行示威，但最后演变成了暴力冲突。2 月 18 日，利比亚多地出现了游行示威活动，遭到了政府的镇压，最后爆发了激烈的军事冲突。3 月 10 日，法国正式承认"全国委员会"为利比亚唯一合法的政府。3 月 17 日，联合国通过决议，在利比亚地区设立禁飞区。3 月 19 日，北约开始轰炸卡扎菲的军队，西方国家展开对利比亚的军事行动。8 月 24 日，反对派控制了利比亚，利比亚进入了后卡扎菲时代。"茉莉花革命"的爆发导致埃及、突尼斯、利比亚的政局纷纷发生巨大变动，对北非阿拉伯国家的宪法变迁和政治发展产生了重要的影响。

二　北非阿拉伯国家宪法与政治转型的主要表现

冷战期间，在撒哈拉以南非洲的 45 个国家中，只有五个国家实行多党民主制。① 截至 1989 年底，大约有五分之四的非洲国家实行集权政体（包括一党制国家、军人政权国家和君主制国家）。冷战后，情况发生了逆转，仅在 1990 年就有 18 个原来实行集权政体的国家已经或宣布实行多党制。在短短的数年内，许多非洲国家的政党制度开始发生了转变，从一党制转变为多党制，完成了（制）修宪、解除党禁、选举、领导人变更等一系列变革。② 其中，也包括北非阿拉伯国家。到 1998 年年底，非洲实行多党制国家的数量已占到非洲国家总数的五分之四。③ 在此背景下，北非阿拉伯国家宪法与政治转型朝着以"多党民主制"为核心的西方模式发展，具体表现在以下几个方面。

（一）各国纷纷制定或修改宪法

"茉莉花革命"爆发后，2012 年 12 月，埃及全民公投以 63.8% 的支持率通过新宪法（以下称"2012 年宪法"）。2013 年 7 月 3 日，埃及军方宣布中止 2012 年宪法。2013 年埃及发生了政变，最高宪法法院院长曼苏尔宣誓就职临时总统，成立专门委员会对宪法进行修改。2014 年 1 月，新宪法草案以 98.1% 的支持率（投票率 38.6%）通过全民公投。④

2011 年，利比亚发生反抗卡扎菲的战争，最后以卡扎菲政权被推翻而告终。2011 年 8 月，利比亚公布了具有临时宪法性质的《宪法宣言》，它在政治过渡阶段发挥临时宪法的作用。《宪法宣言》除了确定利比亚的多党制民主国家、保障人权、实行法治和伊斯兰教的国教宗教信仰之外，还公布了过渡政治的时间表。宪法起草委员会应

① 张宏明：《多维视野中的非洲政治发展》，社会科学文献出版社，1999，第 219 页。
② 薛峰：《试析西式民主在非洲的"水土不服"》，《理论界》2012 年第 1 期。
③ 张宏明：《多维视野中的非洲政治发展》，社会科学文献出版社，1999，第 315 页。
④ 埃及政变，http://news.sina.com.cn/o/2013-07-05/065927582897.shtml，最后访问时间：2017 年 10 月 3 日。

在两个月内起草完宪法草案，在一个月内组织全面公投，最终通过宪法并生效实施。目前，利比亚已组建制宪委员会，但制宪进程十分缓慢，新宪法草案尚未完成。[①] 2012 年对草案进行了修正，主要从总则、基本权利和自由、转型时期的政府制度、司法保障、最后条款五个方面进行了修改。在总则中，宗教和伊斯兰教法是主要的立法来源，国家努力建立以政治多元主义和多党制为基础的政治民主制度，实现权力的和平民主更迭，利比亚人在法律面前一律平等，享有平等的公民权利和政治权利，不以宗教、信仰、语言、财富、性别、亲属关系、政治观点、社会地位、部落、区域或者家族区别对待。在基本权利与自由方面规定，国家应根据议会法案保障庇护权。禁止引渡政治难民。国家应确保设立政党、协会和其他民间社会组织的自由，并应制定条例。在政府制度方面规定，全国过渡委员会是利比亚国家的最高权力机构，承担主权的最高职能，包括立法和国家总体政策的确定；全国过渡委员会应由地方理事会的代表组成，选举其主席，并选举第一和第二副主席；禁止将全国过渡委员会的成员与其他公职相结合，或将全国过渡委员会成员加入地方议会。在司法保障方面规定，司法权是由不同的法院依法独立做出判决来行使的；法官应独立，除法律和良心外，不受其他任何权力的制约；禁止设立特别法庭。在最后条款中规定，本宣言生效前具有宪法性质的文件和法律应予以废除；除国家过渡委员会以其三分之二的议员多数通过的另一项规定外，不应废除或修正本文件中所载的任何条款。2013 年 5 月，国名重新定为利比亚国。

2011 年，摩洛哥国王穆罕默德六世主动宣布新的宪法改革。经过全民公决，穆罕默德六世于 7 月 29 日颁布了新宪法。2012 年 1 月，

① 利比亚，http://cs.mfa.gov.cn/zggmcg/ljmdd/fz_648564/lby_650365/，最后访问时间：2017 年 10 月 3 日。

摩洛哥新政府成立，2013 年 10 月政府改组。2016 年 10 月，摩洛哥举行新宪法颁布后的第二次众议院选举。

从 2010 年末到 2011 年初，突尼斯政局剧变。2011 年 1 月本·阿里政权倒台后，过渡政府宣布取缔原执政党"政治民主联盟"，取消党禁，大量政党涌现。目前，突尼斯共有 110 余个合法政党，主要是：呼声党、复兴运动、自由爱国联盟、人民阵线、前景党、保卫共和大会党、民主潮流党。2011 年 10 月，突尼斯重新进行制宪议会选举，"复兴运动"作为执政党被推选进入历史舞台。2013 年 2 月和 7 月，相继有两名世俗反对派领袖和议员遭到暗杀，制宪议会一度中止运转。2014 年 1 月，制宪议会投票通过新宪法，新任过渡政府宣誓就职。5 月，选举法获得通过。10 月，突尼斯举行议会选举，世俗派政党"突尼斯呼声"在议会 217 席中占据 85 席，取代复兴运动成为议会第一大党。①

（二）国家形式和政党制度的变化

受民主化浪潮的影响，北非阿拉伯国家在转型时期的国家形式和政党制度又发生了变化。

阿尔及利亚 1989 宪法取消了有关阿尔及利亚社会主义的全部内容，废除了国民议会议员所有候选人必须出自民族解放阵线的限制，允许角逐议员的候选人来自多个政党。1989 宪法只字未提"一党制"和执政的民族解放阵线在国家政治中的地位和作用，同时在公民的权利中增加了"政治结社"和"罢工"的内容。② 1995 年 11 月，阿尔及利亚成功举行了新一届的总统大选，这次总统大选具有与众不同的意义。这是阿尔及利亚历史上第一次多党选举，成功选举产生了第一位民选总统——利亚米纳·泽鲁阿勒。两年之后，顺利完成了中央和

---

① 突尼斯，http：//cs. mfa. gov. cn/zggmcg/ljmdd/fz_ 648564/tns_ 651853/。
② Michel Louis Martin, *Les Nouvelles Constitutions des Pays Francophones du Sud*, L'Hermes, 1998, pp. 33 – 57.

地方的立法选举，组成了多党制立法机关。[①] 1996 年，阿尔及利亚宪法再次进行修改，规定阿尔及利亚实行总统制，总统由直接选举产生，任期 5 年。[②] 2016 年，阿尔及利亚颁布新宪法修正案，继续坚持民主共和政体，其第一章"阿尔及利亚社会一般管理原则"第 1 条规定："阿尔及利亚是一个人民民主共和国，统一而不可分割。"并且继续坚持三权分立的国家管理形式，其 2016 年宪法修正案的第二章专门规定了权力机构，将行政权、立法权和司法权分三部分予以细致划分。

突尼斯 2014 年宪法第一章总则第 1 条规定："突尼斯是一个自由、独立、主权完整的国家，伊斯兰教为该国国教，阿拉伯语为其官方语言，实行共和制政体。这一章节不得被修改。"这一章节出自突尼斯 1959 年宪法（该国独立后的第一部宪法），制宪议会将其保留，继续坚持民主共和政体，只是新增了一条内容，"这一章节不得被修改"，这也是为了进一步强调其共和政体。虽几经修改，但突尼斯依然坚持民主共和政体。在西方民主化的攻势下，1988 年突尼斯通过《民族宪章》，拉开了"开放"和"变革"的序幕。在政党制度改革方面，1988 年，突尼斯执政党——社会主义宪政党在本·阿里的领导下召开大会，将"社会主义民主宪政党"更名为"宪政民主联盟"。执政党名字的变化从侧面反映了执政党意识形态和执政策略的转变——从"社会主义民主"转变为"宪政民主"——放弃"社会主义"，追求西方民主宪政。

1994 年，突尼斯举行了首次真正意义上的多党制议会选举，以宪政民主联盟大获全胜而告终。1991 年，突尼斯成功举行了新一届的总统大选，这次总统大选与以往不同之处在于，这是突尼斯独立后

[①] 赵慧杰：《列国志·阿尔及利亚》，社会科学文献出版社，2006，第 109 页。

[②] Jean du bois de Gaudusson, Gerard Conac, Christine Desouches, *Les Constitutions Africaines*, La Documentation Francaise, 1997, pp. 21 - 39.

的第一次多党选举，不仅允许反对党参与，还在很大程度上增加了反对党的席位，这标志着"一党制"向多党制的变革，迈出了民主改革和政治多元化的第一步。并且，新的政党法强调政党的世俗性，规定政党不能建立在宗教、语言、种族或地域基础上，伊斯兰复兴运动党因而被排斥在外，奉行世俗主义的其他政党反而在这个伊斯兰传统浓厚的国度获得了合法性。但是，作为突尼斯境内仅有的基层组织密布全国各地的政党，其依然获得了议会绝大多数的席位，本·阿里也再次当选突尼斯总统。作为突尼斯总统的本·阿里同时也是该执政党的主席，执政党依然把持国家大政方针。1997 年再次对宪法进行修改，这次宪法修正案的亮点在于，扩大国民参政，强调政党在组织国民参与政治生活中的作用。1999 年宪法修正案，允许反对党领导人作为候选人参加总统竞选。① 值得一提的是，这期间突尼斯实行了独特的政党补贴制度。反对党的政治纲领以及党的报刊若符合执政党要求，政府便会给予专项补贴，补贴其政党运行；并且反对党合法性的授予权为政府所有，而政府自然是执政党领导下的政府，这都从根本上控制了反对党的生存空间，将反对党牢牢控制在其允许范围内。所以，虽然突尼斯实现了多党政治，但仅仅是形式上的多党制，其实质是一党——总统本·阿里领导下的宪政民主联盟——领导下的多党制，是有控制的多党制。2002 年 5 月，突尼斯举行独立后首次全民公决，通过 2002 年宪法修正案，重点在于保护人权和实行民主多元化，进一步推行多党制改革，开始引导反对党参政、议政，逐步扩大政党自由。直到 2010 年底"茉莉花革命"，本·阿里的政党改革才终止。② 2011 年突尼斯成立过渡政府，过渡政府首举便是取消党禁，取缔"宪政民主联盟"，实行真正的多党制，其结果是各类政党呈指

① 杨鲁平、林庆春：《列国志·突尼斯》，社会科学文献出版社，2003，第 76 页。
② Emma C. Murphy, *Economic and Political Change in Tunisia: From Bourguiba to Ben Ali*, Palgrave, 1999, p. 25.

数级增长。几个月不到的时间，便先后有 115 个政党取得合法地位，主要是：复兴运动、保卫共和大会党、争取工作与自由民主论坛、人民请愿党、民主进步党、革新运动、突尼斯工人党和突尼斯劳动党。众多政党的出现，确实表明突尼斯政治开始全面走向多元化，但如此多的政党也导致共同意见难以取得，进一步加剧了突尼斯国内政局动荡。直至 2013 年 6 月，反对派才在国内和国际社会的共同努力和协调下，就宪法草案主要问题达成一致，并通过制宪议会成立了"制宪共同委员会"，开始着手制定突尼斯新宪法。即使如此，2014 年年初突尼斯才投票通过新宪法。

苏丹 1998 年宪法规定，苏丹是一个共和联邦制国家，国家政治权力分别由总统、议会（一院制）、最高司法委员会行使。[1] 2005 年临时宪法规定，苏丹是议会联邦制主权国家。[2]

进入 20 世纪 90 年代后，由于苏东剧变的冲击，摩洛哥国内要求扩大民主、自由的呼声日益高涨。1990 年 5 月 4 日，摩洛哥议会中的 4 个反对党联名弹劾政府，要求政府集体辞职，成立民族政府，最终以 200 票反对、80 票赞成遭到否决。摩洛哥 1992 年宪法规定：摩洛哥为君主立宪制国家；国王是国家元首、宗教领袖、武装部队最高统帅；国王任命首相，并根据首相的提议任命内阁成员。1993 年 11 月 11 日，哈桑二世国王决定成立以拉姆拉尼为首相、由无党派人士组成的专家内阁，并强调继续与反对派保持对话，推进摩洛哥民主改革。摩洛哥 1996 年宪法重申了君主立宪制，[3] 提升了首相的权力。2011 年，摩洛哥颁布新宪法修正案，继续延续君主立宪制政体，第一章总则第 1 条规定："摩洛哥是一个宪政、民主、议会君主制国

---

① 周琦、贺鉴：《非洲军人政权对国家宪法变迁与宪政发展的影响》，《求索》2011 年第 10 期。

② 刘鸿武、姜恒昆：《列国志·苏丹》，社会科学文献出版社，2008，第 157～158 页。

③ 肖克：《列国志·摩洛哥》，社会科学文献出版社，2008，第 101～102 页。

家。"该种君主立宪制政体是一种二元制君主立宪制政体。第三章
"国王"一章规定国王是国家元首、武装部队总司令和宗教领袖。第
60条规定，由参、众两院组成的国会享有唯一立法权。第87条规
定，政府由政府首脑、各部部长和国务卿组成，享有行政权。法院享
有司法权自不用说，但第107条还规定了"国王保障司法独立"。其
政党制度并无太多变化，依然延续了多党制。

2005年，在埃及总统穆巴拉克的推动下，埃及开启了自1980年
宪法修订后的第二次修改，主要是对第76条的修改，其目的在于扩
大总统选举范围和提高总统选举的公平公正性，修改后的第76条规
定：所有符合条件的政党均有提出总统候选人的资格，总统选举通过
全民直接匿名投票的方式，从多个候选人中选出。2005年的宪法修
订也标志着埃及政治的全面转轨，对以后的埃及政治发展产生了难以
估计的影响，其意义已经不是一个条款的单纯修改所能涵盖的了。
2007年，埃及再次颁布新的宪法修正案，这次修改放弃了1980年宪
法修正案、2005年修正案一直保有的关于社会主义的规定，原来第1
条的表述为："阿拉伯埃及共和国是一个以人民力量联盟为基础的民
主的社会主义国家"，而在修订后则变为"阿拉伯埃及共和国是一个
建立在公民权基础上的民主国家"；由此，之前的所谓社会主义原则
几乎不复存在，这是以国家根本大法的形式表明其对社会主义的放
弃，从形式到实质上的放弃。政局几经动荡，埃及于2012年出台颁
布新宪法，其重心在于削减政府总统权力，扩大议会的权力，提高总
理的地位，确立一种半总统的政体，在一定程度上限制总统权力，防
止穆巴拉克独裁局面的再次出现。第133条规定总统任期不再是6
年，而是缩短为4年，并且只能连任一届。而且规定总理的任免并非
仅仅取决于总统，还需要通过议会的信任票。2014年宪法修正案进
一步延续了这种限权的趋势，规定：临时总统履职期间无权要求修订
宪法，不得解散人民议会，不得参与正式总统竞选，确立了一种通过

议会和司法部门限制总统权力的混合总统制，防止总统独大的情形再次出现。

转型期间，埃及开始改革其政党制度，推动"一党制"向"多党制"的转变，允许反对党的存在，赋予其合法性，尤其是允许反对党在议会中占有席位。但是，其多党制依然是一党主导下的多党制，民族民主党依然在议会中保有高达80%的席位，处于绝对的优势地位，继续大权独揽。并且通过宪法，规定限制反对党发展的措施，将反对党边缘化。2005年通过了宪法修正案，就政党制度而言，最突出的规定是有关政党提名总统候选人的规定。要求只有在人民议会和协商会议中各占有5%以上议席，执政党才有资格提名总统候选人，并且该比例逐年下调，到2007年已经低至3%，并将时间延长为10年（从2007年开始），基本将反对党排除在总统提名之外。并且，这种对反对党的排斥，并非只针对中小党派，即使是埃及最大反对党——穆斯林现代化也在所难免。因为穆斯林兄弟会在1990年后主要通过个人参与选举的方式参与议会选举。2005年宪法修正案第62条明确规定了个人参选与政党提名的混合制度，[①] 通过政党提名的方式分流一部分名额，然后将个人参选比例进行大幅度削减，从而从根本上限制了穆斯林兄弟会参与常规政治生活，更遑论成功大选，获得执政资格了。[②] 除此之外，第76条关于选举制度的规定——"只有注册登记的政党才能提名候选人"，该规定与第5条规定相结合，将反对派第一大党彻底排斥于国家各项政治生活之外。[③] 2011年颁布新政党法，开放党禁，着手实行真正意义上的多党制改革，各政党组

---

① 埃及早先采取政党提名制，最高宪法法院以其限制了非政党个人的权力为由将其推翻。

② Nathan J. Brown, Michele Dunne, and Amr Hamzawy, "Egypt's Controversial Constitutional Amendments," Carnegie Endowment for International Peace, March 23, 2007.

③ See Nathan J. Brown, Michele Dunne, and Amr Hamzawy, "Egypt's Controversial Constitutional Amendments," Carnegie Endowment for International Peace, March 23, 2007.

织大量涌现，其中经国家政党委员会批准成立的政党就多达 60 个。主要政党有：萨拉菲光明党、新华夫脱党、埃及社会民主党、自由埃及人党。在政党制度方面，2014 年新宪法相对 2012 年的宪法有较大改动，新宪法草案明确禁止以宗教为基础成立政党。

2011 年 8 月，利比亚结束内战，成立过渡委员会，颁布过渡时期宪法，规定利比亚将建立多党制民主国家，实行法治，保障全体人民平等享有基本自由和人权。随后，利比亚组建制宪委员会，但制宪进程十分缓慢，新宪法草案尚未完成。利比亚 2012 年新宪法修正案第 1 条规定，利比亚是一个独立的民主国家，权力源于人民；第 4 条规定，国家致力于建立多元政治民主体制和多党制；第 17 条规定，全国过渡委员会（The National Transitional Council）为利比亚国家的最高权力机构，并承担最高主权职能，包括立法和确定国家总方针。它是利比亚人民唯一合法的代表，其合法性来自 2 月 17 日的革命。它应当保证国家统一、领土安全、公民和居民的安全、国际条约的批准，并建立公民宪法和民主国家的基础；第 24 条规定，全国过渡委员会应当任命一个总统和足够数量的成员组成的执行委员会或临时政府，管理国家的不同行业。全国过渡委员会有权在三分之二的委员会的成员同意后，驳回执行委员会主席或临时政府首脑或它的任何成员的决定。执行委员会主席或临时政府及其成员应该对全国过渡委员会国家总方针集体负责。第 26 条规定，执行委员会或者临时政府应该将法律草案提交给全国规定委员会审议，方可采取进一步的行动。第 28 条规定，全国过渡委员会建立审计机关，审计总的收入和支出。它确保资金的合理使用，并定期向全国规定委员会和执行委员会或者临时政府提交报告。第 29 条规定，全国过渡委员会任命国外的外交代表，有权罢免他们并接受他们的辞呈。第 30 条规定，全国过渡委员会根据宣言的第 18 条组建，在国会选举之前，它享有利比亚国内的最高权力，并对国家管理负责。按照解放宣言，全国过渡委员会可以转移其在的黎波里的总部，在 30 天内建立临时政府，90 天内通过选举国会的具体法律；建立最高选举委员会；组织国会选举国会应该在解放宣言宣布 240 天内被选举。国会包含来自利比亚人民中的 200 个代表。过渡委员会在国会第一次会议后解散，其职责将会转移给国会。国会决议三分之二多数通过。

（三）议会制度的变化

1989 年 2 月 23 日，阿尔及利亚通过了新宪法，确立行政、立法、司法三权分立的政治模式。[①] 根据阿尔及利亚 1996 年宪法，阿尔及利亚全国人民议会改为两院制议会，由国民议会（众议院）和民族院（参议院）组成。国民议会议员由直接普选产生；民族院议员的三分之二由选举产生，三分之一由总统指定；国民议会通过的法案须经民族院的四分之三多数通过后才能生效。[②] 新宪法还规定：总统在议会产生之前及休会期间可以法令形式颁布法律；政府施政纲领如两次被国民议会否决，则可解散国民议会，重新进行选举，以及民族院议长在总统职位空缺时暂时行使国家元首职权 60 天，并在此期间主持总统选举等。[③] 2016 年宪法继续延续了 1996 年宪法的"两院制"议会制度，第 112 条规定，"国民大会和民族议会共同行使立法权"，只不过这种两院制是一种不平衡的"两院制"，因为该条款第二款规定"国会独立的审议和表决法律"。

在本·阿里执政期间颁布的 1993 年宪法修正案、1995 年宪法修正案、1997 年宪法修正案、1998 年宪法修正案、1999 年宪法修正案，突尼斯议会制度并无太大变化，实行一院制议会，国民议会是唯一的立法和议事机构。这也是本·阿里所进行的一系列模仿西方宪政

---

① 贺鉴：《北非阿拉伯国家的宪法变迁》，《湖南科技大学学报》（社会科学版）2011 年第 2 期。

② Jean du bois de Gaudusson, Gerard Conac, Christine Desouches, *Les Constitutions Africaines*, La Documentation Francaise, 1997, pp. 21 – 39.

③ 赵慧杰：《列国志·阿尔及利亚》，社会科学文献出版社，2006，第 116 页。

制度进行改革中最重要的一个方面。直至 2002 年突尼斯再次修改宪法，才将一院制议会改为包括众议院和参议院在内的两院制议会制度，享有监督权、提案权以及修改并通过最终提案的完整的立法权。众议院和参议院在上述方面的权限并无太大差别，并且都享有刑事豁免权。当然，两院也有其区别，否则也无须设置参、众两院。例如，众议院议员的选举方式不同于参议院。众议院议员由无记名投票方式直接选举产生，参议院则不然，不仅实行间接选举，还可以通过总统直接任命参议院议员。并且，参议院议员的总人数不超过众议院议员总数的三分之二，这很明显是源于法国宪法的非平衡性两院制度。透过 2002 年宪法修正案第三章，我们可以看到议会制度还进行了如下改革：首先是宪法修改问题，严格实行两审程序，只有经过两审后方可对宪法主要内容进行修改；其次，改变议员构成，增加了反对党议员的比例，降低选民和议员候选人的资格；增加议会总的席位，取消地方议会议席的限制；等等。再者，进一步拓宽议会的代表性，强调议员代表人民行使权力，监督政府行为，"议会是整个突尼斯人的代表"，第三章第 61 条通过增加议会质询方式的途径，进一步强化了议会对政府的约束。[①]

虽然 2002 年宪法修正案扩大了议会的权力，制约了政府的权力，但也赋予了总统解散议会的权力以及源于法国的总统提请全民公投的权力。并且突尼斯的多党制仅仅是形式上的多党制，各党派无法相互制约，或者说各党派无法制约在议会中占据绝对多数的作为执政党的民主宪政联盟，宪法还赋予了总统任命参议院议员的权力，使总统权力侵入议会职权范围内，行政权力侵入立法权力，也为后来的政变埋下了伏笔。2011 年 3 月 4 日，突尼斯过渡政府宣布解散参、众两院。10 月 23 日，突尼斯制宪会议选举顺利进行。2014 年新宪法第三章第

---

① 杨鲁平、林庆春：《列国志·突尼斯》，社会科学文献出版社，2003，第 77 页。

50 条规定突尼斯实行一院制，立法机构称人民代表大会（in the Assembly of the Representatives of the People）。第 52 条规定人民代表大会在国家预算框架内享有财政和行政独立。人民代表大会有权决定立法程序，并以大会成员绝对多数批准。复兴运动在 217 个议会席位中获 89 席，为第一大党。2014 年 10 月，突尼斯举行议会选举，世俗派政党"突尼斯呼声"在 217 席中占据 85 席，成为议会第一大党，投票选出的人民代表大会取代具有过渡性质的制宪会议。2014 年 11 月，穆罕默德·纳塞尔（Mohamed Ennaceur）当选人民代表大会主席。

2006 年，埃及颁布新的修正案，开启了埃及议会制度的改革。该宪法修正案对于议会制度的变革重点在于，改"一院制"为"两院制"——人民议会和协商会议；强化议会制约和监督政府的能力，扩大议会权力，尤其是协商会议的立法权；维护多党制。2012 年埃及经历了一系列的国内政变后，颁布新宪法，保留协商会议，但将人民议会更名为众议院，继续实行两院制，只不过强化了协商会议的权力，规定在众议院选举产生前，由协商会议行使立法权。该宪法第 82~115 条详细规定了议员资格和议会内部组织结构，第 116 条规定众议院（下院，此前称人民议会）拥有立法权，但总统亦拥有部分立法权，议会在立法中的主体地位未得到确认。协商会议（上院）的职权不明确，制宪过程中取消上院或明确其职权的呼吁未得到响应。部分条款强化了议会制衡总统的能力，如第 127 条规定总统解散议会须通过全民公决，解散议会的动议如未通过全民公决，则总统自动下台，这将防止总统随意解散议会。第 128 条规定总统只能任命协商议会十分之一的议员，1971 年宪法规定这一比例为三分之一。第 139 条规定议会有权否决总统提名的总理和内阁人选。如果议会多数派和总统分属不同政治派别，则议会制衡总统和政府的能力得到强化。一旦双方因组阁问题陷入僵持，总统只能启动第 127 条。第 135

条赋予议会两院提名总统候选人的权力，规定总统候选人须获得 20
名议员联合提名。这一方面使议会能够影响总统选举，另一方面可强
化政党政治，避免政治力量碎片化。第 146 条规定总统须与国防委员
会取得一致，并得到议会批准，方可对外宣战。第 148 条规定总统宣
布紧急状态须得到议会批准，这两条明显削弱了总统权力。第 152 条
规定了指控、起诉、审判总统的条件和程序。就现阶段而言，上述条
款明显不利于穆兄会和穆尔西，但穆兄会欲通过这些条款两面下注，
一旦其候选人在总统选举中失利，尚可利用议会制衡总统。[1] 2013
年，埃及再次遭遇政变，在经历了近一年的政局动荡后，于 2014 年
出台了新的宪法修正案，推行新的政治体制改革。其重点便在于议会
制度的改革，第五章"执政体系"第一部分关于立法权的规定中，
第 101 条仅仅规定了人民议会（即众议院）享有立法权，并且"批
准一般政策、经济和社会的总体规划和国家预算"，"它行使监督行
政机关的权力"。这一议会制度变革的实质是，将"两院制"重新回
归于"一院制"，协商议会不再设立。第 112 条规定了议会成员的言
论表达免责，进一步保障议会成员的权益。除此之外，2014 年宪法
修正案第 102 条议会成员构成中规定："人民议会由不少于四百五十
人成员直接选举产生，秘密公开投票。人民议会候选人必须是埃及公
民，享受公民权利和政治权利。……多数人的系统比例列表，或者可
以使用任何比例的混合系统。共和国的总统可以任命的不超过 5% 的
议会成员，他们提名的方法是由法律规定。"

苏丹 1998 年宪法规定，国民大会是国家的立法机构，行使国家
立法权和行政监督权，议会设议长。2005 年临时宪法规定，两院制
议会（国民大会和由各州派两名代表组成的州参议会）是国家的立

---

① 王琼：《西亚非洲法制》，法律出版社，2013，第 254 页。

法机构，每届任期 5 年，两院单独或联合行使国家立法权和行政监督权。①

摩洛哥 1992 年扩大了议会的权力，部分满足了反对派的民主要求。根据新宪法，经过国王任命的新政府必须将其施政方案呈交议会以征得同意，如果不能得到议会同意，政府就要全体辞职，而先前的立法不要求投信任票。此外，按照新宪法，国王宣布紧急状态不再意味着议会的自动解散。议会还被赋予设立调查委员会以监督政府的资格。② 摩洛哥 1996 年宪法规定，在君主立宪制的前提下，实行两院制议会民主，除原有的由政党代表组成的代表院（众议院）外，增设由地方政权、行业工会和工薪阶层代表组成的参议院。③ 新宪法还扩大了议会的立法权限，在监督政府和决定国家经济发展等方面，议会有了更大的发言，从而加快了国家的法制建设和民主进程。④ 1997 年 6 月 14 日至 12 月 15 日，摩洛哥先后举行众议院、参议院的两院选举。由社会主义联盟、独立党等反对派组成的“库特拉”民主集团（人民力量社会主义联盟）和自由人士联盟、全国人民运动等组成的中间派集团分别成为众议院和参议院第一大政治团体，组建了摩洛哥第六届议会。第六届议会推行两院制，其中，众议院共 325 名成员，通过直接普选产生，任期 5 年；参议院共 270 名成员，通过间接选举产生，任期 9 年；每 3 年改选三分之一。2011 年，摩洛哥颁布新宪法修正案，第 60 条规定，由参、众两院组成的国会享有唯一立法权，继续施行“两院制”议会制度。

---

① 刘鸿武、姜恒昆：《列国志：苏丹》，社会科学文献出版社，2008，第 157～158 页。

② Guilain P. Denoeux and Abdeslam Maghraoui, "The Political Economy of Structural Adjustment in Morocco," in *Economic Crisis and Political Change in North Africa*, ed. by Azzedine Layachi Westport, Conn. Pracger, 1998, p. 73.

③ 贺鉴：《北非阿拉伯国家的宪法变迁》，《湖南科技大学学报》（社会科学版）2011 年第 2 期。

④ 肖克：《列国志·摩洛哥》，社会科学文献出版社，2008，第 101～102 页。

（四）违宪审查机构的建立

受西方宪法与政治的影响，北非阿拉伯国家都建立了违宪审查机构。其中，阿尔及利亚、突尼斯、摩洛哥建立了宪法委员会，苏丹和埃及建立了宪法法院，利比亚的违宪审查机构是最高法院下属的宪法法庭。

1. 北非三国的宪法委员会

许多法语非洲国家建立了名称各不相同的违宪审查机构，专司立法合宪性审查。[1] 受法国违宪审查制度的影响，阿尔及利亚、突尼斯、摩洛哥也都建立了宪法委员会，作为本国的违宪审查机构。

法国宪法委员会（Le Conseil constitutionnel）建立于 1958 年，次年开始运行，它由 9 名法官组成，其中有 3 人由总统任命，3 人由参议院议长任命，另外 3 人由国民议会议长任命。[2] 其主要职责是采取事先性审查和事后性审查相结合的混合审查方式对法律进行合宪性审查；在合宪性审查的提出主体方面，既有个人和法人，也有政府。法国宪法委员会不同于美国的最高法院，不属于立法机关、行政机关和司法机关的任何范畴，是独立于这三个机构之外的，也可以说是在这三个机构之上的。法国宪法委员会做出的判决对所有的国家机关都具有适用的效力，任何公民或者立法机关、行政机关和司法机关都接受其约束。

阿尔及利亚的国家宪法委员会，是根据阿尔及利亚 1989 年宪法于同年 8 月 7 日成立的。阿尔及利亚 1996 年宪法对宪法委员会的设置和任务做了修改。宪法委员会由分别负责行政、立法、司法三方面的 9 名委员组成。宪法委员会委员当选后，必须辞去一切公职和退出

---

[1]　Gerard Conac, *Les Institutions Constitutionnelles des Etats d'Afrique Francophones et de la Republique Malgache*, Ed. Economica, 1979, pp. 185 – 200.

[2]　Louis Henkin, Albert J. Rosenthal, *Constitutionalism and Rights: The Influence of the United States Constitution Abroad*, Columbia University Press, 1990, pp. 53 – 54.

一切政党，任期6年，不可连任，每3年改选一半。① 宪法委员会的主要职责是负责解释宪法和监督宪法的实施，监督议会两院的组织机构法和内部条例的实施，监督选举过程和结果等。②

突尼斯的宪法委员会是本·阿里执政后于1987年11月7日组建的，其主要职责是对基本法律与涉及权利和自由的法律草案进行审议。1988年对突尼斯宪法进行了修正。新宪法修正案第72条至第74条规定了宪法委员会审查法律、重大政治事项的裁决权和监督权以及咨询权。根据宪法第75条的规定，突尼斯宪法委员会由9名委员组成，4名由共和国总统提名，2名由众议院主席提名。这6名委员每三年更换两次，剩下3人则固定由三类人员担任：行政法庭（Administrative Court）、审计署（Audit Office）和最高上诉法院（the Court of Cassation）的负责人。③ 宪法委员会主席具有较大的职权，在出现裁决结果等票的情况下，由其居中进行裁断，对宪法委员会会议召开的程序和过程享有决定权。宪法规定宪法委员会的委员只需具备完全行为能力即能胜任。突尼斯宪法委员会是一个独立的国家机构，委员只对宪法委员会负责，具有独立的法律地位。宪法委员会可以拥有自己独立的预算和办事机构，以便提高其办事效率和独立性。委员会委员受到从业禁止限制，不得在政府机关、议会、政治组织和工会活动中担任任何职务，以便影响裁决的公正性。1995年的宪法修正案对政治委员会的条款进行修正，并增加了一些内容。1998的宪法修正案规定，政治委员会可以对国家权力的各个方面进行裁决。2002年宪法修正案增强了宪法委员会的政治监督作用，主要是监督政治选

---

① Jean du bois de Gaudusson, Gerard Conac, Christine Desouches, *Les Constitutions Africaines*, La Documentation Francaise, 1997, pp. 21 – 39.

② 赵慧杰：《列国志·阿尔及利亚》，社会科学文献出版社，2006，第126~127页。

③ Daniel A. Marx, "North Africa's Constitutions at the 50 – year Mark: An Analysis of the Evolution," *The Journal of North African Studies*, Vol. 15, No. 4, December 2010, pp. 483 – 485.

举的投票过程。既可以在公投开始前进行咨询，也可以对议员资格进行审查，还可以对选举结果的异议进行裁决。宪法第 75 条规定，宪法委员会对选举问题的决定是最终决定，不得上诉。还将对宪法委员会的成员构成进行改革，增加反对党和社会各界人士成员，以加强社会民众对政治的监督。① 2014 年新宪法第五章司法机关第二部分专门规定"宪法法院"，其第 118 条规定宪法法院是一个独立的司法机关，由 12 人组成，其中四分之三是从业至少 20 年的法律专家。共和国的总统、人民代表大会和最高司法委员会应当任命 4 个成员，其中四分之三必须是法律专家。任期 9 年。宪法法院三分之一的成员应当每三年更新一次。任何空缺应当根据法庭建立时的程序被填补，并考虑执政党和相关领域的专业化。法院成员从法律专家中选举总统和副总统的法院。

摩洛哥宪法委员会由 12 人组成，其中有 6 人由国王任命。在与议会各团体协商后，参议院和众议院的议长各自任命 3 人，一共 6 人。摩洛哥宪法委员会任期 9 年，每三年要改选其中的三分之一。委员会主席由国王从其任命的 6 名成员中选定，宪法委员会主席和该委员会成员不能连任。宪法委员会履行由宪法条款或有关组织法条款所赋予的职能，即委员会除行使宪法和有关法律规定的职权外，还对选举议会成员和公投合法与否进行裁定。任何组织法规、议会两院的内部规章须经委员会确认与宪法精神相符后，方可颁布实施。宪法委员会的任何决定，不允许有人持有异议，各有关当局、行政部门和司法部门都必须遵照执行。②

2. 北非两国的宪法法院

受德国违宪审查制度的影响，苏丹和埃及建立了宪法法院，作为

---

① 杨鲁平、林庆春：《列国志·突尼斯》，社会科学文献出版社，2003，第 86 页。

② 肖克：《列国志·摩洛哥》，社会科学文献出版社，2008，第 108 页。

本国的违宪审查机构。

德国联邦宪法法院（Das Bundesverfassungsgericht，简称 BVerfG）是根据德国 1949 年宪法于 1951 特别设立的，它不是普通法院系统的一部分，而是一个独立的司法机构。德国宪法法院是全欧洲宪法法院中最强大的，因为它享有的管辖权最宽。与法国宪法委员会不同的是，德国宪法法院还可以受理个人提起的违宪审查请求。而且，事实上德国宪法法院受理的案件绝大部分是由个人提起的。[1]

苏丹宪法法院是根据 2005 年临时宪法设立的，是一个专门用以支持、应用和执行新宪法的司法机构，该法院独立于政府和其他司法机构之外而运行。可是，宪法法院院长由总统（同第一副总统经过协商）直接任命，法官的任免也由总统（同副总统经过协商）决定，但须全国司法服务委员会进行推荐，并且要得到州委员会三分之一的赞成票。这样就确保了总统在国家机构中的首要地位。苏丹宪法法院由 9 名资深、独立和无党派的法官组成，法院院长和法官的任期都是 10 年。[2]

埃及最高宪法法院始建于 1969 年。根据埃及宪法规定，埃及最高宪法法院是一个独立的司法机构，设在开罗。唯有它有权依照法律规定对法律和规章制度是否符合宪法进行司法监督，并负责解释法律条文。[3]

3. 利比亚的违宪审查机构

受美国和德国违宪审查制度的影响，利比亚建立了自己的违宪审查制度，但又与美国和德国的司法审查不尽相同。

西方国家审查立法合宪性的司法控制分为两大类：（1）"分散型"，

---

① Louis Henkin, Albert J. Rosenthal, *Constitutionalism and Rights: The Influence of the United States Constitution Abroad*, Columbia University Press, 1990, pp. 52 – 53.

② 刘鸿武、姜恒昆：《列国志·苏丹》，社会科学文献出版社，2008，第 174 页。

③ 杨灏城、许林根：《列国志·埃及》，社会科学文献出版社，2006，第 170 页。

把控制权赋予某一法律体系中的所有司法机关，这就是"美国式"的违宪审查制度；(2)"集中型"，违宪审查权只限于单一的司法机关享有。①以德国和法国为代表的欧陆国家一般采取这种形式。依据美国的违宪审查制度，违宪审查存在于整个司法体系，但最高法院的判决对下级法院有广泛的权威。与此不同的是，德国和法国等代表性欧陆国家的普通法院无权受理宪法争端，它们最多只能把争端提交宪法法院或宪法委员会，宪法法院或宪法委员会的判决对普通法院有约束力。②

利比亚综合借鉴了美国和德国的违宪审查制度，并根据本国国情加以变通，其违宪审查权归普通法院，但只限于最高法院的宪法法庭。利比亚最高法院下设 5 个法庭，各法庭由 3 ~ 5 人组成，法官由总人民大会任命。其中，宪法法庭是违宪审查机构，其主要职责是对立法的合宪性进行审查和监督。③

（五）威权主义宪政暴露出了弊端

首先，总统权力过大。北非阿拉伯国家的许多国家元首长期由一名政治强人所担任，宪法所确立的议会、政党和公民的基本权利难以实现。1998 年，突尼斯宪法虽然规定了总统任期五年，可连选连任，但本·阿里总统已经连任长达四届 23 年之久。卡扎菲连续执政长达 42 年。埃及的内阁总理和立法权长期掌控在总统手中，埃及要想成功地实施选举或者制订新计划，都必须要经过总统的认可和批准。其次，行政权力过强。发生"茉莉花革命"的国家大都存在立法、行政、司法三权失衡的状态，行政机关的权力大大超过了立法机关的权力，立法机关普遍处于式微的境地。行政机关通过压制性的政策主导着公民在经济、政治和文化方面的活动。例如，埃及颁布的"紧急

---

① 马岭：《德国和美国违宪审查制度之比较》，《环球法律评论》2005 年第 2 期。

② Louis Henkin, Albert J. Rosenthal, *Constitutionalism and Rights: The Influence of the United States Constitution Abroad*, Columbia University Press, 1990, pp. 41 - 42.

③ 潘蓓英：《列国志·利比亚》，社会科学文献出版社，2006，第 116 页。

状态法"，赋予政府可以控制政治和社会生活的各个方面的权力，这就会在一定程度上消解埃及的民主化。再次，政党政治和政治参与遭到严格限制。北非阿拉伯的许多国家长期存在一党专政。突尼斯的宪政民主联盟长期执政，为了减轻西方国家在民主、人权方面的压力，对反对党开始逐步引导予以放开。埃及大选普遍存在"广泛而不规范的选举"，民族民主党利用对国家服务的垄断优势长期居于执政地位，选举法长期以来的随意变动导致除穆兄会之外，其他政党力量太过于弱小，难以构成强有力的反对党。最后，伊斯兰教对宪政发挥了重要的作用。伊斯兰复兴运动在 21 世纪兴起，许多民众对伊斯兰教的信仰、民族、文化感情有很深的认同。由于具有广泛的群众基础，伊斯兰复兴运动一直组织各种力量和政府进行对抗。

第二节　北非阿拉伯国家宪法与政治转型的主要原因

北非阿拉伯国家宪法与政治转型，既有苏东剧变和西方大国压力等外部因素的影响，也有自身失衡的内部原因。它是在这样一种外部巨变、内部失衡的背景下发生的，是外因和内因共同作用的结果。

一　北非阿拉伯国家宪法与政治转型的外因

20 世纪 80 年代末 90 年代初，非洲的"多党民主化"浪潮发生在国际政治格局出现重大变化的时机——两极格局解体，联系到非洲国家经济的对外依附性及其由此而导致的政治脆弱性，可以认为外因产生了重要的作用。[①] 北非阿拉伯国家宪法与政治转型的外部因素主要包括两个方面：苏东剧变以及西方大国的压力。

---

① 张宏明：《多维视野中的非洲政治发展》，社会科学文献出版社，1999，第 220 页。

（一）苏东剧变的影响

东欧与苏联剧变对北非阿拉伯国家的宪法与政治转型起到了催化剂的作用，其对非洲的影响主要是客观的和间接的。冷战的终结，使非洲面临严峻的政治危机。冷战期间，苏联为了与美国抗衡和争夺世界霸权，向宣称走社会主义道路和"非资本主义"道路的北非阿拉伯国家提供了各方面的援助。在 1960 年到 1980 年的近 20 年中，苏联向 30 多个非洲国家提供的贷款总计达到 134.886 亿卢布。在 1976年至 1980 年的 5 年中，苏联向 23 个非洲国家提供的军事援助达111.9 亿美元。截至 1986 年，苏联通过提供奖学金和在非洲建立培训中心等途径，为非洲国家培训了 45 万干部、专家、技术工人等人才，其中绝大部分都是为奉行社会主义的国家培养的。①

正是由于苏联与这些国家有着密切的联系，1985 年戈尔巴乔夫上台后苏联出现的变化，对它们不可能不产生重大影响。苏联《今日亚非》月刊 1988 年第 4 期和第 5 期连载的一篇题为《非洲的共产主义运动》的署名文章中就指出，"苏联的改革进程，苏联 27 大和以后的这样几次全会的决议中表现出来的对现代问题的革新立场，是非洲共产党人的创造性的重要体现"。这表明，苏联除自己变革外，还企图"推动"非洲发生变化。1989 年 9 月，苏联亚非团结委员会在明斯克召开了一次国际学术会议，探讨戈尔巴乔夫提出的"新思维后发展中国家的发展"问题，有 54 个国际组织的代表与会。匈牙利代表的发言宣扬了相同的论调。"在新思维"外交方针的指导下，苏联在处理非洲事务上还加强了与美国的合作，减少或停止对非洲国家的经济和军事援助并要求它们向西方国家求援。另外，苏联还大大减少了对北非阿拉伯国家的文化、教育和卫生事业的援助。20 世纪90 年代初，苏联至少还有 600 名专家在十多个非洲国家的文教、卫

---

① 唐大盾：《非洲社会主义新论》，教育科学出版社，1994，第 424 页。

生系统工作，而 1991 年苏联在刚果文教、卫生部门的援助人员从 100 人减少到 3 人，在坦桑尼亚的 40 名教师减少了一半。[①]

因此，在很大程度上说，"苏联援助"和"社会主义"成为北非阿拉伯社会主义国家维系一党政治的现实需要和重要依据。东欧与苏联剧变对北非阿拉伯国家来说简直就是一场政治大地震。在东欧剧变与苏联解体的影响下，那些追随"苏东"或与之关系密切的非洲国家感到失落，它们所信奉的意识形态及所实行的政治模式失去了存续的依托。北非有的领导人对一党制和社会主义的前景产生了怀疑，从而准备放弃原有的政党制度和国体。各国人民特别是青年学生和政治敏感性较强的知识分子，也对国家的发展道路感到困惑，从而对反对派提出的变革政治体制的观点产生共鸣。[②] 此外，苏联解体，使作为美苏争夺对象的北非国家在地缘政治上已失去了冷战时期所享有的战略地位。而且，随着西方大国的注意力转向东欧和苏联各加盟共和国，北非阿拉伯国家备受冷落，致使其国际地位迅速下降。[③] 这就使北非阿拉伯国家在宪法与政治转型时很难摆脱西方大国的控制和影响。

（二）西方大国压力的影响

西方国家特别是美国和法国，它们对北非阿拉伯国家宪法与政治转型的影响是主观的和直接的。美苏对峙的冷战时期，西方国家出于全球争夺的战略考虑，需要借助非洲，故而在非洲国家的政治体制问题上没有做强行干涉。西方国家利用苏联东欧剧变的有利时机，纷纷调整其对非政策，将援助与政治民主化挂钩，向非洲国家全面施压，迫使非洲国家屈从、就范。[④]

---

① 唐大盾：《非洲社会主义新论》，教育科学出版社，1994，第 425 页
② 贺文萍：《非洲国家民主化进程研究》，时事出版社，2005，第 93 页。
③ 张宏明：《多维视野中的非洲政治发展》，社会科学文献出版社，1999，第 220 页。
④ 张宏明：《多维视野中的非洲政治发展》，社会科学文献出版社，1999，第 317 页。

它们首先利用非洲国家 20 世纪 80 年代的经济困难，煽动新自由主义的社会思潮，宣扬非洲经济困难是中央高度集中的计划经济造成的，只有实行"私有化"和"自由市场经济"才是非洲经济发展的唯一出路。美国、世界银行、国际货币基金组织等，还把非洲国家是否实行了"私有化"作为它们是否提供经济援助的前提条件。世界银行和国际货币基金组织在非洲提供的"结构调整贷款"就是这种性质的援助。例如，1991 年 7 月举行的西方七国首脑会议专门就非洲民主化问题通过一项决议，规定今后各国向非洲国家提供经援或减免债务，将视后者是否实行政治民主化而定。受西方控制的世界银行和国际货币基金组织等国际金融机构也将政治民主化列为其援助非洲国家的条件。非洲国家缺乏资金，外债沉重，为获得西方贷款，不得不接受这些条件。在这种背景下，非洲大陆在 20 世纪 80 年代出现了"私有化"的浪潮。北非阿拉伯国家在这一浪潮冲击下，失去了发展的势头，开始走向低潮。西方大国还采取"集体行动"向非洲国家施压。① 冷战后，非洲国家因为失去了原有的战略地位，也就没有了与西方国家进行讨价还价的筹码，这在很大程度上缩小了非洲国家自主选择政治体制的回旋余地。西方大国，特别是美国和法国强大的政治、经济压力，决定了北非国家"民主化浪潮"的性质、方向和进程，从而也就决定了北非阿拉伯国家的宪法与政治转型的方向。

1. 美国的压力

美国是最先主张将援助与民主化挂钩的西方国家。从 1989 年秋季开始，在美国驻肯尼亚大使的建议下，美国决定将对非援助同非洲国家民主化进程挂钩，只对推进民主化改革、向民主化发展的国家进行援助。对于符合美国式民主化改革进程的国家，美国大力进行经济援助并免除其债务；对于不进行民主化改革的国家，美国通过中断经

———————————

① 参见张宏明《多维视野中的非洲政治发展》，社会科学文献出版社，1999，第 226 页。

济合作、减少经济援助等经济制裁等方式予以惩罚。克林顿政府认为，"非洲正在进行第二次革命"，与 20 世纪五六十年代之交的第一次革命不同，本次革命同时具有政治和经济的双重性质。其特征是，政治体制由一党专制向多党民主转化；经济体制由统制经济向市场经济转化。美国有责任和义务支持上述两种转化，特别是支持非洲国家"从选票箱里选出政权"。① 在美国的威逼和利诱下，许多非洲国家，包括一部分北非国家，都按美国的安排，走向了美国化的宪法与政治转型道路。例如，2011 年"茉莉花革命"的爆发，背后就离不开美国的推动。而且在革命爆发之后，美国相继对突尼斯、埃及等国的政权建立和宪政的发展进行了干涉。

2. 法国的压力

法国在推动非洲多党民主化浪潮中发挥了十分重要的作用。在其影响下，20 世纪 80 年代末非洲最先实行民主变革的就是阿尔及利亚和贝宁这两个法语非洲国家。而且，贝宁的民主转型几乎完全是在法国的直接插手和设计下完成的。这主要是因为，作为在非洲有着特殊利益的前殖民宗主国，法国不愿美国在其势力范围内充当非洲国家的民主领路人。1990 年法国也开启了将民主化与援助程度挂钩的援助政策，宣言民主的普遍性，要求非洲受援助国大力发展民主政治。② 由于法国对非政策在法语非洲国家中几乎具有某种风向标般的作用，非洲民主浪潮兴起之初密特朗的强硬政策对民主化在法语非洲国家中的蔓延具有决定性的作用。③ 正是在法国的压力下，"多党民主化"浪潮才得以在法语非洲迅速蔓延，④ 从而对法语北非国家宪法与政治转型产生重大影响。例如，2011 年利比亚战争以来，利比亚就深受

① 张宏明：《多维视野中的非洲政治发展》，社会科学文献出版社，1999，第 222～223 页。
② 贺文萍：《非洲国家民主化进程研究》，时事出版社，2005，第 98 页。
③ 贺文萍：《非洲国家民主化进程研究》，时事出版社，2005，第 99 页。
④ 张宏明：《多维视野中的非洲政治发展》，社会科学文献出版社，1999，第 224 页。

法国影响，扶持符合本国宪政发展思路的新政府组建和上台。

此外，英国、德国、日本、比利时、葡萄牙和意大利等国家也都在不同程度上对非洲国家施压，在不同程度上影响了北非国家的宪法与政治转型。

在西方大国压力的影响下，20 世纪 80 年代末以来，北非阿拉伯国家的宪法与政治开始发生巨大变化。这次转型所涉及的范围十分广泛，包括政党制度、政府制度、国家结构、政治意识形态属性、宪法制度、选举程序等各个方面。其主要特征是从原来的以一党制、军政权和个人统治为特征的政治一元化集权体制向开放、竞争和制度化的政治多元化民主体制转变、过渡。而政党制度和政府政权的变革则是这次北非阿拉伯国家宪法与政治转型的核心内容。①

二 北非阿拉伯国家宪法与政治转型的内因

发生在 20 世纪 80 年代末 90 年代初的非洲民主化浪潮，被某些西方传媒称为"非洲第二次革命"。从促发这次浪潮的内因、外因及两者间的关系而言，诚然，外因的作用是很大的，但在其间起着决定性作用的还是内因。北非阿拉伯国家宪法与政治转型的内因主要包括两个方面的因素：政治专制和吏治腐败；经济萧条和社会动荡。

（一）政治专制和吏治腐败

政治专制和吏治腐败是导致北非阿拉伯国家宪法与政治转型的重要内因之一。如前所述，北非国家大多经历了从民主政体到集权政体的变化。20 世纪 60 年代中期以后，北非国家大多实行一党集权政体。权力的高度集中和缺乏有效监督很容易导致个人独裁和专制政权的出现。由于政治制度上缺乏合法的竞争、制约和监督机制，一党制

---

① 戈治国：《冷战后中国对非外交新国际主义产生的背景及实践创新》，硕士学位论文，河北师范大学，2008，第 36 页。

以及权力长时间处于高度集中的状态，北非阿拉伯国家的统治者及其领导的政党逐步滑向了专制独裁和政治腐败的深渊。高度集中而且缺乏监督的权力使北非阿拉伯国家的官僚主义和政客们以权谋私的寻租行为愈演愈烈。在 20 世纪 70 ~ 80 年代的非洲，贪污贿赂成风，国家资产流失严重。政治专制和腐败、政体不稳以及非洲社会主义实践的失败等内部矛盾的激化使一党制政治体制走进了死胡同。[①] 北非阿拉伯国家必须寻找新的出路。

（二）经济萧条和社会动荡

高度集权和发展过程中政策上的严重失误，加上无法控制的种种客观因素，导致北非阿拉伯国家经济在 20 世纪 70 年代下半期就开始滑坡，最后陷入难以自拔的困境中。国家过多干预经济的做法，不但未能有效调动反而抑制了社会各界的生产积极性，致使北非国家的经济困难日趋严重。受 20 世纪 70 年代西方经济危机及其贸易保护主义的影响，再加上连年大旱的自然灾害，北非阿拉伯国家经济急剧恶化，国家财政赤字增加，社会动荡。20 世纪 80 年代末，由于苏联的解体，国际政治发生了巨大的变动，美苏力量相继从非洲撤离，放松了对非洲的控制，非洲内部隐藏已久的宗教文化、政党的矛盾随着经济的不景气而被迅速激化并且爆发。特别是 20 世纪 80 年代以来不断加剧的经济危机和政治腐败所导致的民不聊生，使民众要求改变现状的呼声高涨。[②] 与其他非洲国家的情况相似，导致北非阿拉伯国家宪法与政治转型的根本原因也是经济没搞好，加之各种社会弊端未得到应有的治理，从而引起民众强烈的不满，迫切要求改变现状。"茉莉花革命"爆发的一个重要原因也在于没有解决好国内青年人的就业问题，国家经济长期萎靡不振，没有良好的发展势头。

---

① 贺文萍：《非洲国家民主化进程研究》，时事出版社，2005，第 93 页。
② 张宏明：《多维视野中的非洲政治发展》，社会科学文献出版社，1999，第 223 ~ 224 页。

（三）网络舆论监管的失控

21 世纪是网络迅速发展的时代。在"茉莉花革命"爆发的背后，网络媒体发挥着举足轻重的作用。在突尼斯、埃及发生游行示威活动之后，各种消息纷纷在 Twitter、Facebook、YouTube 上进行传播。民众可以在第一时间知晓事态进展，并在网上发布自己的观点。游行示威等抗议活动也主要是通过 Facebook 和 Twitter 在网上进行发起并且组织。人们甚至将这场革命称为网络时代的"革命"。虽然政府极力限制网上不符合自身利益的言论的发表，但由于西方大国在背后的推动，每种言论还是能找到自己的渠道予以传播。随着游行示威活动的加剧，网民不断掀起了对民主化的讨论，从各自的角度发表事件的评论，最终导致政府对网络舆论导向的不可控制，一步步演变成了革命。全球网络的普及也阻碍了政府对舆论信息的控制能力，多元信息在各国网络平台上不断蔓延，最终导致了革命的爆发。

综上所述，北非阿拉伯国家的宪法与政治转型，是在冷战结束、民主化浪潮兴起的时代背景下进行的。在民主化浪潮的推动下，冷战后北非阿拉伯国家宪法与政治的转型主要是借鉴以"多党民主制"为核心的西方模式，主要表现在国家形式和政党制度的变化、议会制度的变化以及违宪审查机构的建立等方面。总体上看，北非阿拉伯国家的宪法与政治转型正是在这样一种外部巨变、内部失衡的情况下发生的，是外因和内因共同作用的结果。其外因主要是苏东剧变和西方大国压力的影响，其内因主要是政治专制和吏治腐败、经济萧条和社会动荡以及网络舆论监管的失控。

第五章
北非特色的宪法变迁与政治发展

笔者认为，北非阿拉伯国家的宪法变迁与政治发展经历了以下三个时期：初创时期、变革时期、转型时期。与其他国家相比，北非阿拉伯国家的宪法变迁与政治发展很有特色。

第一节　北非特色的宪法变迁

经济、政治、文化的变迁可以引致宪法变迁。[①] 北非阿拉伯国家的宪法变迁也主要受经济因素、政治因素和思想文化因素的影响。北非阿拉伯国家宪法变迁的主要方式和内容都有一定的特色。

一　影响北非阿拉伯国家宪法变迁的主要因素

影响北非阿拉伯国家宪法变迁的因素有很多，其中经济因素、政治因素和文化因素是最重要的因素。

---

① 贺鉴：《北非阿拉伯国家的宪法变迁》，《湖南科技大学学报》（社会科学版）2011 年第 2 期。

（一）影响北非阿拉伯国家宪法变迁的经济因素

根据马克思主义的经典观点，经济基础决定上层建筑。法律制度的存在、形成与发展都与经济基础相关①——建立在一定的物质基础之上。也就是说，凡是法律都有其深刻的经济背景，宪法也是如此。正如马克思所说："无论政治的立法或市民的立法，都只是表明和记载经济的要求而已。"②"宪法是市场经济的产物。"③ 随着商品经济在一定程度上的发展，宪法也就随之产生了。在前资本主义社会，经济形态之中，自然经济所占的比重较大，由于缺乏必要的立宪条件，宪法也就不可能产生。只有当人类社会发展到资本主义社会，而且商品经济发展到一定程度，特别是市场机制对生产要素、产品劳务等资源的配置发挥基础性作用的时候，宪法孕育的土壤才会出现，④ 宪法也因此产生。⑤ 因此，有学者认为"宪法是近代市场经济的产物"⑥。随着市场经济的不断发展变化，宪法也就必然会发生变迁。由此可见，探讨北非阿拉伯国家宪法变迁的动因，首先应该从经济因素入手。

从总体上来看，北非阿拉伯国家的宪法经历了"模仿时期（初创时期）""变革时期""转型时期"的发展变化。北非阿拉伯国家的宪法变迁有着深刻的经济原因。独立初期，北非各国尽管名义上获得了独立，但事实上在很多方面都没有摆脱长期殖民统治的影响，尤其是在经济方面对西方国家有很大的依赖性。受此影响，北非阿拉伯国家在宪法初创时期的立宪过程中主要是模仿原宗主国的宪法原则和制度。20 世纪 60 年代到 70 年代，受凯恩斯主义的国家干预学说、

---

① 于敏：《近代日本民事立法的启示——关于中国民法典编纂方针的几点思考》，《私法》2004 年第 3 辑第 2 卷。

② 李海平：《论宪法变迁的立论基础及其界限》，《长白学刊》2005 年第 4 期，引自《马恩列斯论法》，法律出版社，1986，第 17 页。

③ 《马恩列斯论法》，法律出版社，1986，第 17 页。

④ 李海平：《论宪法变迁的立论基础及其界限》，《长白学刊》2005 年第 4 期。

⑤ 李海平：《论宪法变迁的立论基础及其界限》，《长白学刊》2005 年第 4 期。

⑥ 秦前红：《宪法变迁论》，武汉大学出版社，2002，第 79 页。

拉美激进结构主义思想以及东方社会主义经济思潮的影响，北非阿拉伯国家调整或变革了本国的经济政策，主要表现为：推行工业化战略；加强国家对经济的干预和控制；大规模的集体化、合作化、国营化、国有化、经济计划化；强调集体自力更生等。为了适应经济社会发展要求，北非各国主要是通过"宪法修改"和"全面革新宪法"的方式使相关内容在宪法中得到体现。北非阿拉伯国家的宪法因此发生了重大变迁。这个时期，北非阿拉伯国家宪法最大的特色就是受苏联社会主义宪法的影响。20世纪80年代以来特别是冷战结束后，受新古典主义经济学的影响，北非阿拉伯国家开始追求经济自由化、私有化，强调发挥市场机制的作用，以及减少国家对经济的控制与干预。与此相适应，北非阿拉伯国家主要是通过"宪法修改"、"全面革新宪法"、"立法"、"宪法解释"和"宪法惯例"的方式使宪法变迁。

由此可见，经济因素是影响北非阿拉伯国家宪法变迁的根本因素。

（二）影响北非阿拉伯国家宪法变迁的政治因素

政治性是宪法的本质特征之一。正如列宁的经典论断：宪法表现了阶级斗争各种力量的实际对比关系。因此，政治因素也是影响宪法变迁的重要因素。政治的任何变化都必然会在一定程度上引起宪法在内容和形式方面的变化，[1] 但是对于任何制宪者来说，无论他具有多么卓远的见识，都不可能对于未来的政治变化完全预测和洞悉。[2] 根据秦前红的观点，宪法变迁的直接动因是政治，促使宪法变迁的政治原因主要有六种。[3] 笔者认为，就北非阿拉伯国家而言，政治因素对宪法变迁的影响突出表现在以下几个方面。

---

[1]　李海平：《论宪法变迁的立论基础及其界限》，《长白学刊》2005年第4期。

[2]　李海平：《论宪法变迁的立论基础及其界限》，《长白学刊》2005年第4期。

[3]　这六种原因是：1. 政治革命促使宪法发生变迁；2. 对外战争和内部危机使宪法发生变迁；3. 政党制度对国家政治生活的广泛渗透使宪法发生变迁；4. 行政效能的发挥和行政权力的扩大使宪法发生变迁；5. 选举促使宪法的规定发生变迁；6. 地方制度的变化使宪法发生变迁。参见秦前红《宪法变迁论》，武汉大学出版社，2002，第103～119页。

1. 政治革命和军事政变导致宪法变迁

军事政变是二战后非洲国家普遍存在的政治现象，正如有的西方学者所言："事实上，除了实现国家独立以外，军事接管就成为近 20 年来非洲历史上最广泛经历的政治现象。"① 在北非阿拉伯国家中，最早因政治革命和军事政变引致宪法变迁的国家是埃及。埃及是阿拉伯国家中第一个遭受西方殖民主义侵略的国家，也是首先接触到西方政治制度的国家。1922 年埃及获得了名义上的独立，次年，以比利时宪法为蓝本，埃及颁布了有史以来的第一部宪法。宪法开宗明义，确定埃及"政府是世袭君主制政府，其形式为代议制形式"。② 从宪法实践看，名义上独立后的埃及的政体实质上是二元制君主立宪制。这时期，埃及政坛党派林立，政局动荡不定，民主选举流于形式。1952 年 7 月 23 日，自由军官组织发动军事政变，之后很快发展成为反帝反封建的民族民主革命。1953 年埃及进入 3 年过渡时期，取消了 1923 年宪法。过渡时期结束后，1956 年颁布了革命后第一部临时宪法，强调埃及的阿拉伯属性及其为阿拉伯事业所承担的义务。1958 年埃及和叙利亚合并，改称阿拉伯联合共和国，制定了确立南北两地政治关系原则的另一部临时宪法。1961 年埃叙分裂。1964 年埃及在保留阿拉伯联合共和国国名的情况下公布了又一部临时宪法，增添了纳赛尔社会主义的一些基本指导思想。③ 2012 年 12 月，埃及全民公投以 63.8% 的支持率通过新宪法（以下称 2012 年宪法）。2013 年 7 月 3 日，埃及军方宣布中止 2012 年宪法。2013 年埃及发生了政变，最高宪法法院院长曼苏尔宣誓就职临时总统，成立专门委员会对宪法进行修改。2014

---

① 周琦、贺鉴：《非洲军人政权对国家宪法变迁与宪政发展的影响》，《求索》2011 年第 10 期，转引自吴期扬《非洲军队、军事政变与军政权》，《西亚非洲资料》1995 年第 2 期。

② 周琦、贺鉴：《非洲军人政权对国家宪法变迁与宪政发展的影响》，《求索》2011 年第 10 期，转引自杨灏城、许林根《列国志·埃及》，社会科学文献出版社，2006，第 141 页。

③ 杨灏城、许林根：《列国志·埃及》，社会科学文献出版社，2006，第 143 页。

年 1 月，新宪法草案以 98.1% 的支持率（投票率 38.6%）通过全民公投。①

利比亚也曾因政治革命和军事政变导致宪法变迁。1951 年 12 月 24 日，利比亚宣告独立，成立由伊德里斯一世为国王的利比亚联合王国。宪法规定，利比亚是由的黎波里塔尼亚、昔兰尼加和费赞三个具有半自治地位的省组成的联邦制国家，议会由参议院和众议院组成，政府大臣由国王任命。② 1969 年 9 月 1 日，卡扎菲领导的自由军官组织发动"九一革命"，推翻伊德里斯国王的统治，成功地夺取了政权。1969 年 12 月 12 日，利比亚公布了具有临时宪法性质的《宪法性宣言》。1973 年 4 月 15 日，卡扎菲提出利比亚将进行"人民革命"，并宣称"人民革命"是革命的真正开始。"人民革命"和人民委员会制度的建立是卡扎菲扩大个人权力过程中的重要步骤，是日后实行民众国制度的前奏。③ 2011 年利比亚发生反抗卡扎菲的战争，最后以卡扎菲政权被推翻而告终。2011 年 8 月，利比亚公布了具有临时宪法性质的《宪法宣言》，其在政治过渡阶段发挥临时宪法作用。④《宪法宣言》除确定了利比亚的国体、政体和宗教信仰之外，还公布了过渡政治存在的期限。目前，利比亚已组建制宪委员会，但制宪进程十分缓慢，新宪法草案尚未完成。⑤ 2013 年 5 月，国名重新定为利比亚国。

苏丹是北非阿拉伯国家中因军事政变引致宪法变迁的典型。从 1956 年独立以来，苏丹的国家形态与政治制度经历了复杂的演变过

---

① 埃及政变，http：//news. sina. com. cn/o/2013 - 07 - 05/065927582897. shtml。

② 潘蓓英：《列国志·利比亚》，社会科学文献出版社，2006，第 69 页。

③ 周琦、贺鉴：《非洲军人政权对国家宪法变迁与宪政发展的影响》，《求索》2011 年第 10 期，转引自潘蓓英《列国志·利比亚》，社会科学文献出版社，2006，第 75 页。

④ 四川省人民政府外事侨务（港澳）办公室：《利比亚》，http：//www. scwqb. gov. cn/swzs/gggk/fz/201507/t20150722_ 5915. html，最后访问时间：2017 年 12 月 19 日。

⑤ 利比亚，http：//cs. mfa. gov. cn/zggmcg/ljmdd/fz_ 648564/lby_ 650365/，最后访问时间：2017 年 12 月 19 日。

程。半个多世纪里，苏丹发生了多次军事政变，经历了三届文官政府统治时期（分别为1956~1958年、1964~1969年、1985~1989年）和三届军人政府统治时期（分别为1958~1964年、1969~1985年、1989~迄今）。① 1958年11月17日，苏丹发生了第一次军人政变，苏丹由军人集团统治，1955年的临时宪法被废除。1964年10月，军人政权被推翻后，过渡政府宣布将实施经过修改的1955年的临时宪法。1965年6月，苏丹制宪议会成立，宣布将制定新宪法，但军队并不愿意轻易退出国家权力中心。1969年5月25日，以尼迈里为首的一批年轻军官成功地发动了军事政变，并上台执政，苏丹由此开始了第二届军人政权时期。1973年4月11日，苏丹人民议会通过新宪法，5月8日，经尼迈里总统批准，称为"永久宪法"。1985年4月6日，武装部队总司令阿布德·拉赫曼·苏瓦尔·达哈卜发动军事政变上台，改国名为苏丹共和国。在同一天，还宣布中止宪法。1973年宪法被中止后，1985年10月，苏丹政府颁布了过渡性的临时宪法。1989年6月30日，巴希尔通过军事政变上台，冻结了1985年制定的过渡宪法，苏丹开始进入第三届军人政权统治时期，并于1998年6月30日颁布并实行了1998年宪法。② 2005年7月9日，巴希尔总统和第一副总统约翰·加朗在喀土穆的一个庆典上联合签署的2005年临时宪法取代了1998年宪法。2015年通过的宪法修正案对总统任命地方长官的权力予以扩大，同时全国信息安全中心（National Intelligence and Security Service）的权责也在宪法修正案中得到了扩大。根据宪法规定，该机构的职能为收集和分析信息，但根据宪法修正案的规定，该机构的使命是监管国内外安全形势，"对抗政治、军事、经济的以及恐怖主义的威胁"。2016年再次出

---

① 刘鸿武、姜恒昆：《列国志·苏丹》，社会科学文献出版社，2008，第148页。
② 周琦、贺鉴：《非洲军人政权对国家宪法变迁与宪政发展的影响》，《求索》2011年第10期。

台宪法修正案。

南苏丹就是政治革命和军事政变的产物。1956 年，南苏丹在独立于英国、埃及共管之后，成为苏丹共和国的一部分。第一次苏丹内战爆发后，南苏丹得到了从 1971 年到 1983 年长达 12 年的一段自治期。从 1983 年开始的第二次苏丹内战，最后以南北苏丹签署《全面和平协定》，南苏丹自治政府成立而告终。2011 年，就南苏丹是否独立问题进行公投，南苏丹最后以 98.83% 的赞成率而选择独立。随之南苏丹共和国宣告独立，并由基尔总统签署颁布了《南苏丹过渡宪法》。2013 年政府单方面提起了对《南苏丹过渡宪法》进行修正。2015 年 8 月，南苏丹冲突各方签署《解决南苏丹冲突协议》，根据协议成立国家修宪委员会，将协议内容纳入宪法，目前尚未完成修宪。①

由上述北非阿拉伯国家宪法变迁的案例可以看出，政治革命和军事政变对宪法变迁有重大影响。

2. 政党在国家政治中地位的变化引起宪法变迁

一般来说，政党制度对宪法变迁的影响主要体现在两个方面：政党斗争为政治体制补充新内容；政党斗争改变旧政治体制。资本主义国家宪法最初没有关于政党的组织与规范，但随着政党斗争和政党制度的发展，相关规范被逐渐纳入宪法之中。由于每个国家的国体和政体存在差异，政党制度在每个国家宪法变迁中所发挥的作用也不尽相同，但也有相同之处。宪法所确立的国家三权分立相互制衡的关系，可能会对政党发展的过程产生影响，慢慢地演变为政党间的权力分立制衡，从而为政治体制补充以前没有的新内容。在实行议会制的国家里，议会与政府之间的分权制衡关系，事实上主要是执政党内部的分

---

① 南苏丹，http://cs.mfa.gov.cn/zggmcg/ljmdd/fz_648564/nsd_651109，最后访问时间：2017 年 12 月 19 日。

权与协作，这主要是因为议会和政府均由议会中的多数党控制。若处于一个实行总统制国家里，则大不相同。若总统和议会的多数党同属一党，那么议会和政府的关系则基本类似于议会制国家中政府和议会的关系；但是若总统和议会的多数党分属不同的党派，则议会与政府之间的分权制衡关系便演变成主要政党之间的分权制衡关系了。①

因政党在国家政治中地位的变化而引起宪法变迁的情况在北非阿拉伯国家中十分普遍，比较典型的国家主要是阿尔及利亚、摩洛哥和突尼斯。

阿尔及利亚的 1963 年宪法和 1976 年宪法都明确规定实行"一党制"，唯一合法的政党是执政党民族解放阵线，但随着政党斗争和政党制度的发展，1989 年宪法终于删除了"一党制"的有关内容，开始实行多党制和三权分立制度。② 阿尔及利亚 1996 年宪法规定："禁止任何人在宗教、语言、种族、性别、社团主义和地方主义的基础上成立政党。""政党不得依据前款规定的要素进行党派宣传。"③

摩洛哥的政党斗争也为其政治体制补充了新内容，推动了宪法变迁。1962 年 12 月 7 日，摩洛哥经全民公决通过第一部宪法。在这部宪法中，确立了君主立宪制，规定议会为一院制，由选举产生。④ 独立党和独立民主党开始参政。在政党斗争的推动下，1977 年摩洛哥的议会和政府已有 9 个政党参加，到 20 世纪 90 年代摩洛哥已有 14 个合法政党，而在 2002 年 11 月 9 日产生的议会中已有 22 个政党参

---

① 李海平：《论宪法变迁的立论基础及其界限》，《长白学刊》2005 年第 4 期，引自秦前红《宪法变迁论》，武汉大学出版社，2002，第 110 页。

② Michel Louis Martin, *Les Nouvelles Constitutions des Pays Francophones du Sud*, L'Hermes, 1998, pp. 33 – 57.

③ Jean du bois de Gaudusson, Gerard Conac, Christine Desouches, *Les Constitutions Africaines*, La Documentation Francaise, 1997, pp. 21 – 39.

④ 贺鉴：《北非阿拉伯国家的宪法变迁》，《湖南科技大学学报》（社会科学版）2011 年第 2 期。

加。1996 年 9 月 13 日，摩洛哥经全民公决，通过了第五部宪法，对政治制度进行了重大改革。其主要内容是：在君主立宪制的前提下，实行两院制议会民主，[①] 除原有的由政党代表组成的代表院（众议院）外，增设由地方政权、行业工会和工薪阶层代表组成的参议院，[②] 参议院拥有与众议院相似的审议权和在特定条件下弹劾政府的权力。[③] 2011 年穆罕默德六世国王主动宣布新的宪法改革。经过全民公决，穆罕默德六世国王于 7 月 29 日颁布了新宪法。新宪法规定："单一政党体制系属非法。""政党不得旨在损害伊斯兰教、君主制、宪法原则、民主基础或王国的国家统一和领土完整。"[④] 2012 年 1 月，摩洛哥新政府成立，2013 年 10 月，政府改组。2016 年 10 月，摩洛哥举行新宪法颁布后的第二次众议院选举，伊斯兰政党公正与发展党再次成为众议院第一大党，该党总书记班基兰连任政府首脑，但其组阁迟迟未果。2017 年 3 月，六世国王解除班基兰职务，任命公正与发展党全国委员会主席、前外长欧斯曼尼出任新政府首脑。4 月，摩洛哥新政府成立。2017 年 1 月，摩洛哥众议院举行议长选举，哈比卜·埃尔·马尔基当选摩洛哥众议长。摩洛哥现有 35 个政党，各党均宣布拥护国王和伊斯兰教，在大政方针上与国王保持一致。2016 年 10 月立法选举后，共有 12 个政党在众议院中拥有席位，形成联合组阁的多数派（公正与发展党、全国自由人士联盟、政治联盟、人民运动、人民力量社会主义联盟、进步与社会主义党）和在野的反

① 贺鉴：《北非阿拉伯国家的宪法变迁》，《湖南科技大学学报》（社会科学版）2011 年第 2 期。

② 贺鉴：《北非阿拉伯国家的宪法变迁》，《湖南科技大学学报》（社会科学版）2011 年第 2 期。

③ 肖克：《列国志·摩洛哥》，社会科学文献出版社，2008，第 102 页。

④ 《世界各国宪法》编辑委员会：《世界各国宪法》（非洲卷），中国检察出版社，2012，第 615 页。

对派（真实性与现代党、独立党等）。①

突尼斯的政党斗争也为其政治体制补充了新内容。1956 年 3 月
20 日，突尼斯宣告独立。独立之初，其政治制度仍然保留了君主制
形式。1956 年 3 月 25 日，以新政治党领导的资产阶级党派联盟——
民族阵线在突尼斯进行第一次全国制宪会议选举中获胜，组建第一
届政府，新政治党主席布尔吉巴任首相。1957 年 7 月 25 日，新政治
党做出了取缔君主制、实行共和制的决定，并经国家制宪会议讨论
通过，至此正式废黜了西迪·穆罕默德·阿明一世，成立了突尼斯
共和国，布尔吉巴出任总统。随着政党斗争的发展，1999 年突尼斯
议会逐渐通过宪法修正案放宽了政党参与总统选举的范围，允许反
对党推选出领导作为候选人参加总统角逐。2010 年末 2011 年初，突
尼斯政局剧变。2011 年 1 月，本·阿里政权倒台后，过渡政府宣布
取缔原执政党"政治民主联盟"，取消党禁，大量政党涌现。目前，
突尼斯共有 110 余个合法政党，主要是：呼声党、复兴运动、自由
爱国联盟、人民阵线、前景党、保卫共和大会党、民主潮流党。
2011 年 10 月，突尼斯"复兴运动"政党在制宪议会的选举中取得
了胜利，② 成为执政党。2013 年 2 月和 7 月，相继有两名世俗反对派
领袖和议员遭到暗杀，制宪议会一度中止运转。2014 年 1 月，制宪
议会投票通过新宪法，新任过渡政府宣誓就职。5 月，选举法获得通
过。10 月，突尼斯举行议会选举，世俗派政党"突尼斯呼声"在议
会 217 席中占据 85 席，取代复兴运动成为议会第一大党。③

① 摩洛哥，http://cs.mfa.gov.cn/zggmcg/ljmdd/fz_648564/mlg_650861/，最后访问时间：
2017 年 12 月 19 日。

② 《突尼斯"复兴运动"宣布胜选 阿拉伯世界伊斯兰政党崛起》，《中国日报》，http://
www.chinadaily.com.cn/hqgj/2011-10/27/content_13983759.htm，最后访问时间：2017 年
12 月 20 日。

③ 突尼斯，http://cs.mfa.gov.cn/zggmcg/ljmdd/fz_648564/tns_651853/，最后访问时间：
2017 年 12 月 19 日。

3. 行政效能的发挥和行政权力的扩大引致宪法变迁

20 世纪 80 年代以后，在西方国家所进行的行政改革中有一个明显的特点：政府行政效能的发挥和行政权力的扩大，在一定程度上也导致了宪法变迁。西方国家在宪法中规定三权分立制度，立法权、行政权和司法权分别由不同的机关行使，不同机关之间对权力的行使不能随意越界。但随着经济的发展和福利国家的出现，立法权由于程序的繁杂存在一定的滞后性，越来越不能满足国家的需要。行政权由于具有一定的灵活性和快速性，行政权力逐渐扩大，行政机关主导的行政立法的范围也变得更为宽广，正如有的学者所言，"行政机关实际上吞并了行政权和立法权，变成了国政的中枢"，"而立法机关只是对行政机关提出的法律案给予'机械式承认'，立法院变成了登记注册院"。[①] 虽然宪法文本没有发生变动，但在实际的权力运行过程中，三者的权力比重已经发生了变化。与此相似，北非阿拉伯国家 20 世纪 80 年代以来，特别是冷战后的政府行政效能和行政权的扩大也在不同程度上推动了宪法变迁。根据宪法，埃及人民议会是国家的主要立法机关，总统通过总统命令发布法律，也受到了宪法的限制。然而在实际的宪法实践中，内阁总理和立法机构都被牢牢地掌握在总统手中，议会没有反对过任何一条由总统颁布的命令或者法律，议员们很少对法律的内容进行辩论或者提出修正案。[②] 还有，2013 年南苏丹政府单方面提出宪法修正案，虽然议会不予认可，但这也显示了宪法变迁的复杂性。

（三）影响北非阿拉伯国家宪法变迁的思想文化因素

宪法不仅仅是制度层面的问题，也是思想文化、观念、信念的问题。宪法既是近代西方资产阶级革命的产物，也是西方长期以来存在

---

① 李海平：《论宪法变迁的立论基础及其界限》，《长白学刊》2005 年第 4 期。

② 王泰：《穆巴拉克时期的埃及威权模式》，转引自马晓霖《阿拉伯巨变：西亚、北非大动荡深度观察》，新华出版社，2012，第 210 页。

的价值和文化相互作用的结果。西方的政治是基于西方文化传统所内生的一种现象，是西方社会文化自然演进的结果。① 由此可见，宪法的产生是建立在深厚的思想文化基础之上的，② 因此，思想文化的变迁必然会对宪法变迁产生重要影响。近代以来，西方的价值观逐步从原始的强调个人主义转变为对团体主义的信仰。从个体主义价值观到团体主义价值观的变化，这种思想文化观念的变迁必然会体现在作为国家根本大法的宪法上。近代宪法产生的思想文化根源是个体主义。西方划时代的思想文化转型发轫于文艺复兴，但真正使"个体主义价值观"最终确立的是启蒙运动。在个人自由的基础上，进而又产生了人权保障、主权在民、法治、权力制约等重要思想。在西方国家18、19 世纪制定的宪法之中，这些思想得到了很好的体现。20 世纪后，个体主义思想逐渐被团体主义思想所取代。在团体主义思想产生的同时，西方国家还普遍产生了干预主义思想、积极的法治思想、权力协作思想等。受团体主义积极法治观的影响，西方国家立法、行政、司法之间的关系逐步发展成既相互牵制又互为协作的关系。与团体主义思想相适应，20 世纪西方国家宪法也发生了相应变革。③

　　与西方国家一样，思想文化因素也是北非阿拉伯国家宪法变迁的重要因素。但与西方国家相比，影响北非阿拉伯国家宪法变迁的思想文化因素更加复杂和更具特色。北非阿拉伯国家宪法的发展经历了"初创"、"变革"与"转型"三个阶段。在北非阿拉伯国家宪法的初创阶段，其立宪思想主要是受其西方原宗主国宪法文化的影响；在变革阶段，主要是受东方社会主义文化和伊斯兰复兴思想的

---

① 贾学福：《中国宪政构建的哲学之维》，《哈尔滨学院学报》2007 年第 1 期，转引自秦前红《宪法变迁论》，武汉大学出版社，2002，第 129 页。
② 李海平：《论宪法变迁的立论基础及其界限》，《长白学刊》2005 年第 4 期。
③ 李海平：《论宪法变迁的立论基础及其界限》，《长白学刊》2005 年第 4 期。

影响；在转型阶段则主要受以美国为代表的西方宪法文化的影响。"茉莉花革命"后，其较多地受到了欧美西方宪法民主文化和宗教主义的影响。正是在上述思想文化因素的影响下，北非阿拉伯国家的宪法发生了变迁。

二　北非阿拉伯国家宪法变迁的主要方式

如上所述，宪法变迁的方式有六种，理论上北非阿拉伯国家宪法变迁的方式也应如此。但实际上，北非阿拉伯国家宪法变迁的主要方式有五种：宪法修改、全面革新宪法、立法、宪法文字的自然变更、宪法解释。其中最重要的方式有"宪法修改"和"全面革新宪法"两种。

（一）宪法修改

"宪法修改"是世界宪法发展史上最常见的宪法变迁方式。同样，北非阿拉伯国家宪法变迁的最重要方式也是"宪法修改"。北非阿拉伯国家宪法修改次数较多的是突尼斯和摩洛哥。

1959 年 6 月 1 日，突尼斯议会通过共和国第一部宪法，[①] 从那以后共进行过 10 次修宪。其中，在布尔吉巴执政时期，突尼斯分别于 1967 年、1975 年[②]、1976 年[③]和 1981 年进行了四次修宪；本·阿里

---

① Michel Louis Martin, *Les Nouvelles Constitutions des Pays Francophones du Sud*, L'Hermes, 1998, pp. 93 – 105.

② 20 世纪 70 年代初，布尔吉巴"政治社会主义"路线的一些僵化和偏激政策导致突尼斯经济和政治矛盾不断激化，为了稳固政权，布尔吉巴决定通过修宪来加强个人集权。1975 年 3 月 18 日，根据执政党社会主义政治党第九次代表大会提出的建议，突尼斯议会通过了宪法修正案，规定在总统暂时不能执行自己的使命时，可将权力授予总理，总统缺位时，总理应代行总统职责，直至议会期满；取消了对总统任期的限制，规定总统可连选连任，不受限制。参见杨鲁萍、林庆春《列国志·突尼斯》，社会科学文献出版社，2003，第 74 页。

③ 为了进一步加强布尔吉巴总统的权威，突尼斯于 1976 年 4 月 2 日又通过了一个宪法修正案，增加了"总统终身制"条款和有关议会与政府相互监督的条款。这次修宪从宪法上确认了布尔吉巴总统为终身总统。

执政时期，突尼斯于 1988 年①、1991 年②、1995 年、1997 年③、1999 年④和 2002 年⑤共进行了 6 次修宪。⑥ 其中，布尔吉巴执政时期于 1975 年和 1976 年进行的两次修宪突出了总统权力和地位，行政权也趋于强化。本·阿里执政时期的各个宪法修正案反映了突尼斯政治生活趋向于法制化和有序化，体现了本·阿里政权努力建立政治法制国家和健全国家法制机构的政治意图，⑦ 尽管一直强调总统地位和权力，其权力一大再大。特别值得注意的是突尼斯 2002 年宪法修正案，它十分重视加强保护人权和实行民主多元化，因此其修改的主要内容包括保护人权和保障人的自由权利，扩大总统竞选和参与议会等民主途径，加强政治监督三个方面。⑧ 随后，突尼斯又于 2003 年和 2008

① 本·阿里执政后，确定了法制和民主、开放的政治原则。1988 年 7 月 25 日，本·阿里总统签署了国民议会批准的宪法修正案，对最高权力的必要限制做了明确规定：修正案取消了有关总统终身制的条款，同时将有关总统职位空缺时由总理自动接替总统职位的条款，改为总统因死亡、辞职或失去工作能力而出现总统职位空缺时，由议长代行总统职权，并在 45～60 天内选出新总统，并规定总统任期为 5 年，只能再连任一次。杨鲁萍、林庆春：《列国志·突尼斯》，社会科学文献出版社，2003，第 75 页。

② 1991 年的突尼斯宪法修正案增加了有关个人自由权利的条款，目的是对社会活动进行法制化管理；该修正案还增加了议员候选人的父亲必须是突尼斯人、总统必须信仰伊斯兰教等条款，强调了突尼斯人忠于国家和民族的义务，规范了国民从政的政治标准。

③ 1997 年 10 月 14 日，突尼斯议会又通过一个宪法修正案，主要内容是：扩大国民参政，强调政党在组织国民参与政治生活中的作用，降低选举议员年限。

④ 1999 年 3 月 23 日，突尼斯议会通过宪法修正案，允许反对党领导人作为候选人参加总统竞选。该宪法修正案旨在加强政治竞争机制和反对党的民主参政作用，进一步造成民主多元化的政治局面。

⑤ 21 世纪伊始，突尼斯制定了向发达国家迈进的目标，为了完成本·阿里总统在 2001 年 11 月 7 日执政 14 周年纪念日讲话中提出的"进行具有实质性的政治改革的任务"，突尼斯议会于 2002 年 4 月 3 日批准，并于 5 月 26 日全民公决投票通过了新的宪法修正案。这个修正案体现了本·阿里要建设法制国家和健全法制国家机构的思想，它对总则、总统、议会和政府等章节中的 38 项条款进行了修改和补充，占总共 78 项条款的近一半，不论从形式还是内容上，超过了前几次的修宪规模，确实是具有"实质性内容的政治改革"，但仍然保持了总统制政体，以确保总统的领导权力和地位。杨鲁萍、林庆春：《列国志·突尼斯》，社会科学文献出版社，2003，第 75～76 页。

⑥ 杨鲁萍、林庆春：《列国志·突尼斯》，社会科学文献出版社，2003，第 74 页。

⑦ 姚远光：《论非洲的社会主义宪法》，硕士学位论文，湘潭大学，2008。

⑧ 杨鲁萍、林庆春：《列国志·突尼斯》，社会科学文献出版社，2003，第 76 页。

年对宪法进行了修正。

　　1962 年 12 月 7 日，摩洛哥经全民公决通过了第一部正式宪法，宣布摩洛哥是一个民主的、社会的和君主立宪制国家，规定议会为一院制。此后，根据政治发展和政治改革的需要，先后于 1970 年、1972 年、1980 年、1992 年、1996 年、2011 年多次对宪法进行修改。摩洛哥的 1970 年宪法修正案规定：摩洛哥是独立的领土完整的阿拉伯伊斯兰国家，伊斯兰教为国教，实行君主立宪制。国王既是国家元首，又是宗教领袖和武装部队的最高统帅。[①] 1972 年 3 月 1 日，经全民公决，摩洛哥通过宪法修正案，赋予议会较多的政治权力，规定议会任期为 6 年，三分之二的议员由直接选举产生。[②] 1980 年摩洛哥宪法修正案主要是放宽了对议会产生的限制。[③] 于 1992 年 9 月 4 日全民公决通过的宪法修正案主要是扩大了议会的权力，部分满足了反对派的民主要求。[④] 1996 年摩洛哥宪法修正案对政治制度进行了重大改

①　此宪法修正案于 1970 年 7 月 23 日经全民公决通过，规定王位世袭，其法定世袭王位年龄为 18 岁以上；摄政委员会主席为国王近亲男性担任；由 240 名委员组成的众议院中，直接选举 90 名，地方委员会选举 90 名，其他 60 名为各行业的代表。肖克：《列国志·摩洛哥》，社会科学文献出版社，2008，第 101 页。

②　贺鉴：《北非阿拉伯国家的宪法变迁》，《湖南科技大学学报》（社会科学版）2011 年第 2 期，转引自 Michel Louis Martin, *Les Nouvelles Constitutions des Pays Francophones du Sud*, L'Hermes, 1998, pp. 59 – 73。

③　1980 年 5 月 23 日，举行修改宪法第 21 条的公民投票。5 月 30 日，举行修改宪法第 43 条和第 95 条的公民投票，主要修改两处：继位国王的法定成年年龄由 18 岁改为 16 岁，摄政委员会主席由国王近亲男性长者担任改为由最高法院院长担任；议会议员由三分之一任期 6 年，三分之二任期 4 年，改为一律任期 6 年，议长由每年改选一次改为 3 年改选一次。肖克：《列国志·摩洛哥》，社会科学文献出版社，2008，第 101 页。

④　该宪法修正案规定：摩洛哥为君主立宪制国家；国王是国家元首、宗教领袖、武装部队最高统帅；国王任命首相，并根据首相的提议任命内阁成员；国王有权主动或根据政府辞呈解散政府；国王任命法院院长和法官；王位世袭，其法定成年年龄为 16 岁；在国王未成年期间，由摄政委员会行使除修改宪法以外的国王职权，摄政委员会由最高法院院长任主席。宪法规定男女公民享有同等的政治权利，年满 21 岁有选举权，年满 25 岁有被选举权。参见赵国忠主编《简明西亚北非百科全书》（中东），中国社会科学出版社，2000，第 760 页。

革，主要内容是：在君主立宪制的前提下，实行两院制议会民主；[①]
成立了宪法委员会作为宪法的监督机构；扩大了议会的立法权限；恢复
制订"发展计划"，取代"经济及社会融合计划"；将最高审计委员会升
至宪法规定的地位；在中央和省级政权之间建立 16 个地区的行政建制；
保障所有权和经营自由。[②] 2011 年穆罕默德六世国王主动进行全面的修
宪，相对于以往宪法，新宪法限制了国王的权力，首相和议会的权力得
到了扩大，国家制度实现了民主化，人权得到了更好的保障。[③]

　　阿尔及利亚独立后，分别于 1963 年、1976 年颁布了两部宪法。
1989 年 2 月 23 日，阿尔及利亚全民公决通过了第二部宪法的修正
案。此次宪法修改较大，对 1976 年的宪法做出了几处重要修改：
（1）删除了有关"社会主义"的内容，重新确定国家性质；[④]
（2）重新确定民族解放阵线在国家政治中的地位和作用；[⑤]（3）扩大
公民的自由权；[⑥]（4）重新确定军队在国家建设中的作用；[⑦]（5）突
出了伊斯兰教的地位和作用；[⑧]（6）废除了对国民议会议员候选人的
有关限制；[⑨]（7）确立三权分立，扩大了总统的权力；[⑩]（8）确定建

①　贺鉴：《北非阿拉伯国家的宪法变迁》，《湖南科技大学学报》（社会科学版）2011 年第 2
　　期。

②　肖克：《列国志·摩洛哥》，社会科学文献出版社，2008，第 102 页。

③　《世界各国宪法》编辑委员会：《世界各国宪法》（非洲卷），中国检察出版社，2012，第 614 页。

④　把"阿尔及利亚国家是社会主义的"改为"阿尔及利亚是一个民主人民共和国"。

⑤　删去民族解放阵线是"国家的唯一政党""社会的领导力量""社会主义革命的指导、规
　　划和鼓动机关"等内容。

⑥　增加了"保证公民有言论自由、结社自由和集会自由"以及"承认建立政治性组织的权
　　利"等内容。

⑦　规定：军队的任务是"维护民族独立，保卫国家主权、国家统一和领土完整"，取代了原
　　宪法中"军队要参加国家的发展和社会主义建设"的内容。

⑧　序言指出，"阿尔及利亚是伊斯兰的土地"，"宪法保护和承认宗教的财产"等。

⑨　废除了国民议会议员所有候选人必须出自民族解放阵线党的限制，允许角逐议员的候选人
　　来自多个政党。

⑩　规定：总统是全国武装力量的最高统帅，掌握国防和外交大权，主持部长会议，兼任国家
　　最高安全委员会、最高司法委员会主席；总统由普选产生，任期 5 年，可连选连任。

立宪法委员会。① 1996 年 11 月 28 日，阿尔及利亚经全民公决通过新的宪法修正案，主要内容包括对国家伊斯兰、阿拉伯、柏柏尔属性的确定，政党的组成基础，议会的构成及基本的运行规范。② 2002 年修正案对 1996 年宪法进行了修正，增加了"柏柏尔语同为国语。国家确保柏柏尔语得到促进，并在国家领土内发展用语的多样性"一款。③ 2008 年修正案对 1996 年宪法的国旗与国徽、女性的政治权利、历史教育、总统任期和权力、总理权力进行了修正，取消了对总统连任次数的限制。④ 2016 年 2 月，阿尔及利亚又通过宪法修正案，规定总统只能连任一次。⑤

自 1922 年埃及获得名义上的独立以来，先后颁布了 1923 年宪法、1956 年临时宪法、1958 年临时宪法、1964 年临时宪法、1971 年永久宪法。⑥ 后来，根据经济社会发展需要，埃及分别于 1980 年、2005 年、2007 年通过了三个宪法修正案。在穆巴拉克下台后，临时掌握埃及政权的军事委员会为了实现政府的和平过渡，以及保障埃及

---

① Michel Louis Martin, *Les Nouvelles Constitutions des Pays Francophones du Sud*, L'Hermes, 1998, pp. 33 – 57.

② 宪法修正案的主要内容为：1. 重新确定阿尔及利亚的伊斯兰、阿拉伯、柏柏尔属性；2. 禁止任何人在宗教、语言、种族、性别、社团主义和地方主义的基础上成立政党；3. 确定议会的组成方法及其工作程序。议会由国民议会和民族院组成。国民议会议员由直接普选产生；民族院议员的三分之二由选举产生，三分之一由总统指定；国民议会通过的法案须经民族院的四分之三多数通过后才能生效。新宪法还规定：阿尔及利亚实行总统制，总统由直接选举产生，任期 5 年；总统在议会产生之前及其休会期间可以法令形式颁布法律；政府施政纲领如两次被国民议会否决，则可解散国民议会，重新进行选举，以及民族院议长在总统职位空缺时暂时行使国家元首职权 60 天，并在此期间主持总统选举等。参见赵慧杰《列国志·阿尔及利亚》，社会科学文献出版社，2006，第 115～116 页。

③ 杨沁：《冷战后阿尔及利亚政治发展研究》，硕士学位论文，湘潭大学，2013。

④ 《世界各国宪法》编辑委员会：《世界各国宪法》（非洲卷），中国检察出版社，2012，第 1～11 页。

⑤ 阿尔及利亚，http://cs.mfa.gov.cn/zggmcg/ljmdd/fz_648564/aejly_648566/，最后访问时间：2017 年 12 月 19 日。

⑥ Jean du bois de Gaudusson, Gerard Conac, Christine Desouches, *Les Constitutions Africaines*, La Documentation Francaise, 1997, pp. 306 – 325.

大选的顺利进行，宣布中止原宪法，并着手制定新的宪法修正案。2011 年 3 月 19 日的全民公决中，77.2% 的投票者投票支持宪法修正案，标志着新的宪法修正案通过，而此次参加投票的公民达到 44%，也是历史之最。就具体内容来看，此次修宪主要对总统候选人资格、紧急状态的宣布、反恐怖主义、选举司法监督等 10 个宪法条款提出了修改建议，并取消了其中的部分条款。对于此前规定的总统每届任期 6 年，可连选连任，① 宪法修正案改为总统每届任期 4 年，只能连任一届。其对于总统候选人的资格也进行了变动，与原来的宪法条款相比，明显放宽了规定。新宪法修正案的建议条件是年龄应该不低于 40 岁，只具有埃及国籍，必须获得议会中 30 名议员或全国至少 15 个省份的 3 万名合格选民的支持，或者由注册政党提名，但该政党必须至少有一名成员为议会议员。② 原来的宪法规定，总统候选人必须得到人民议会（议会上院）、协商会议（议会下院）和地方议会中共 250 名议员的支持，其中至少包括 65 名人民议会议员和 25 名协商会议议员，以及至少 14 个省份中每省 10 名地方议员的支持。③ 这个宪法修正案的目的是解决此前威权主义之下埃及政治中存在的某些弊端，这为埃及民主化的进程提供了契机。但是其在实践中运行的效果，还有赖于埃及新政府在新形势下做出的努力。

1951 年 12 月 24 日，利比亚宣告独立，成立以伊德里斯一世为国王的利比亚联合王国。根据宪法规定，利比亚是由的黎波里塔尼亚、昔兰尼加和费赞三个具有半自治地位的省组成的联邦制国家，议

---

① 中国新闻网：《埃及就宪法修正案举行全民公决，结果难料》，http://www.chinanews.com/gj/2011/03-19/2917517.shtml，最后访问时间：2017 年 12 月 19 日。

② 中国普法网：《埃及宪法修正草案在全民公决中获得通过》，http://www.legalinfo.gov.cn/index/content/2011-03/21/content_2533884.htm?node=7881，最后访问时间：2017 年 12 月 19 日。

③ 中国普法网：《埃及宪法修正草案在全民公决中获得通过》，http://www.legalinfo.gov.cn/index/content/2011-03/21/content_2533884.htm?node=7881，最后访问时间：2017 年 12 月 19 日。

会由参议院和众议院组成，政府大臣由国王任命。① 然而一年之后的1952 年 12 月，伊德里斯国王就对宪法进行修改，削减了省的自治权力。1963 年 4 月，利比亚将国名改为利比亚王国，并改联邦制为单一制，成为实行君主立宪制的单一制国家。②

（二）全面革新宪法

"全面革新宪法"是当代北非阿拉伯国家宪法变迁中所采用的仅次于"宪法修改"的重要方式。苏丹和南苏丹是北非阿拉伯国家中采用"全面革新宪法"的方式实现宪法变迁的典范。

自 1953 年宣布自治以来，苏丹采用"全面革新宪法"的方式，共颁布了五部宪法：1955 年临时宪法、1973 年"永久宪法"、1985年临时宪法、1998 年宪法、2005 年宪法。1955 年 12 月，苏丹议会通过了临时宪法。这是苏丹现代史上第一部宪法，它是在英国殖民政府的影响下制定的，具有明显的英国式政治制度的色彩。该宪法因1958 年第一次军事政变被废除。1973 年 4 月 11 日，苏丹人民议会通过了一个新宪法，5 月 8 日，经尼迈里总统批准，称为"永久宪法"。③ 1985 年 4 月，苏瓦尔·达哈卜将军执政后，宣布废止该部宪法。1985 年 10 月，苏丹政府颁布了过渡性的临时宪法。该宪法于1989 年 6 月 30 日被废止。④ 巴希尔执政后，1998 年 6 月 30 日，苏丹颁布了永久宪法。2005 年 7 月 9 日，苏丹依据 1998 年宪法和《全面和平协定》（Comprehensive Peace Agreement，包括 2002 年后政府同苏丹人民解放运动之间达成的《权力分享协议》等 8 个协

---

① 周琦、贺鉴：《非洲军人政权对国家宪法变迁与宪政发展的影响》，《求索》2011 年第 10 期。

② 周琦、贺鉴：《非洲军人政权对国家宪法变迁与宪政发展的影响》，《求索》2011 年第 10 期，转引自潘蓓英《列国志·利比亚》，社会科学文献出版社，2006，第 70 页。

③ 周琦、贺鉴：《非洲军人政权对国家宪法变迁与宪政发展的影响》，《求索》2011 年第 10 期。

④ 周琦、贺鉴：《非洲军人政权对国家宪法变迁与宪政发展的影响》，《求索》2011 年第 10 期。

议和协定）制定了临时宪法。1998 年宪法和《全面和平协定》中的许多条款都被完整保留在 2005 年临时宪法中。① 2011 年 7 月，基尔宣誓就任总统职位，并颁布了《南苏丹过渡宪法》，这是一部临时宪法，共 16 部分 201 条，分为总章、公民基本权利、国家经济发展战略、国家机构、军队、州及地方政府和土地所有制与自然资源管理等内容。②

埃及在宪法变迁历程中多次采用"全面革新宪法"的方式。1922 年，埃及获得了名义上的独立。1923 年，在继承比利时宪法原理和立宪思路的基础上，制定并颁布了埃及历史上第一部宪法。1953 年埃及发生内乱，政局不稳，当局废除 1923 年宪法，国家不得不进入过渡时期。过渡时期结束后，1956 年颁布了革命后第一部临时宪法，强调埃及的阿拉伯属性及其为阿拉伯事业所承担的义务。1958 年埃及和叙利亚合并，改称阿拉伯联合共和国，制定了确立南北两地政治关系原则的另一部临时宪法。③ 1961 年由于长期存在矛盾冲突，埃及和叙利亚分裂，成立了两个国家。1964 年埃及在保留阿拉伯联合共和国国名的情况下公布了又一部临时宪法，增添了纳赛尔社会主义的一些基本指导思想。④ 1971 年 9 月 11 日即萨达特上任不久，颁布了沿用至今的一部永久宪法。⑤ 这部宪法除国名改为阿拉伯埃及共和国以外，总体上依然保留了 1964 年宪法的特点。⑥ 2013 年 7 月 3

---

① 刘鸿武、姜恒昆：《列国志·苏丹》，社会科学文献出版社，2008，第 158 页。
② 中华人民共和国外交部：《南苏丹国家概况》，http://www.fmprc.gov.cn/web/gjhdq_676201/gj_676203/fz_677316/nsd_678308/nsdgg_678310/，最后访问时间：2017 年 12 月 19 日。
③ 周琦、贺鉴：《非洲军人政权对国家宪法变迁与宪政发展的影响》，《求索》2011 年第 10 期。
④ 姚远光：《论非洲的社会主义宪法》，硕士学位论文，湘潭大学，2008。
⑤ Jean du bois de Gaudusson, Gerard Conac, Christine Desouches, *Les Constitutions Africaines*, La Documentation Francaise, 1997, pp. 306 – 325.
⑥ 杨灏城、许林根：《列国志·埃及》，社会科学文献出版社，2006，第 143 页。

日，埃及军方宣布终止 2012 年宪法。2014 年 1 月，新宪法草案以 98.1% 的支持率（投票率 38.6%）通过全民公投。①

阿尔及利亚独立后分别于 1963 年、1976 年颁布了两部宪法，并于 1989 年、1996 年、2002 年、2008 年、2016 年五次修宪。1963 年 9 月 8 日，阿尔及利亚通过第一部宪法。宪法除序言外，共有 78 条。宪法规定：阿尔及利亚实行总统制和民族解放阵线一党制；确立伊斯兰教为国教。由于 1965 年阿尔及利亚爆发了布迈丁政变，布迈丁成了共和国主席兼政府总理，罢黜了具有本·贝拉社会主义色彩的 1963 年宪法，确立"三大革命"② 指导思想，在其指导下，阿尔及利亚的第二部宪法于 1976 年 11 月经公民投票通过。③ 该部宪法以同年 6 月 27 日通过的《阿尔及利亚国民宪章》为基础，对国家的性质、"三大革命"的作用等做出规定。④

此外，利比亚、摩洛哥和突尼斯也曾采用"全面革新宪法"的方式实现宪法变迁。例如，利比亚 1969 年"九一革命"胜利后，废止了 1951 年宪法及其修正案，并于 1969 年 12 月 12 日颁布了具有临时宪法性质的《宪法性宣言》。2011 年 8 月，利比亚公布了具有临时宪法性质的《宪法宣言》，在政治过渡阶段发挥临时宪法作用。⑤《宪

① 埃及，http：//cs. mfa. gov. cn/zggmcg/ljmdd/fz_ 648564/aj_ 648628/，最后访问时间：2017 年 12 月 19 日。

② 即布迈丁提出的有关开展工业革命、农业革命、文化革命（简称"三大革命"）的各种思想主张和路线。

③ Michel Louis Martin, *Les Nouvelles Constitutions des Pays Francophones du Sud*, L'Hermes, 1998, pp. 33 – 57.

④ 阿尔及利亚 1976 年宪法规定：国家元首（总统）候选人由民族解放阵线党代表大会提名，通过直接、秘密普选选出国家元首，任期 5 年，在宪法规定的范围内行使最高司法官的权力；国家元首是共和国武装力量的最高统帅。宪法还规定，各群众组织由民族解放阵线党领导和监督。宪法还对国民议会做出规定：国民议会为一院制；国民议会议员当选后任期 5 年；议员须由 25 岁以上的阿尔及利亚公民经普选产生，允许一个议席有多名候选人，但所有候选人必须出自民族解放阵线党。赵慧杰：《列国志·阿尔及利亚》，社会科学文献出版社，2006，第 114 页。

⑤ 中华人民共和国外交部：《南苏丹国家概况》，http：//www. fmprc. gov. cn/web/gjhdq_ 676201/gj_ 676203/fz_ 677316/1206_ 678018/1206x0_ 678020/，最后访问时间：2017 年 12 月 19 日。

法宣言》除确定了利比亚的多党制民主国家、保障人权、实行法治和伊斯兰教的国教宗教信仰之外，还公布了过渡政治的时间表。宪法起草委员会应在 2 个月内起草完宪法草案，在 1 个月内组织全面公投，最终通过宪法并生效实施。目前，利比亚已组建制宪委员会，但制宪进程十分缓慢，新宪法草案尚未完成。①

又如，1956 年 11 月 18 日，摩洛哥正式独立，素丹改称国王，1958 年 5 月，穆罕默德五世国王颁布临时宪法，宣布摩洛哥将成为一个君主立宪制的国家。但是很快，1958 年临时宪法就被 1962 年 12 月 7 日经全民公决通过的第一部正式宪法所全面取代。摩洛哥 1962 年宪法确立了君主立宪制，规定议会为一院制，由选举产生。2014 年 1 月，制宪议会通过新宪法，确定突尼斯实行共和制，伊斯兰教为国教，总统由直选产生，任期五年，不得超过两届，实行一院制，立法机构称人民代表大会。②

（三）立法

如前所述，立法也是宪法变迁的一种形式，它是指立法机关实施的某些立法行为和内容虽然没有触动宪法，但在一定程度上对宪法的部分内容做了改变。"立法"方式是北非阿拉伯国家宪法变迁的方式之一，也是一种"不改变宪法文本而使宪法变迁"的方式。例如，阿尔及利亚的 1963 年宪法和 1976 年宪法都明确规定实行"一党制"，直到 1989 年宪法才删除了"一党制"的有关内容。③但是，实际上 1987 年 7 月《政治结社法》的出台就已标志着"一党制"的终结。

---

① 利比亚，http：//cs. mfa. gov. cn/zggmcg/ljmdd/fz_ 648564/lby_ 650365/，最后访问时间：2017 年 12 月 19 日。

② 中华人民共和国外交部：《突尼斯国家概况》http：//www. fmprc. gov. cn/web/gjhdq_ 676201/gj_ 676203/fz_ 677316/1206_ 678598/1206x0_ 678600/，最后访问时间：2017 年 12 月 19 日。

③ Michel Louis Martin, *Les Nouvelles Constitutions des Pays Francophones du Sud*, L'Hermes, 1998. pp. 33 – 57，最后访问时间：2017 年 12 月 19 日。

尽管宪法的有关文本没有改变，但事实上宪法的有关内容已然变迁。又如，埃及1956年宪法、1958年宪法、1964年宪法、1971年宪法、1980年宪法在有关埃及国体的表述中都使用了"民主"和"社会主义"两个词，事实上从1956年到1980年，埃及人民和国家领导人对"民主"和"社会主义"的理解并非一成不变的。1977年根据萨达特总统的指示制定的《工作文件》对建立在纳赛尔社会主义基础上的"民主"做了广义的界定，将其定义为："广义的民主是人民为自己的利益统治自己。但人民统治须具备3个基本条件：法律至上，司法独立，新闻自由。"显然，这一"立法"导致了埃及宪法有关"民主"含义的变迁。再如，利比亚1969年"九一革命"胜利后颁布的具有临时宪法性质的《宪法性宣言》规定，利比亚是阿拉伯由人民授予主权的民主、自由的社会主义共和国；第37条规定，在永久宪法颁布之前，本宪法规定均有效。此后，利比亚一直没有颁布新宪法，但是颁布了许多其他法律或宣言，导致了宪法的重大变迁。1976年6月，利比亚总人民大会通过有关立法，在全国建立新型的"民众国"政治体制。较为典型的是1977年卡扎菲发表的《人民权力宣言》中的部分条款——"人民直接掌握政权的民众时代"。[①] 根据《人民权力宣言》，利比亚对国家政治体制进行重大改革，传统的总理、政府和议会由各级人民大会和人民委员会取代。

（四）宪法文字的自然变更

如前所述，"宪法文字的自然变更"也称"宪法的无形修改"，[②] 是一种"不改变宪法文本而使宪法变迁"的方式。它是指，"国家的自然发展，有时使文字的含义自然发生变更"或是"不变动宪法条

---

① 《1969年9月1日　卡扎菲发动政变，崭新的利比亚共和国诞生》，《人民日报》，http://www.people.com.cn/GB/historic/0901/2863.html，最后访问时间：2017年12月19日。

② 秦前红：《论宪法变迁与市场经济发展的非对应性》，《法学评论》1996年第4期。

文，而仅更换其中某一条或条文中某些词语、语句的内容，使宪法的某些规定具有新的含义"。[①] "宪法文字的自然变更"方式也是北非阿拉伯国家宪法变迁的方式之一。例如，埃及 1964 年宪法规定，埃及是"一个建立在劳动人民力量联盟基础上的社会主义民主国家"；1971 年宪法规定，埃及的社会制度是"建立在劳动人民力量联盟基础上的社会主义和民主的制度"；[②] 1980 年宪法规定，埃及是"建立在劳动人民力量联盟基础上的民主社会主义制度"。[③] 上述埃及宪法都提到"劳动人民力量"。其中，1964 年宪法规定，"劳动人民力量"由农民、工人、士兵、知识分子和民族资本家五种力量组成。关于民族资本家，根据纳赛尔的理论，仅限于"非剥削性"的资本家。但随着开放政策的实施，民族资本家的含义发生了变化，不再受拥有资本数量的限制。由此可见，"宪法文字的自然变更"导致了埃及宪法有关内容的变迁。

（五）宪法解释

如前所述，宪法解释的载体有两种：一种是立法机关的规范性解释文件；另一种是司法机关的宪法判例。当今各国的宪法解释机制不尽相同，有的国家由立法机关主导释宪；有的由普通法院来进行释宪；有的则由宪法委员会或者宪法法院来行使解释宪法的权力。

"宪法解释"方式是北非阿拉伯国家宪法变迁的方式之一，也是一种"不改变宪法文本而使宪法变迁"的方式。例如，关于劳动人民力量，埃及 1964 年宪法规定，由农民、工人、士兵、知识分子和民族资本家五种力量组成。[④] 阿拉伯社会主义联盟最初认定，凡占地不足 25 费丹的皆为农民；凡以劳动为生、年薪不超过 500 埃镑的均

---

① 卫夏：《宪法的"无形修改"浅析》，《法学评论》1986 年第 4 期。

② 文献整理和缩微胶卷中心：《1805～1971 年埃及宪法汇编》，第 283、326、359 页。

③ 阿迪勒·阿明：《1952～1994 年埃及立宪生活》，开罗，1995，第 262 页。

④ 姚远光：《论非洲的社会主义宪法》，硕士学位论文，湘潭大学，2008。

为工人。1968 年为缓解国内矛盾，改为凡占地不足 10 费丹、本人直接务农的为农民；凡未受过高等教育、未参加同业公会、靠从事体力或脑力劳动为生的为工人。1972 年人民议会最终确定，农民指本人及其家属（包括妻子和未成年儿女）占地不超过 10 费丹，务农是其生活的唯一来源和工作，且居住在农村的人；工人指在工业、农业和服务业从事体力或脑力劳动，靠劳动收入谋生，没有资格加入同业公会，不属于大学、高等专科学校或军事学院毕业的人。那些最初当工人，后来获得大学文凭，并继续留在工会的人仍属于工人。士兵包括各级军官和士兵。知识分子主要指受过高等教育，从事脑力劳动，加入同业公会的人。① 由此可见，通过"宪法解释"可以实现"不改变宪法文本而使宪法变迁"之目的。

三　北非阿拉伯国家宪法变迁的主要内容

有学者认为，行政改革是宪法变迁的重要途径之一，西方国家从 20 世纪 80 年代开始所推行的行政改革导致这些国家的宪法在未经修改的情况下发生了巨大变迁，变迁的内容主要包括：民主制度、人权制度以及权力制衡制度。② 其立论基础是"宪法变迁是指宪法未经法定修改程序而发生无形变化"。尽管其立论基础与笔者的观点③不一样，但还是要感谢其为笔者探讨北非阿拉伯国家宪法变迁的主要内容提供了灵感。根据李龙教授的观点，"权力制衡制度、民主制度、人权制度是宪法的主要内容。制衡论是宪法的灵魂；民主论是宪法的基础；人权论是宪法的价值追求"。④ 笔者认为，北非阿拉伯国家宪法

---

① 杨灏城、许林根：《列国志·埃及》，社会科学文献出版社，2006，第 144～145 页。
② 贺鉴：《北非阿拉伯国家的宪法变迁》，《湖南科技大学学报》（社会科学版）2011 年第 2 期。转引自李海平《论当代西方国家的宪法变迁》，《当代法学》2006 年第 1 期。
③ 如前所述，笔者赞同秦前红先生的观点，认为宪法变迁既包括宪法的无形变化也包括宪法的有形变化。
④ 李龙编《西方宪法思想史》，高等教育出版社，2000，第 1～5 页。

变迁的内容也主要是指民主制度、人权制度以及权力制衡制度的变迁，但既包括无形变迁也包括有形变迁。在民主制度方面，北非阿拉伯国家宪法通过修改或变革逐步完善了代议制民主，并完成了从代议民主制到代议制民主、行政民主、社会民主并存的多重民主制转变。在人权制度方面，北非阿拉伯国家宪法通过修改或变革逐步完善了第一代人权和第二代人权的有关规定，第三代人权发展成为北非各个国家宪法的重要内容。在权力制衡制度方面，北非阿拉伯国家通过修改或变革宪法来完善国家层面的权力制衡机制，从一党制到多党制，从一院制到两院制，分权制衡逐步发展，并向双重权力制衡机制方向发展。①

（一）北非阿拉伯国家宪法民主制度的变迁

当代北非阿拉伯国家的宪法民主制度通过修宪或立宪逐步完善了代议民主制，并完成了从代议民主制到多重民主制转变。②

民主作为现代宪法中一项重要原则和制度，各个国家都在宪法文本中明文规定了人民主权原则。理论上，直接民主是最理想的民主形式，但由于直接民主制的实施有太多条件的限制，代议制民主成为现代宪法民主制度的主导形式。北非阿拉伯国家宪法也都不同程度地确立了代议制民主。20世纪80年代，由于全球化、信息化、市场化给国家带来了一系列挑战，③ 西方国家也随之进行了转变，纷纷对行政体制进行改革，导致出现了代议制民主、行政民主、社会民主并存的多重民主制现象。④ 行政民主化的推进，代表民主政治前进了一大步。非政府组织不仅可以参与社会事务的管理，还可以就其应该享有的权利和负担的义务与行政机关协商，其实质是赋予了非政府组

---

① 贺鉴：《北非阿拉伯国家的宪法变迁》，《湖南科技大学学报》（社会科学版）2011年第2期。
② 贺鉴：《北非阿拉伯国家的宪法变迁》，《湖南科技大学学报》（社会科学版）2011年第2期。
③ 贺鉴：《北非阿拉伯国家的宪法变迁》，《湖南科技大学学报》（社会科学版）2011年第2期。
④ 贺鉴：《北非阿拉伯国家的宪法变迁》，《湖南科技大学学报》（社会科学版）2011年第2期。

织与行政机关相处的"平等权"。除此之外，西方宪政国家还积极推进公民直接参与，为公民参与提供多种渠道，便于公民表达意见，参与公共事务的讨论，不仅如此，还赋予公民通过全民公决的形式做出决定的公投权。[①] 这对北非阿拉伯国家宪法民主制度的变迁产生了很大影响。

为了完善宪法民主制度，北非阿拉伯国家根据本国经济社会的发展要求进行了修宪或立宪。20 世纪 80 年代以来尤其是冷战后，受西方行政民主化和社会民主发展的影响，北非阿拉伯国家在修宪或立宪的过程中，更加重视对宪法民主制度的完善，并开始有意识地推动行政民主和社会民主的发展。例如，1997 年 10 月 14 日，突尼斯议会通过宪法修正案，其主要修改内容就是扩大国民参政、强调政党在组织国民参与政治生活中的作用，以及降低议员选举年龄[②]和突出妇女地位。[③] 根据突尼斯 1997 年宪法修正案，对于关系国家命运的重要宪法内容，除总统或三分之一议员提议，经三分之二议员在审议投票后同意之外，还需进行全民公决投票，以作为重要参考。宪法修正案内容体现了政治生活中民主参政范围不断扩大，公民和社会政党的政治作用加强。[④] 两年后，突尼斯 1999 年宪法修正案允许反对党领导人作为候选人参加总统竞选，进一步推动了宪法民主制度的发展。[⑤] 2014 年，突尼斯颁布了新宪法，实行一院制，立法机构称人民代表大会。又如，摩洛哥 1996 年宪法修正案规定，实行两院制议会民主，即保留原有的由政党代表组成的代表院（众议院），增设由地方政权、行业工会和工薪阶层代表组成的参议院。此次改革使一些政治

[①]　李海平：《论当代西方国家的宪法变迁》，《当代法学》2006 年第 1 期。

[②]　议员选举年龄由 25 岁降至 23 岁。

[③]　增加了候选人母亲须是突尼斯人（原仅规定父亲是突尼斯人，没有对母亲的规定）的规定，表明男女平等和突出妇女地位。

[④]　杨鲁萍、林庆春：《列国志·突尼斯》，社会科学文献出版社，2003，第 75 页。

[⑤]　贺鉴：《北非阿拉伯国家的宪法变迁》，《湖南科技大学学报》（社会科学版）2011 年第 2 期。

家、工商企业家和各界社会名流进入立法机构，扩大了议会的代表性。① 2011 年，摩洛哥颁布新宪法，规定众议院议员必须由普遍直接选举产生，参议院议员按照比例代表制由选举团选举产生，成立促进人力和可持续发展与参与式民主之机构：教育、培训和科学研究高级委员会，家庭与儿童咨询委员会，青年和联合活动咨询委员会。由于公民参与权的放宽，公民越来越多地参与到国家的治理之中，原有的精英治理模式慢慢地出现了弊端，转而变成了寻求公民参与的合作治理模式。此外，广泛的社会自治和公民社会的复兴也推动了北非阿拉伯国家宪法民主制度的变迁。②

总之，随着北非阿拉伯国家宪法民主制度的变迁，其代议制民主逐步得到改善，尤其是行政民主和社会民主在实践中的运用和发展，无疑是治疗代议制民主缺陷的一剂良药。

（二）北非阿拉伯国家宪法人权制度的变迁

人权是宪法最核心的内容。人权的内涵随着时代的发展而慢慢地发生了转变。从 17、18 世纪第一代人权概念产生到现在，人权的内容和形式都发生了巨大的变化。它从单纯的公民权与政治权利扩展为包括经济、社会、文化权利等多方面内容的综合权利；从消极权利变为积极权利；从以个人权利为主发展到个人权利与集体权利并重。北非阿拉伯国家的宪法人权制度也是逐步发展起来的。③ 独立初期，北非阿拉伯国家的宪法都规定了有关权利条款，但其宪法人权制度都很不完善。各国宪法仅仅是在不同程度上，部分地列举了第一代人权④和

---

① 贺鉴：《北非阿拉伯国家的宪法变迁》，《湖南科技大学学报》（社会科学版）2011 年第 2 期，转引自肖克《列国志·摩洛哥》，社会科学文献出版社，2008，第 102 页。

② 贺鉴：《北非阿拉伯国家的宪法变迁》，《湖南科技大学学报》（社会科学版）2011 年第 2 期。

③ 贺鉴：《北非阿拉伯国家的宪法变迁》，《湖南科技大学学报》（社会科学版）2011 年第 2 期。

④ 第一代人权概念形成于 17、18 世纪资产阶级革命时期，它主要是指公民权和政治权利，包括生命权、人身自由权、私有财产权、追求幸福的权利、反抗压迫的权利、选举权、被选举权，以及言论、出版、集会、结社等政治自由。这一代人权所倡导的权利是"消极权利"，强调政府对公民的个人自由不进行干涉。

第二代人权①的一些内容。20世纪80年代之前，除对人权最基本的自由权有所规定之外，北非阿拉伯国家还规定了一项重要的人权——生存权，②即在不能通过自己劳动获取生存的情况下，寻求国家最低物质保障的权利。

20世纪80年代以来尤其是冷战后，北非阿拉伯国家的人权内容发生了很大变化，具体表现在两个方面。一是北非各国宪法逐步完善了有关第一代人权和第二代人权的规定。例如，突尼斯1991年宪法修正案增加了有关个人自由权利的条款，实际目的是对社会活动进行法制化管理。突尼斯2002年宪法修正案修改的重点，就是加强保护人权和实行民主多元化：将保护人权写入了宪法（第1章第5条）；增加了尊重个人尊严、保证个人行动自由，对个人生命、财产和个人信息提供法律保障，对个人执法必须实施必要的法律程序等内容（第1章）。二是第三代人权发展成为北非各个国家宪法的重要内容。第三代人权是指国家和民族的集体权利，又称连带集体权利或者国际集体人权。按照当今国际社会通常的理解与承认，第三代人权主要是指民族自决权、发展权，此外还有和平与安全权、环境权、自由处置自然财富和资源权、人道主义援助权等。③其中，最重要的是前两项，即自决权和发展权，这也是第三代人权的核心内容。④北非各个国家宪法对第三代人权的确认，主要有两种方式。一是在宪法修正案中补充第三代人权的有关内容。例如，阿尔及利亚1996年宪法修正案就规定了"阿尔及利亚致力于用和平手段解决国际纠纷"，"支持

---

① 第二代人权主要指经济、社会和文化权利，要求政府做有利于个人权利的积极行为者，因此又被称为"积极的权利"。它主要包括就业权、劳动条件权、受教育权、社会保障权（如医疗保障、养老金制度、失业救济、社会保险等）、物质帮助权等。由于社会主义思潮（尤其是马克思主义）、社会主义革命和反殖民运动对第二代人权的形成与发展做出了重大贡献，西方有的学者也把第二代人权称为"社会主义传统的人权"。

② 贺鉴：《北非阿拉伯国家的宪法变迁》，《湖南科技大学学报》（社会科学版）2011年第2期。

③ 李步云编《人权法学》，高等教育出版社，2005，第49页。

④ 贺鉴：《北非阿拉伯国家的宪法变迁》，《湖南科技大学学报》（社会科学版）2011年第2期。

和团结争取政治经济解放、争取自决权、反对一切种族歧视的所有国家和人民",“组建国家人民军来巩固和发展国防能力",“在平等、互利、互不干涉内政原则的指导下不遗余力地加强国际合作,并努力发展同他国的亲善关系"。苏丹在 2005 年苏丹共和国临时宪法中就承认了南苏丹的自决权,并用专门的一章加以规定。二是通过加入相关国际人权公约确认第三代人权。例如,现在所有北非阿拉伯国家都是《国际人权宪章》和《非洲人权和民族权宪章》的缔约国。非洲人民对第三代人权的确认和发展做出了杰出贡献。《非洲人权和民族权宪章》在序言中倡导"对人权和民族权的思考……具有自己的特色",并在正文中详尽地规定了民族自决权的内涵及其实现途径。[①] 同国际人权两公约相比,《非洲人权和民族权利宪章》对于民族自决权[②]和发展权[③]的规定更为全面。

(三)北非阿拉伯国家宪法权力制衡制度的变迁

北非阿拉伯国家宪法权力制衡制度的变迁主要表现在:从一党制到多党制,分权制衡制度逐步发展;从单纯国家层面的权力制衡转变为双重权力制衡机制。

---

① 贺鉴:《北非阿拉伯国家的宪法变迁》,《湖南科技大学学报》(社会科学版) 2011 年第 2 期。

② 前者仅在各自的第 1 条第 1 款规定:"所有人民都有自决权。"而后者第 19 条和第 20 条除做了相似的规定外,还对自决权的含义做了进一步阐述,即"被殖民或受压迫的民族有权诉诸国际社会所确认的任何手段使自己摆脱统治者的束缚获得自由;一切民族在反对外来统治的斗争中均有权享受本宪章各缔约国的援助,不论这种援助是政治援助、经济援助抑或文化援助"。这是迄今国际条约中有关民族自决权的最系统、最完整的阐述,大大丰富了国际人权的相关内容。

③ 与相关的全球性公约相比,《非洲人权和民族权利宪章》有关发展权的规定也更加全面。前者只做了一些原则上的规定,后者则阐述得相当具体。《非洲人权和民族权利宪章》在序言中确信"对发展权给予特别关注实属必要",宪章第 21 条至第 24 条对发展权做了详尽的阐述,其主要内容为:1. 自由处置天然财富和资源的权利;2. 在适当顾及本身的自由和个性并且平等分享人类共同财产的条件下发展经济、社会和文化的权利;3. 享有国内与国际和平与安全的权利;4. 享有一个有利发展的普遍良好的环境的权利。

"分权制衡"原则是现代宪政制度得以维系之根本，对世界任何国家的宪法都具有指导意义。如果说现代宪法制度归根结底是为了实现人权保障，那么分权制衡就是落实人权保障最基本的制度设计。没有了权力分工制衡的制度设计，人权只是空谈。① 北非阿拉伯国家独立初期一般采取一党制，初步建立了分权和制衡制度。随着经济社会的发展特别是政党斗争的变化，北非阿拉伯国家通过修宪或立宪逐步确立和发展了多党制，并完善了分权制衡制度。例如，阿尔及利亚从1962 年至1988 年，一直实行单一政党体制。1989 年 2 月 23 日，阿尔及利亚通过了新宪法，确立行政、立法与司法三权分立的政治模式。② 摩洛哥1962 年宪法确立了君主立宪制，规定议会为一院制，由选举产生。1972 年宪法赋予议会较多的政治权力，议会任期为 6年，三分之二的议员由直接选举产生。1992 年宪法再次扩大了议会的权力，部分满足了反对派的民主要求。摩洛哥1996 年宪法对政治制度进行了重大改革，主要内容是：在君主立宪制的前提下，实行两院制议会民主；扩大了议会的立法权限，在监督政府和决定国家经济发展等方面，议会有了更大的发言权。摩洛哥2011 年宪法对国王权力进行了限制，扩大了首相和议会的权力，主要表现为国王的部分权力的行使，必须由首相附署，国王对首相和内阁的任免权受到一定的限制；议会的立法权和财税权有所扩大，首相的执行权、条例权，政府会议审议的问题与文件内容增加了很多，而且还专门确立权力间的关系，其中一部分对国王与立法权、立法权与行政权之间的关系进行了界定。苏丹独立之初，实行的是议会内阁制，在以后各届文官政府时期也大体如此。巴希尔上台后，苏丹的政治体制逐渐从议会内阁总理制向联邦总理制发展。由于南苏丹公投成立新国家，苏丹逐步演变

---

① 李海平：《论当代西方国家的宪法变迁》，《当代法学》2006 年第 1 期。

② Michel Louis Martin, *Les Nouvelles Constitutions des Pays Francophones du Sud*, L'Hermes, 1998, pp. 33 – 57.

为总统共和制政体。

20 世纪 80 年代以来尤其是冷战后，原有的权力制衡模式在北非阿拉伯国家慢慢地发生了变化，外部的社会权力对国家权力制衡的作用越来越突出。这特别表现在传媒和社团组织对国家权力的影响方面。一方面，报纸、电视等传媒对国家权力的影响越来越大，发展成为名副其实的"第四种权力"。① 另一方面，社团组织不仅仅以压力集团或利益集团的形式存在，而且直接或间接地履行原有国家的部分职能，成为自我管理、自我组织的权力实体。② 北非阿拉伯国家的社会团体发挥着越来越重要的作用。例如，突尼斯的社会团体参加政治机构，参与国家咨议和决策工作，协调各行业和各方面与政府的关系，辅助政府贯彻执行现行政策。③ 摩洛哥劳工联合会通过与政府对话达到改善工人生活条件和工作条件的目的；摩洛哥劳动者总会通过组织工人与雇主和政府的对话解决矛盾，增加福利。目前，北非阿拉伯国家中的非政府社团组织与政府的联系越来越紧密，发挥的作用也越来越明显和突出，已逐步参与到政府的规制、福利的提供、政策的设计和实施过程之中。

总之，目前北非阿拉伯国家已从单纯国家层面的权力制衡转变为国家层面的权力制衡和国家与社会之间的权力制衡相结合的双重权力制衡机制。

第二节　北非阿拉伯国家政治发展的主要特点

北非阿拉伯国家政治发展的特点主要表现为以下五个方面：强调阿拉伯属性和伊斯兰教的崇高地位；受西方宪法特别是原宗主国宪法

---

① 郭道晖：《权力的多元化与社会化》，《法学研究》2001 年第 1 期。
② 李海平：《论当代西方国家的宪法变迁》，《当代法学》2006 年第 1 期。
③ 杨鲁萍、林庆春：《列国志·突尼斯》，社会科学文献出版社，2003，第 75 页。

的影响深远；大多借鉴了苏联社会主义宪法；过分强调国家最高领导人的权力；宪法不稳定和发展不平衡。①

一　强调阿拉伯属性和伊斯兰教的崇高地位

北非阿拉伯国家政治发展中最突出的特点是，强调阿拉伯属性和伊斯兰教的崇高地位。

独立后，非洲国家纷纷模仿西方原宗主国的宪法与制度，但依然有很多伊斯兰教国家在法律尤其是作为国家根本大法的宪法中保有伊斯兰传统原则和精神。② 北非阿拉伯国家也是如此。北非六国都是阿拉伯国家，它们把伊斯兰教视为阿拉伯革命的动力，北非阿拉伯国家在政治发展过程中日益重视伊斯兰的价值和精神。这可以从北非各国不同时期的宪法的有关规定中看出。

例如，埃及 1964 年宪法第 1 条和第 5 条有关于此的规定。③ 1971年宪法将国名改为"阿拉伯埃及共和国"，并重申了伊斯兰教和阿拉伯语的重要地位。④ 埃及 1980 年、2005 年宪法修正案也重申了伊斯兰教的崇高地位和阿拉伯属性。⑤ 阿尔及利亚 1963 年宪法第 2 条有关于阿拉伯属性的规定。⑥ 1963 年宪法第 4 条和 1976 年宪法、1989 年

① 贺鉴：《非洲社会主义宪法述评》，《当代世界与社会主义》2010 年第 4 期。

② Rene David & Johne C. Brierley, *Major Legal Systems in the World Today*, Stevens & Sons, 1978, p. 431.

③ 埃及 1964 年宪法第 1 条规定，阿拉伯联合共和国是基于人民工作力量之联合而建立之民主社会共和国。埃及人民为阿拉伯民族之一部分。第 5 条规定，伊斯兰教为国教，阿拉伯语为官方用语。

④ Jean du bois de Gaudusson, Gerard Conac, Christine Desouches, *Les Constitutions Africaines*, La Documentation Francaise, 1997, pp. 306 – 325.

⑤ 贺鉴：《非洲社会主义宪法述评》，《当代世界与社会主义》2010 年第 4 期。2005 年宪法第1 条规定，埃及阿拉伯共和国是建立在工人阶级联盟基础上的社会主义民主国家。埃及人民是阿拉伯人的一部分，并且为实现所有阿拉伯人的联合而不懈奋斗。第 2 条规定，伊斯兰教为国教，阿拉伯语为官方语言，伊斯兰法是立法原则的一个重要来源。

⑥ 阿尔及利亚 1963 年宪法第 2 条规定，"阿尔及利亚为非洲阿拉伯世界马格里布（Maghreb）阿拉伯领土之全部的一部分"。

宪法与 1996 年宪法的第 2 条都规定，伊斯兰教为国教。1963 年宪法第 5 条和 1976 年宪法、1989 年宪法与 1996 年宪法的第 3 条规定，阿拉伯语为国语并为国家之官方语言。① 1996 年宪法又规定柏柏尔语同为国语。1963 年宪法第 6 条规定，国徽为蓝白两色旗，中间带一弓月形及红星。② 1996 年宪法的第 9 条规定，禁止进行违背伊斯兰和十一月革命教义的行动。特别值得注意的是，根据 1996 年宪法，阿尔及利亚还于 1998 年组建伊斯兰高等委员会，作为一个全国性政治协商机构，由共和国总统主持。阿尔及利亚 1996 年宪法在序言中写道：阿尔及利亚，是伊斯兰的土地以及大马格里布不可分割的一部分，作为阿拉伯、地中海和非洲的国家，它通过 11 月 1 日革命的光辉而获得荣耀，通过对世界正义的承诺而得到尊重。第 178 条对修宪不得触犯的内容进行了规定。③

苏丹 1973 年宪法规定，苏丹是"阿拉伯和非洲两个实体的一部分"，"伊斯兰教法和习惯法是立法的基础"。④ 1998 年宪法第 1 条规定，苏丹是一个多种民族和文化相融合，多种宗教相协调的兼容并蓄的国家。伊斯兰教为多数人的宗教，而基督教及其普遍教义有相当数量的追随者。1998 年宪法第 3 条规定，阿拉伯语是苏丹共和国的官方语言，但其也允许其他地方语言和国际语言的发展。苏丹 2005 年宪法第 1 条规定，苏丹是民主、非中央集权、多文化、多语言、多种族和宗教并存的国家。苏丹的各种宗教和文化是其力量、和谐、启示

① Michel Louis Martin, *Les Nouvelles Constitutions des Pays Francophones du Sud*, L'Hermes, 1998, pp. 33 – 57.

② 贺鉴：《非洲社会主义宪法述评》，《当代世界与社会主义》2010 年第 4 期。

③ 任何修宪不能触犯以下内容：1. 国家共和国之性质；2. 基于多党制的民主秩序；3. 伊斯兰教为国教；4. 阿拉伯语为国语和官方语言；5. 基本自由以及公民权利；6. 国土的完整。由此可见，伊斯兰教和阿拉伯语在阿尔及利亚宪法中的重要地位。Jean du bois de Gaudusson, Gerard Conac, Christine Desouches, *Les Constitutions Africaines*, La Documentation Francaise, 1997, pp. 21 – 39.

④ 贺鉴：《非洲社会主义宪法述评》，《当代世界与社会主义》2010 年第 4 期。

的来源；第 4 条规定，宗教、信仰、传统和习俗是苏丹人民的精神力量和启示的来源；第 5 条第 1 款规定，全国性法律源于伊斯兰教教法和人民的共识；第 6 条专门对国家尊重宗教权利的措施进行了界定；第 8 条第 2 款规定，阿拉伯语是苏丹广泛使用的国语。

利比亚 1951 年宪法第 5 条规定，伊斯兰教为利比亚国教。1969年《宪法性宣言》强调了阿拉伯统一、伊斯兰与社会主义结合。《宪法性宣言》第 1 条规定：利比亚人民是阿拉伯民族的一部分；其目标服从于阿拉伯的整体目标；利比亚领土是非洲的一部分；国家全称为阿拉伯利比亚共和国。第 2 条规定，伊斯兰教为国教，阿拉伯语为官方语言。① 在《绿皮书》的思想基础上，卡扎菲于 1977 年发表《人民权力宣言》，将利比亚国家的名字从阿拉伯利比亚共和国改为阿拉伯利比亚人民社会主义民众国，宣称《古兰经》是利比亚的宪法，但其在实践中并不经常被援用。1986 年又将国名更名为大阿拉伯利比亚人民社会主义民众国。

摩洛哥 1970 年宪法和 1972 宪法都规定：摩洛哥是独立的领土完整的阿拉伯国家，伊斯兰教为国教，实行君主立宪制。国王既是国家元首，又是宗教领袖和武装部队的最高统帅。② 摩洛哥 2011 年宪法序言中规定，摩洛哥王国作为至高无上的伊斯兰国家，由阿拉伯—伊斯兰、柏柏尔和撒哈洛—哈桑尼作为组成部分来锻造统一性，伊斯兰教在此国民参照系中的优越性伴随着摩洛哥人民对外开放、中庸、宽容和忠诚，与世界上其他一切文化和文明相互理解，深化对阿拉伯与伊斯兰世界的归属，加强与其兄弟人民的博爱和团结关系；第 1 条规定，国家在集体生活方面依赖于温和的伊斯兰教；第 3 条和第 4 条规定，伊斯兰教为国教，王国的箴言是"真主、祖国、国王"；第 5 条规

---

① 贺鉴：《非洲社会主义宪法述评》，《当代世界与社会主义》2010 年第 4 期。
② Michel Louis Martin, *Les Nouvelles Constitutions des Pays Francophones du Sud*, L'Hermes, 1998, pp. 59 – 73.

定，阿拉伯语为国家的官方语言，还设立国家语言与文化委员会，负责保护和发展阿拉伯语；第 7 条规定，政党不得损害伊斯兰教；第 41 条规定，国王监督伊斯兰教得到遵守，是宗教自由的保障人，最高乌理玛委员会按照伊斯兰教教义和容忍原则就申请的问题在正式同意前向教法学家咨询意见，国王以诏令行使本宪法通过埃米尔·阿·穆米尼耶制度排他性地赋予他的固有宗教特权；第 43 条规定，王位的继承按照穆罕默德六世陛下的长子继承顺序。

　　突尼斯 1959 年宪法序言规定："忠于伊斯兰教教义，大马格里布的统一，以及成为阿拉伯国家中的一员。"宪法第 2 条规定，突尼斯共和国是大马格里布阿拉伯的一部分。① 突尼斯 1959 年宪法、1988 年宪法和 2002 年宪法第 1 条都规定"伊斯兰教为国教，阿拉伯语为国语"。突尼斯 1988 年宪法和 2002 年宪法都在序言中重申"继续忠于伊斯兰教教义，大马格里布的统一，以及成为阿拉伯国家中的一员"。突尼斯 1959 年宪法第 2 条、1988 年宪法第 2 条第 1 款、2002 年宪法第 2 条规定"突尼斯共和国是大阿拉伯马格里布的一部分"。特别值得注意的是，突尼斯还设立了伊斯兰最高委员会，其主要职能是审查政府提出的问题和有关执行宪法第一章条款的问题，也审查伊斯兰教法和社会方面的问题。②

　　南苏丹独立的一个原因便是，与苏丹信仰伊斯兰教相反，南苏丹信仰的大多是基督教、伊斯兰教和本土宗教。南苏丹总统信仰的是基督教，但南苏丹是一个宗教信仰自由的国家。南苏丹 2011 年过渡宪法规定，南苏丹是一个多民族、多元文化、多样语言、多种宗教和多种族的国家，这些多样性和平存在。国家实现政教分离，所有宗教一律受到平等对待，并且宗教或宗教信仰不得用于制造国家

---

①　Michel Louis Martin, *Les Nouvelles Constitutions des Pays Francophones du Sud*, L'Hermes, 1998, pp. 93 – 94.

②　杨鲁萍、林庆春:《列国志·突尼斯》，社会科学文献出版社，2003，第 87 页。

分裂。

从上述北非国家各个时期宪法的有关规定可以看出，阿拉伯属性和伊斯兰教在北非阿拉伯国家的政治发展中具有崇高地位。

二 受西方宪法特别是原宗主国宪法的影响深远

北非阿拉伯国家政治发展的第二个特点是，深受西方宪法特别是原宗主国宪法的影响。

二战后，特别是 20 世纪 50 年代以后，非洲国家纷纷通过民族运动走向独立，但是西方宗主国对其宪法法律的影响仍然深远。独立后的非洲国家所通过的宪法在很大程度上依赖在独立之前谈判期间的前殖民势力。尽管非洲殖民化的一般过程有时也是通过真正的解放战争完成的，但大多数情况下都是通过前殖民势力同民族主义运动势力和平谈判达成的。因此，独立后的非洲国家所采用的宪法工具往往是对欧洲模式的复制。[1] 北非阿拉伯国家的情况也是这样。例如，苏丹独立后的第一部宪法（1955 年临时宪法）就是在英国殖民政府的影响下制定的，具有明显的英国式政治制度的色彩。[2] 即便是北非阿拉伯国家的社会主义宪法，也在很大程度上受西方宪法尤其是其原宗主国

---

[1] Louis Henkin, Albert J. Rosenthal, *Constitutionalism and Rights: The Influence of the United States Constitution Abroad*, Columbia University Press, 1990, p. 323.

[2] 根据这部临时宪法，苏丹将实行议会共和制，建立国家最高委员会、参议院、众议院、部长会议等机构。国家的最高权力机构是国家最高委员会，与参议院和众议院共同行使立法权，部长会议则行使政府内阁的职能。国家最高委员会可以根据众议院提出的人选任命总理；根据总理的提名任命各部部长；根据部长会议的建议和议会的批准，任命最高审计长、最高首席法官和宗教大法官；同部长会议协商，任命选举委员会。国家最高委员会还具有赦免权、对武装部队的最高统帅权等。同时宪法规定，由总理和部长组成的部长会议，是苏丹最高行政机构。总理必须是议会中多数党的领袖。部长人数规定为 10～15 人，其中两人必须保留给南方代表。部长会议向议会负责。苏丹立法机构由国家最高委员会、参众两院联合组成。参议院和众议院每届任期三年。众议院必要时可以提前解散。苏丹司法机构自成独立系统，向国家最高委员会负责。参见刘鸿武、姜恒昆《列国志·苏丹》，社会科学文献出版社，2008，第 155～156 页。

宪法影响。西方宪法对北非阿拉伯国家政治发展的影响主要体现在以下几个方面。

1. 分权制衡机制

众所周知，分权制衡原则是近代西方国家政治理论与实践的产物。在传统的伊斯兰法中，关于政府各部门分权问题从来就没有过明确规定。在原宗主国宪法的影响下，北非阿拉伯国家独立初期纷纷模仿西方的三权分立制，设立国民议会、国家元首（总统）和最高法院的体制，尝试立法、行政和司法三种权力的相互制衡。有些国家，例如埃及，还在宪法中明确规定了司法独立的原则。阿尔及利亚 1963 年宪法专门规定"司法"一章，第 62 条规定，"法官行使职权时，只服从法律和社会主义革命的利益。法律和最高司法委员会的存在保证法官的独立"[1]。突尼斯 1957 年宪法第 53 条规定"司法权是独立的，法官在其执行职务时只服从法律的权力"。

2. 总统制

北非阿拉伯国家多实行总统制政体，例如阿尔及利亚，其总统制基本上按照美、法模式，总统往往是国家元首、最高行政长官和武装部队总司令，由全民直接选举产生，有任期限制，可以连选连任。同时，如同美国宪法中的规定一样，议会大多可以弹劾总统。阿尔及利亚 1963 年宪法第 39 条规定，"国家元首执掌行政权，其号为阿尔及利亚共和国总统。总统任期五年，由党提名后由直接秘密的普选产生"。第 43 条规定，"共和国总统是共和国武装部队的总司令"。第 49 条规定，"共和国总统负责颁行和公布法律"。第 53 条规定，"共和国总统具有发布行政命令的权力"。政府成员由总统根据自己的意见任命，仅受制于宪法第 47 条的规定。总统作为政府首脑及部长会

---

① 中国科学院法学研究所编《世界各国宪法汇编（第一辑）》，法律出版社，1964，第 9 ~ 10 页。

议主席，对议会负责，议会能通过表决解除其职务。① 埃及 1956 年宪法规定，共和国总统由人民选举产生，总统兼任部长会议主席。② 埃及 1956 年宪法赋予总统行政权和许多立法权。③ 埃及 1971 年宪法第 73 条规定："国家元首是共和国总统，他的职责是维护人民的主权、尊重宪法和法规、保护国家的统一以及增进社会主义成果。他也监督各权力机关之间的分工，以保障它们在国家活动中正当发挥作用。"国家元首是共和国总统。经人民议会提出总统人选由普选产生（第 76 条），任期六年（第 77 条）。总统任免总理和其他部长（第 141 条）。总统颁布立法（第 112 条），并得创制法律。总统可使用否决权（第 113 条）。在议会解散或休会期间，总统得颁布具有法律效力的命令（第 147 条）。共和国总统有权指定 10 名议员，至少有半数议员是工人和农民（第 87 条）。④

3. 议会制

北非阿拉伯国家大都是一院制议会，像埃及、突尼斯、阿尔及利亚。阿尔及利亚 1963 年宪法第 27 条规定，"国家主权属于人民，人民通过自己在国民议会中的代表行使主权，议员由民族解放阵线提名，每五年经由直接、秘密的普选产生"。第 28 条规定，"国民议会

---

① 上海社会科学院法学研究所编译室编译《各国宪政制度和民商法要览》（非洲分册），法律出版社，1986，第 4 页。

② 上海社会科学院法学研究所编译室编译《各国宪政制度和民商法要览》（非洲分册），法律出版社，1986，第 19 页。

③ 具体内容为："在规定的时间内，总统享有法律创制权、否决权和颁布权（第 132 ~ 134 条）。"总统否决的法案，国民议会第二次可以 2/3 的多数推翻总统的否决而成为法律。授予总统发布行政命令的权力和颁布具有法律效力的法规的权力。"总统有权解散国民议会（第 111 条）。"总统执掌行政权，依据宪法的规定行使行政权。总统是国家元首，兼政府首脑，享有任免部长和军队总司令的权力，任免文官、军官和驻外使节的权力。有权接受外国使节的国书，宣布大赦和减刑，经国民议会批准后宣战，批准条约和宣布紧急状态。参见董小菡《埃及宪法变迁研究》，硕士学位论文，湘潭大学，2012。

④ 上海社会科学院法学研究所编译室编译《各国宪政制度和民商法要览》（非洲分册），法律出版社，1986，第 23 页。

表达人民的意志，通过法律，监督政府行动"。第 34 条规定，"国民议会议长是国家的第二号人物"。第 36 条规定，"共和国总统和议员有法律提案权"。第 38 条还规定了国民议会的书面和口头质询权，对政府进行监督。第 56 条规定了国民议会对共和国总统的弹劾权，"公民议会得对共和国总统提出弹劾，追究总统的责任"。虽然存在议会，但议会是由总统和国民议会共同组成的，而且不是平均地分享权力，两者还都由党提名，通过普选产生，任期五年。[①] 总统就职无须经过议会批准，虽然议会可以通过表决解除总统职务。埃及 1971 年宪法规定采用议会制，第 86 条规定人民议会行使立法权。[②] 第 126 条规定，政府及其成员的行为向人民议会负责，人民议会得撤销它对政府全体或个别成员的信任。随后的 128 条限制了总理的权力，"如果不信任提案被通过，总理必须提出政府辞呈。如果不信任提案仅针对政府中单独一名成员，那么，此人就必须辞职"[③]。突尼斯 1959 年宪法专设第二章"立法权"，将立法权归于议会——人民议会。第 18 条规定，"人民通过一个称为'国民议会'的代议制的机构行使立法权"。第 19 条规定，"国民议会以普遍、自由、直接和不记名投票的方法，依照法律规定选举产生"。第 28 条规定，"国民议会行使立法权。法律提案权同时属于共和国总统和国民议会议员，而共和国总统所提出的草案占有优先地位。国民议会可以授权共和国总统在一定的期限内为了一项规定的目的制定法律性的命令，该命令应在上述的一定期限届满时提请国民议会批准"。第 33 条规定，"国家预算应当提请国民议会表决"。

---

① 上海社会科学院法学研究所编译室编译《各国宪政制度和民商法要览》（非洲分册），法律出版社，1986，第 3 页。

② 上海社会科学院法学研究所编译室编译《各国宪政制度和民商法要览》（非洲分册），法律出版社，1986，第 23 页。

③ 上海社会科学院法学研究所编译室编译《各国宪政制度和民商法要览》（非洲分册），法律出版社，1986，第 23 页。

4. 建立了宪法人权保护机制

关于公民权利和自由，在传统伊斯兰法中没有任何明确规定。根据伊斯兰教义，所有人的权利都是安拉授予的，政府与民众都只对安拉履行义务，政府与民众之间并不存在权利义务关系，只有忠实信仰安拉并严格履行宗教义务的人，才能享有充分的自由。[①] 受原宗主国的影响，北非阿拉伯国家一般都在宪法中规定了公民的权利和自由。例如，阿尔及利亚 1963 年宪法在第 11 条中宣称"共和国拥护世界人权宣言"。另外，在宪法中对公民的选举权与被选举权、政党权、请愿权、休息权、受教育权、平等权等基本权利和自由进行规定，使人权得到制度化的体现。如利比亚 1951 年宪法的第 2 章中专门规定了人民的权利。阿尔及利亚 1963 年宪法在"基本原则和目标"的第 4 条规定，"共和国保证尊重每个人的言论、信仰和宗教自由"。第 9 条规定了"保卫自由和尊重人的尊严"。第 10 条中规定了"……保证劳动权利和受教育的权利"。第 13 条规定："所有年满 19 岁的公民都享有选举权。"第 63 条规定："保障休息的权利。法律决定行使这种权利的方式。"[②] 突尼斯 1957 年宪法第 6 条规定："全体公民在权利和义务上都是平等的。他们在法律面前一律平等。"[③] 第 14 条规定，"保证所有权。应当在法律规定的范围内行使所有权"。阿尔及利亚 1963 年宪法"基本原则和目标"一章第 10 条强调阿尔及利亚人民共和国的基本目标是"……保证劳动权利和受教育的权利"[④]。埃及 1971 年永久宪法第 10 条规定"国家保障维护母亲和儿童，关怀青少年，并为提高才能提供必要的条件"[⑤]。

---

① 高鸿钧：《伊斯兰政治理论与实践》，《外国法译评》1995 年第 1 期。
② 中国科学院法学研究所编《世界各国宪法汇编（第一辑）》，法律出版社，1964，第 4 页。
③ 中国科学院法学研究所编《世界各国宪法汇编（第一辑）》，法律出版社，1964，第 110 页。
④ 中国科学院法学研究所编《世界各国宪法汇编（第一辑）》，法律出版社，1964，第 6 页。
⑤ 戴学正等编《中外宪法选编》（下册），华夏出版社，1994，第 286 页。

5. 保留了原宗主国所特有的违宪审查制度

北非阿拉伯国家的宪法中往往保留了原宗主国所特有的一些宪法制度。例如，受其原宗主国法国之影响，1963 年《阿尔及利亚共和国宪法》设置了宪法委员会制度。《阿尔及利亚共和国宪法》第 63 条第 1 款规定："宪法委员会由最高法院院长、最高法院的民事和行政法庭的庭长、国民议会的三名议员和共和国总统指定的一个成员组成。"[①] 此外，1963 年《阿尔及利亚共和国宪法》中有关最高委员会的设置、有关国民议会的设置，显然都深受法国 1958 年第五共和国宪法的影响。阿尔及利亚 1963 年宪法专章规定"最高委员会"——最高司法委员会、最高国防委员会、最高经济和社会委员会。第 65 条规定最高司法委员会由共和国总统、司法部长、最高法院院长和检察长、最高法院的一名律师和国民议会常设司法委员在它内部选出的四名成员组成。第 66 条规定最高司法委员会的职权和像是职权的规定由法律确定。第 67 条规定最高国防委员会，第 68 条规定最高经济和社会委员会。1996 年宪法委员会、国民议会和民族议会两院的构成、行政权的设置，都与法国宪法的相关设计紧密相连。同样是受法国的影响，突尼斯于 1987 年 11 月组建宪法委员会，并且在以后的宪法修正案中多次提高宪法委员会的权限。例如，突尼斯 2002 年宪法修正案加强了宪法委员会政治监督作用，强调对选举的过程、选举的成员的监督，以及扩大公民对政治参与过程的监督。此外，摩洛哥宪法和突尼斯宪法有关宪法委员会的规定，无疑也受其原宗主国法国的影响。此外，苏丹宪法、南苏丹宪法和埃及宪法有关宪法法院的规定显然深受德国宪法法院制度的影响。2005 年苏丹宪法第五章第一节对宪法法院进行了详细的规定：宪法法院由 9 名法官组成，法官任期 7 年，连选连任；宪法

---

① 中国科学院法学研究所编《世界各国宪法汇编（第一辑）》，法律出版社，1964，第 10 页。

法院院长经第一副总统同意，总统在法官中任命；宪法法院法官经
国家司法委员会推荐，州议会所有代表三分之二以上多数通过，由
共和国总统进行任命；宪法法院具有许多项重要的职权。2011 年南
苏丹宪法设置了最高法院，由院长、副院长和不超过 9 人的法官组
成，具有 6 项管辖权，院长和副院长有一定的行政职能。埃及 1971
年宪法规定最高宪法法院是独立的司法机构，只有它可以对法律和
条例进行合宪性监督，并解释立法条文，对总统选举争议进行裁
决。

　　宪法法院或者宪法庭的设置，以及违宪案件的查处，反映了一国
宪政民主的决心和程度。在非洲，尽管有很多国家民主化程度并不很
高，但它们在司法体制上做出如此伟大的尝试，至少可以说它们也在
为迈向宪政民主而努力奋斗。阿尔及利亚 1963 年宪法规定设立宪法
委员会，第 63 条规定，宪法委员会由最高法院院长、最高法院的民
事和行政法庭的庭长、国民议会指定的三名议员和共和国总统指定的
一个成员组成。第 64 条规定，法律和立法性命令是否违宪，经共和
国总统或国民议会议长提出，由宪法委员会审议决定。除此之外，其
最高法院在以下几个方面有管辖权。一是最高法院可宣布政府提出的
法规系越权行为从而无效。二是最高法院对独立前实施的法律具有充
分的宪法性管辖权。因为它能宣布而且确已宣布某些法律或某些法律
中的一些条款，由于违反国家主权，或是由于它们存在歧视，或是由
于它们具有殖民意识，不得予以适用。① 埃及也于 1969 年 11 月 1 日
设立了一个由 7 名法官组成的最高法院（1969 年第 81 号法律，1969
年 8 月 31 日《政府公报》第 35 号附录）。以违宪为理由而提出的每
一件诉讼都归最高法院审理，对法规是否合乎宪法它有专属管辖权

---

① 　上海社会科学院法学研究所编译室编译《各国宪政制度和民商法要览》（非洲分册），法
　　律出版社，1986，第 7 页。

（第 4 条第 1 款）。该法院也得解释立法条文，这种解释具有约束力
（第 4 条第 2 款）。此外，该法院对各种法院之间发生管辖冲突时有
裁决权，在这以前这类冲突须提交一个专门法院裁定。最后，最高法
院可以命令停止执行涉及政府或公共团体的仲裁裁决，前提是执行这
种裁决将对经济计划或公共事业产生不利。① 利比亚并无受理涉及宪
法问题的专门法院。最高法院对任何法规是否合乎《宪法》，以及在
有关宪法的争议或有关行政的政绩提交给它时进行裁决，同时，最高
法院不仅是司法机关，还是政府的一个咨询机构。

由此可见，西方国家特别是原宗主国宪法对北非阿拉伯国家政
治发展的影响是深远的。这些国家虽然借鉴了欧美国家的宪法制
度，但又与之有明显的差别，首先分权制衡效果不明晰，总统的权
力过大，议会过于弱小，对人权的保障不足，法院违宪审查机制的
建立几乎形同虚设。在宪法制度方面，更加与本国的国情相结合，
突出自己的宗教色彩和个人威权主义，没有达到西方法治民主和人
权保障的精髓。

三 大多借鉴了苏联社会主义宪制

北非阿拉伯国家政治发展的第三个特点是，大多借鉴了苏联社会
主义宪法制度。

在北非七国中，除摩洛哥外，其他六国都曾先后宣布奉行社会主
义。其中，埃及、苏丹、利比亚、阿尔及利亚四国都颁布并适用过社
会主义宪法。北非阿拉伯国家在摆脱殖民统治并获得独立之后，大多
数国家选择了社会主义道路，开始了社会主义法制建设。尽管包括苏
联在内的其他社会主义国家也只是在探索中前进，但苏联所取得的巨

---

① 上海社会科学院法学研究所编译室编译《各国宪政制度和民商法要览》（非洲分册），法
　律出版社，1986，第 24 页。

大政治经济成就让这些非洲社会主义国家钦慕。因此，尽管非洲社会主义强调它是本土的而不是任何外来的社会主义，但北非阿拉伯国家在制定宪法的实践中却纷纷采取了移植的方式，囫囵吞枣地借鉴了苏联社会主义宪法。这体现在这些非洲社会主义国家宪法制度中的高度集中的计划经济体制、大规模的国有化、集体化以及一党制等。在苏联社会主义宪法的影响下，北非阿拉伯社会主义国家大多采用了中央集权制和单一的公有制。政治体制方面，北非阿拉伯社会主义国家表现为高度的中央集权，实行下级服从上级，地方服从中央，全国从上到下实行严格的垂直管理体制。经济方面，北非阿拉伯社会主义国家通过国有化、集体化、土地改革等措施，建立起来的单一的公有制经济形式，限制其他经济形式的发展。政党制度方面，北非阿拉伯社会主义国家实行一党制，禁止或限制反对党的活动或存在，有的甚至实行全民皆党的政策。

值得注意的是，20 世纪 50 年代末，突尼斯政治党就提出了"社会主义"的口号，布尔吉巴执政时期，于 1957 年 7 月 25 日制定了突尼斯共和国第一部宪法，1959 年 6 月 1 日颁布施行。[①] 该宪法文本并无"社会主义"的明文规定，但相当重视人民权利特别是社会权之保障，而非保障绝对之个人主义，成为突国的社会主义建设纲领。由此可见，突尼斯的政治发展也在一定程度上受苏联社会主义政治的影响。

四　过分强调国家最高领导人的权力

北非阿拉伯国家政治发展的第四个特点是，过分强调国家最高领导人的权力。北非阿拉伯国家的领导人，在民族独立年代树立了极高

---

① Michel Louis Martin，*Les Nouvelles Constitutions des Pays Francophones du Sud*，L'Hermes，1998，pp. 93 - 105.

的个人威望，国家独立后大权独揽，极大地左右了宪法的制定和修改，并借宪法制定和修改的方式，写入扩大自身权力、维护崇高领导地位的条款。

例如，埃及 1964 年宪法规定，总统是国家元首，任期 6 年，没有限定任职届数；1980 年宪法修正案规定，总统能连任多届。埃及 1971 年宪法规定，总统是国家元首，是事实上的行政首脑，是武装部队的最高统帅、国防委员会主席、警察最高长官、全国司法机构最高委员会主席。苏丹 1973 年宪法规定，总统是国家元首，任期 6 年，可连选连任，也是人民武装部队和治安部队的最高统帅，总统有权任免副总统、总理、部长、总检察长、外交使节等广泛权力。1998 年 6 月 30 日，苏丹颁布并实行新宪法，规定苏丹是多种族、多文化、多宗教国家，国家实行建立在联邦制基础上的非中央集权制；总统是国家主权的最高代表，是军队最高统帅，拥有立法、司法、行政最高裁决权，由全民选举产生，任期 5 年，可连选连任一届。苏丹 2005 年宪法规定，总统是国家和政府元首，与共和国主席团协商组成内阁。总统可以任免部长，在与第一副总统协商的情况下，组成团结政府。埃及的永久宪法明确规定了三权分立的原则，但同时在三权分立制衡中表现出了总统权力独大的倾向。永久宪法规定总统具有行政执行权，同时身为国家元首与武装部队统帅，并宣布人民议会例会的召开与闭会。在经过 1980 年、2005 年和 2007 年的三次重大修订后，永久宪法的许多内容也发生了变化，但是除了这些常规的权力外，宪法还赋予了总统一些特别的权力，而这些权力有时令总统的权威渗入甚至有凌驾于立法权与司法权之上的趋势。这主要体现在以下几个方面。一是总统对人民议会解散的权力非常大。2007 年宪法修改后规定总统"在必要的情况下"可对人民议会进行解散，这就为总统的集权和政治的不稳定埋下了伏笔。二是总统可以在一定程度上掌握司法部门。埃及虽然明确规定三权分立、司法独立，但是宪法第 173 条明确规定，"应成立一个由司法部门首长组成并由总统领导的理事会，以解决共同关心的问题"。第 179 条第 3 款规定，"总统可以依据宪法和法律将任何恐怖主义罪行起诉至任何法院"。这两个条款就将总统的权力予以扩大，司法部门必须要受总统理事会的领导，并且只要总统认为某位公民涉及恐怖主义罪行，便可将之诉诸法院，法院必须予以接受。三是总统拥有任命议员的权力。按照宪法规定，总统有权任命 10 名人民议会议员以及三分之一的协商会议成员。四是总统可连选连任。2011 年前的宪法规定总统每届任期 6 年，可以连选连任，其领导人纳赛尔和萨达特都是直到去世前仍掌握政权，穆巴拉克更是任职 30 年，这在世界实现三权分立和崇尚民主的国家都是极为稀少的。2011 年宪法修正案规定总统每届任期缩短至 4 年，并只能连任一届。

其他北非国家宪法也都特别强调国家最高领导人的权力。阿尔及利亚 1963 年宪法规定，总统是国家元首、三军最高统帅、国防最高委员会主席、司法最高委员会主席，总统有权任免所有文武官吏。1996 年宪法规定，总统在议会产生前及其休会期间可以法令形式颁布法律；如政府施政纲领两次被国民议会否决，则解散国民议会，重新选举等。2008 年宪法修正案对 1996 年宪法进行修正，规定共和国总统任期 5 年，可连选连任。共和国总统为国家元首，在宪法规定的范围内行使最高行政权，总统除宪法明确授予的权力之外，还有任免总理和一名或一名以上的副总理、国家的文武官员、国务委员会主席，进行特赦，延缓和减轻刑罚的权力。利比亚 1969 年《宪法性宣言》第 18 条规定，革命指挥委员会是阿拉伯利比亚共和国的最高权力机构……具有颁布法律和法令的权力，以人民的名义制定国家政策……为保护革命与政权，可做出一切它认为有必要的决定。根据这些规定，革命指挥委员会主席作为国家最高领导人，拥有广泛的权力。突尼斯 1959 年宪法规定：总统是国家元首兼任武装部队总司令，他与国民议会共同拥有立法权。① 为了巩固和加强总统的权力，突尼斯的 1976 年宪法修正案增加了"总统终身制"的条款。1998 年修改宪法规定总统任期 5 年，可连任两届。2002 年，通过宪法修正案，取消对总统连任次数的限制，并将总统候选人的年龄提到了 75 周岁。摩洛哥 1962 年宪法第 19 条确认了国王的地位是"信士的长官"和"国家的最高代表"，使之具有了政治和宗教方面的双重地位，加强了作为国家元首而拥有的近乎没有限制的行政权力。1970 年宪法给了国王几乎无限的权力，国王是整个国家系统中至高无上的统治者。② 摩洛哥 1972 年宪法规定：摩洛哥实行君主立宪制，国王既是国家元首，又是宗教领袖和武装部队的最高统帅。③ 根据 1996 年摩洛哥宪法修正案的有关规定，国王集宗教和政治双重身份于一身，他是全民族的最高代表和国家统一的象征，国王至高无上。摩洛哥 2011 年宪法规定，国王作为国家元首是国家统一的最高代表和象征，是国家长久与持续的保障人，是各机构的仲裁人，监督宪法的遵守、宪法机构的良好运转、公民与社团的民主选举、权利与自由的保护，以及国际条约得到遵守。国王根据宪法明确授予的权力通过诏令履行职责。国王在众议院议员选举中得票最多的政党中考虑各人的得票结果任免首相，主持由首相和部长组成的部长会议、最高安全委员会。

五　宪法不稳定和发展不平衡

北非阿拉伯国家政治发展的第五个特点是，宪法不稳定和发展不平衡。

---

① Michel Louis Martin, *Les Nouvelles Constitutions des Pays Francophones du Sud*, L'Hermes, 1998, pp. 93 – 105.

② 〔美〕苏珊·吉尔森·米勒：《摩洛哥史》，刘云译，东方出版中心，2015，第 203 页。

③ Michel Louis Martin, *Les Nouvelles Constitutions des Pays Francophones du Sud*, L'Hermes, 1998, pp. 59 – 73.

　　第一次世界大战之后，许多阿拉伯国家的政局就处在不稳定之中，政权更迭频繁，宗教势力纷争不断，许多政治势力纷纷站在了国家的舞台之上。尤其是 2010 年末爆发的"茉莉花革命"，更对阿拉伯国家本来就不稳定的政局形势增添了乱象。不同政权之间的变动，势必会导致宪法呈现不稳定的局面。这使得北非阿拉伯国家政权频繁更迭，宪法很不稳定。例如，埃及的宪法变动性就十分明显，1952年由于国王退位，1923 年宪法被《原则宣言》所取代；埃及共和国成立后，于 1956 年颁布了新宪法；后来因为埃叙的结盟，这部宪法很快就于 1958 年停止施行，而由同年颁布的《临时宪法》所取代；1961 年埃及与叙利亚的联盟破裂后，又于 1962 年和 1964 年分别颁布了两个《政治宣言》，但一直到 1971 年才颁布《永久宪法》；① 以后，又分别于 1980 年、2005 年、2007 年、2011 年对《永久宪法》进行了几次修改。

　　另外，北非阿拉伯国家的宪法发展很不平衡，有些国家的宪法经过多次修改后日益完善（例如埃及）；有些国家因为政治历史较短，其宪法无论在内容还是形式上，都还很不完善，尤其是利比亚自从1969 年"九一革命"后颁布《宪法性文件》以来一直没有颁布新宪法，只有某些发挥类似宪法功能的纲领性文件。例如《绿皮书》，卡扎菲认为"议会意味着人民的缺失，真正的民主应当通过每一个人的参与来实现，而不是通过他们的代表"。《绿皮书》是完全民主制度的宣言书，也是利比亚宪法的重要渊源，其宣称只有人民大会和人民代表委员会才能实现普遍的民主。随后，在《绿皮书》的思想基础上，卡扎菲于 1977 年发表《人民权力宣言》，宣称《古兰经》是利比亚的宪法。严格说来，1969 年宪法宣言、《绿皮书》和《人民权力宣言》并不构成现代意义上的宪法，因为它们可以被总人民大会

---

　　①　高鸿钧：《伊斯兰政治理论与实践》，《外国法译评》1995 年第 1 期。

通过的法律所替代，但它们的确发挥过类似宪法的功能。尤其是《绿皮书》在利比亚的社会中有着至高无上的统治地位。不过，2011年2月利比亚内战爆发以后，卡扎菲《绿皮书》的影响力在渐渐消退，卡扎菲下台后，《绿皮书》也就自然丧失了其原有功能。

阿尔及利亚独立以来共颁布过三部宪法。现行宪法于 1989 年 2 月颁布，于 1996 年 11 月经全民公投修订。1996 年新宪法将许多权力赋予了总统，重新创立了国家民众大会和国家委员会，称为上下议院。2008 年 11 月，阿尔及利亚议会通过宪法修正案，取消对总统连任次数的限制。2016 年 2 月，阿尔及利亚通过宪法修正案，规定总统只能连任一次。

苏丹 1973 年 4 月实行首部宪法，1985 年 4 月废止，同年 10 月颁布过渡宪法，1989 年 6 月 30 日废止。1998 年 6 月 30 日，苏丹颁布并实行新宪法。2002 年 4 月，对宪法进行修改，取消总统任期两届的规定，可连选连任。2005 年 7 月，巴希尔总统签署了成立苏丹民族团结政府的过渡期宪法。南苏丹独立建国后，过渡期宪法已不再适用，2015 年和 2016 年又对宪法进行了修改。

2011 年 7 月 9 日南苏丹独立当日，原南方自治政府主席基尔签署南苏丹过渡期宪法，宣誓就任南苏丹共和国首任总统。过渡期宪法共 16 部分 201 条，分为总章、公民基本权利、国家经济发展战略、国家机构、军队、州及地方政府和土地所有制与自然资源管理等内容。[①] 2015 年 8 月，南苏丹冲突各方签署《解决南苏丹冲突协议》，根据协议成立国家修宪委员会，将协议内容纳入宪法，目前尚未完成修宪。

摩洛哥独立以来曾颁布 1961 年、1962 年、1970 年、1972 年、1992 年和 2011 年六部宪法，另有多次修宪活动，现行宪法于 2011

---

① 南苏丹概况，https：//www.fmprc.gov.cn/web/gjhdq_ 676201/gj_ 676203/fz_ 677316/nsd _ 678308/nsdgg_ 678310/，最后访问时间：2017 年 12 月 29 日。

年 7 月 1 日经公投通过。1962 年出台的宪法不是由代议机构起草的，而是由国王任命的人制定的，这部宪法经全民公投，获得 85% 的赞成票而通过。1970 年由于受政变和紧急状态的影响，国王立即颁布了新宪法。1972 年由于国王孤立无助，军队声誉扫地，政党乱了阵脚，危机进一步加深，国王哈桑二世颁布了新宪法。1996 年对 1992 年宪法进行了修正，创立了两院制立法机构，下院议员由选民选举产生，上院议员由地区议会和专业组织间接选举。自 2011 年 2 月 20 日起，由于国际局势动荡不安，摩洛哥民众展开示威游行活动，穆罕默德六世国王宣布起草新宪法，进行全面的宪政改革。

综上所述，无论是北非阿拉伯国家的宪法变迁还是政治发展，都独具特色。影响北非阿拉伯国家宪法变迁的因素主要有：经济因素、政治因素和思想文化因素。"宪法修改"和"全面革新宪法"是北非阿拉伯国家宪法变迁的两种主要方式。北非阿拉伯国家宪法变迁的内容主要是指民主制度、人权制度以及权力制衡制度的变迁，既包括无形变迁也包括有形变迁。北非阿拉伯国家政治的最重要的特性是伊斯兰属性。北非阿拉伯国家政治发展的特点突出表现在五个方面：强调阿拉伯属性和伊斯兰教的崇高地位；受西方宪法特别是原宗主国宪法的影响深远；大多借鉴了苏联社会主义宪法；过分强调国家最高领导人的权力；宪法不稳定和发展不平衡。

第六章
北非阿拉伯国家宪法变迁与政治
发展的前瞻和启示

　　如前所述，从 20 世纪 80 年代末、90 年代初以来，北非阿拉伯国家宪法与政治的转型是朝着以"多党民主制"为核心的西方模式发展的。但是，由于条件不成熟，北非阿拉伯国家为此付出了很大的代价。可以预见，北非阿拉伯国家宪法变迁与政治发展的方向仍然是"多党民主制"，但会越来越具北非特色。北非阿拉伯国家的宪法变迁与政治发展，对发展中国家特别是社会主义国家和其他阿拉伯国家具有重大的启示意义。[①]

第一节　北非阿拉伯国家宪法变迁与
政治发展的规律与趋势

　　自独立以来，北非阿拉伯国家的宪法变迁与政治发展经历了三个时期。在不同的时期，北非阿拉伯国家的宪法变迁与政治发展都有不

[①] 贺鉴：《北非阿拉伯国家宪法变迁与政治发展及其启示》，《当代世界与社会主义》2014 年第 1 期。

同的内容和特点，具体到每个国家，情况也不尽相同。但是，我们还是可以从北非阿拉伯国家宪法变迁与政治发展的历程中，发现其发展规律和趋势。①

一　北非阿拉伯国家宪法变迁的规律与趋势

北非阿拉伯国家的宪法变迁是随着北非阿拉伯国家经济社会的发展而变迁的，其趋势是朝着复合宪法模式发展。

（一）北非阿拉伯国家宪法变迁的规律

宪法是建立在一定经济社会基础上的上层建筑，它必将随着经济社会的发展而变迁。宪法制定者亦是普通人，能力有限，而社会又是日新月异、发展迅速的，因而宪法的制定总会滞后于社会现实的变化，世易时移，变迁宪法规定使其符合社会现实必不可少。② 宪法虽应保持稳定性，但并非一成不变，应因时而变。正如庞德所言："法律必须稳定，但又不能静止不变。"③

北非阿拉伯国家宪法变迁的规律，可用一句话来概括：北非阿拉伯国家的宪法变迁是随着北非阿拉伯国家经济社会的发展而变迁的。具体而言，在独立初期，北非阿拉伯国家宪法主要受原宗主国宪法的影响，也在一定程度上受苏联宪法影响；变革时期，北非阿拉伯国家宪法变迁主要受社会主义思潮、伊斯兰复兴运动以及军人政权的影响；转型时期，北非阿拉伯国家宪法变迁主要受西方大国特别是美国和法国宪法的影响。从宪法变迁的方式来看，北非阿拉伯国家宪法变迁既包括无形变迁也包括有形变迁。其中，最重要的方式是"宪法修改"和"全面革新宪法"两种，而"宪法惯例"的方式几乎没有

---

① 贺鉴：《北非阿拉伯国家宪法变迁与政治发展及其启示》，《当代世界与社会主义》2014 年第 1 期。

② 侯健：《宪法变迁模式与政治秩序的塑造》，《法律科学》2004 年第 4 期。

③ 〔美〕斯科·庞德：《法律史解释》，邓正来译，中国法制出版社，2002，第 2 页。

出现。从导致北非阿拉伯国家宪法变迁的因素来看，经济因素、政治因素和文化因素是最重要的因素。从北非阿拉伯国家宪法变迁的内容来看，主要包括民主制度、人权制度以及权力制衡制度的变迁。如前所述，在民主制度方面，北非阿拉伯国家宪法通过修改或变革逐步完善了代议制民主，并完成了从代议民主制到代议制民主、行政民主、社会民主并存的多重民主制转变。在人权制度方面，北非阿拉伯国家宪法通过修改或变革逐步完善了第一代人权和第二代人权的有关规定，第三代人权发展成为北非各个国家宪法的重要内容。在权力制衡制度方面，北非阿拉伯国家通过修改或变革宪法来完善国家层面的权力制衡机制，从一党制到多党制，分权制衡逐步发展，并向双重权力制衡机制方向发展。[①]

（二）北非阿拉伯国家宪法变迁的趋势

北非阿拉伯国家宪法变迁的总体趋势是，朝着复合宪法模式发展。

任何非洲国家独立后，一般都会颁布宪法，北非阿拉伯国家也是这样。但是，有宪法并不意味着建立起了一个政治制度和政治政权。根据莱温斯坦的观点，宪法可以分为规范性的宪法（normative constitution）、名义性的宪法（nominal constitution）和语义性的宪法（semantic constitution）。[②] 但学界达成共识，第二种性质的宪法和第三种性质的宪法难以称为政治体制，能称得上政治体制的唯有第一种性质的宪法。有学者认为，如果把宪法的生命过程划分为制定与实施两个阶段，我们便可以看到宪法的三重属性：政治属性、法律属

[①] 贺鉴：《北非阿拉伯国家的宪法变迁》，《湖南科技大学学报》（社会科学版）2011 年第 2 期。

[②] Karl Loewenstein, *Political Power and the Goventmental Process*, the University of Chicago Press, 1957, pp. 123 – 163.

性、社会/公民属性。也就是说，宪法首先是政治的宪法（political constitution）①，其次是法律的宪法（juridic constitution）②，最后是社会/公民的宪法（societal/civic）③。从政治宪法到法律宪法再到社会/公民宪法的发展过程，是一个从低到高、由弱到强的演化过程。④

北非阿拉伯国家独立后，在相当长时间里经常发生政治挫折，最直接的原因就是没有实现政治宪法意义上的政治。不仅是独立初期的北非阿拉伯国家，甚至当代的第三世界国家都面临这一问题——如何在利用和整合现有宪法资源的前提下，维持与增长政治能力。而目前北非阿拉伯国家的政治之所以较拉丁美洲等发展中国家更为稳定，主要是因为北非阿拉伯各国通过一系列政治努力，促使宪法发展到了政治宪法的阶段。⑤ 然而，光有政治宪法是不够的，北非阿拉伯国家还必须拥有法律宪法，从而将宪法问题转变为日常政治问题，促使公民感同身受，身临其境，更好地理解宪法问题。只有这样，宪法体制才能找到一种合法性和惯例化的渠道。但是，即便是这样也还不够，要想真正实现政治，北非阿拉伯国家还应当拥有社会/公民宪法，因为社会/公民宪法是最有生命力的宪法形态。通过市民社会中的公民意识的增长，通过社会与国家的界限的界分，法律和宪法成了公民穿在身上的用来保护自己的外套。这种宪法已经融进了公民的生活当中。⑥

构建复合宪法模式，即政治宪法、法律宪法、社会/公民宪法复合模式，可以使北非阿拉伯国家培育出一种力量最为深厚、根基最为

---

① 这主要体现在立法过程中，它强调的是宪法目的及内容的政治性。
② 这主要体现在司法过程中，它强调宪法作为一种高级法的法律实施。
③ 这主要体现在执行过程中，它强调的是宪法与社会和公民的互动性。
④ 欧阳景根：《政治挫折研究》，吉林人民出版社，2007，第 195～196 页。
⑤ Nathan J. Brown, *Coastitutions in a Non-constitutional World: Arab Basic Laws and the Prospects for Accountable Government*, State University of New York Press, 2002.
⑥ 欧阳景根：《政治挫折研究》，吉林人民出版社，2007，第 204 页。

扎实的政治能力。这是北非阿拉伯国家摆脱政治动荡的局面、实现政治发展最为现实的途径。因此，可以预见，北非阿拉伯国家宪法变迁的总体趋势是朝着复合宪法模式发展。①

二 北非阿拉伯国家政治发展的规律与趋势

尽管每个北非阿拉伯国家的政治发展都有其自身的特点，但从其发展历程来看，还是有一定的共同发展规律和趋势的。

（一）北非阿拉伯国家政治发展的规律

自从独立以来，半个多世纪里，非洲国家的政治体制纷繁复杂。按照政体划分，既有总统共和制和议会民主制，亦有君主立宪制和帝制；按照权力主体性质划分，既有文官统治，也有军人政权；按照政党体制划分，既有一党制，也有多党制及无党制；按照意识形态属性划分，既有阿拉伯社会主义，也有资本主义；按照统治方式划分，既有动员型和调和型，又有强制型或参与型；等等。② 北非阿拉伯国家的政治发展情况也是如此。

从总体上来看，北非阿拉伯国家的政治发展还是有一些规律的。北非阿拉伯国家的政治发展大都经历了由民主政体向集权政体，再由集权政体向民主政体的转变。就一种政治体制存续的时间跨度而言，集权政体是北非阿拉伯国家普遍实行并且是持续时间最长的。独立初期，由于受西方国家非殖民化政治安排惯性的影响，北非阿拉伯国家大多实行以殖民宗主国政体模式为蓝本的、以多党制为主要特征的民主政体。变革时期，即从 20 世纪 60 年代中期至 80 年代末，北非阿拉伯国家的政治发展主要受社会主义思潮、伊斯兰复兴运动以及军人

---

① 贺鉴：《北非阿拉伯国家的宪法变迁》，《湖南科技大学学报》（社会科学版）2011 年第 2 期。

② 贺鉴：《北非阿拉伯国家宪法变迁与政治发展及其启示》，《当代世界与社会主义》2014 年第 1 期。

政权的影响。这个时期，北非阿拉伯国家政治发展的共同之处在于，无论其实行何种政体，无论其信奉何种意识形态，也无论其选择何种发展道路，无论其设置何种政党制度，无论是文官掌权还是军人统治，北非阿拉伯国家几乎都是实行中央集权。转型时期，即冷战结束以来，北非阿拉伯国家的政治主要是朝着"多党民主制"方向发展，但日益注重与本土资源结合。[1]

（二）北非阿拉伯国家政治发展的趋势

北非阿拉伯国家政治发展的总体趋势是，走向北非伊斯兰特色的自由民主政治。具体主要包括两个方面：自由民主政治、北非伊斯兰特色。这两个方面在未来北非阿拉伯国家政治发展中是有机统一的。正如路易斯·亨金教授的得意门生纳伊姆教授[2]所言：美国与伊斯兰立宪主义拥有积极互动的前景。[3]

1. 自由民主政治

在西方宪法发展史上，有两种典型的政治主义，即民主政治主义与自由政治主义，欧陆宪法和英美宪法各执一端。前者建立在民主政治主义的基础上，以人民主权为价值支柱。后者建立在自由政治主义的基础上，以基本人权为价值支柱。北非阿拉伯国家政治发展主要受这两种政治主义的影响。[4]

产生于法国大革命、深受人民主权理论影响的民主政治主义以民主为政治之基石，认定宪法是人民意志的体现。可想而知，民主保障

① 贺鉴：《北非阿拉伯国家宪法变迁与政治发展及其启示》，《当代世界与社会主义》2014 年第 1 期。

② 1981~1982 年，纳伊姆博士在路易斯·亨金教授的指导下在哥伦比亚大学人权中心做博士后研究。参见 Kenneth W. Thompson, *The U. S. Constitution and Constitutionalism in Africa*, University Press of America, 1990, p. 55。

③ Kenneth W. Thompson, *The U. S. Constitution and Constitutionalism in Africa*, University Press of America, 1990, p. 76.

④ 贺鉴：《北非阿拉伯国家宪法变迁与政治发展及其启示》，《当代世界与社会主义》2014 年第 1 期。

自然成为宪法制定的更根本的目的。它曾经为巩固近代资产阶级革命的胜利发挥了重要作用，但现在显然已落后于时代发展的脚步。因为事实证明，民主显然不是宪法的终极价值或者唯一价值。[①] 源于英国政治传统的自由主义政治，强调民主与政治并非永远和谐一致，个人权利与自由虽然是自由主义政治的基本价值追求，它们之间也存在亘古不变的张力，个人权利与自由是对多数决定的民主权利的先定约束。这种政治主义也曾经适应过当时的时代背景，对西方资产阶级个人权利与自由的保护发挥过重要作用，但现在看来也已滞后。当代各国政治实践的一个明显的变化就是：不再一味强调政府是消极的，而政治理论不仅关注"个体权利"的保护，还关注"整体权利"的保护；宪法同样规定公民权利的边界，权力到权利皆有限制；追求"保护公民权利与维护国家权力良性运行的统一"。也就是说，限权只是政治政体必不可少的一部分，并非所有，它还必须能够发挥主观能动性，合理利用权力，制定政策，提高公民的福利。当今政治发展的趋势是，结合上述两种政治主义的优点，建构自由民主政治。这当然也应该是北非阿拉伯国家政治发展的方向。[②]

2. 北非伊斯兰特色

所谓"北非伊斯兰特色"，是指北非阿拉伯国家政治发展具有明显的北非阿拉伯色彩。妥善处理西方自由民主政治与北非伊斯兰政治主义的关系，建立北非特色的自由民主政治是北非阿拉伯国家政治发展的前进方向。

政治既具有普遍价值，也具有特殊价值，任何一种政治建设都是

---

① 贺鉴：《北非阿拉伯国家宪法变迁与政治发展及其启示》，《当代世界与社会主义》2014 年第 1 期。

② 贺鉴：《北非阿拉伯国家宪法变迁与政治发展及其启示》，《当代世界与社会主义》2014 年第 1 期。

在特定社会与制度环境中进行的。① 因此，在政治发展过程中，不同国家的不同国情催生了各自不同的政治发展模式和特色。正如非洲独立运动革命导师、坦桑尼亚领导人尼雷尔所言："我们拒绝采纳其他国家的制度，即便这种制度在那些国家起到了很好的作用，因为是我们的条件决定了必须由我们的制度来为它服务。我们拒绝把我们推入政治制度的枷锁当中——即使这一制度是我们自己制定出来的。"② 对于第三世界国家而言，要想实现政治发展，必须解决好发展政治的问题就是如何在特殊国情与建设有自己特色的政治制度之间找到一个平衡。③ 政治主义虽源于基督教传统，但不必然囿于基督教传统，并且政治主义也并非完全由基督教塑造的。所以，即使没有基督教的传统，只要政治意识与政治精神得以提高，它同样可以在伊斯兰教传统的社会中生根发芽并茁壮成长。也就是说，在北非伊斯兰文化传统中，也能建立有效运行的政治制度。即便是强调宗教和文明冲突论的美国学者亨廷顿也认为，在伊斯兰教的文化传统中也包含政治民主的要素，因而它与政治民主的精神还是有一定的相容性的。④ 诚然，在北非阿拉伯国家的宪法变迁和政治发展历程中曾经在不同的时期借鉴过许多外域宪法与政治，冷战后尤其受西方自由民主制度的影响，但是如果认为伊斯兰各国正在推动其法律向着全盘"西方化"方向发展，无疑是错误的。⑤

综上所述，对于北非阿拉伯国家来说，政治发展的理性选择应该

---

① 贺鉴：《北非阿拉伯国家宪法变迁与政治发展及其启示》，《当代世界与社会主义》2014 年第 1 期。

② Douglas Greenberg and Stanley N. Katz eds. , *Constitutionalism and Democracy*：*Transitions in the Contemporary World*，Oxford University Press，1993，p. 68.

③ 欧阳景根：《第三世界国家政治比较研究中的几个问题》，《晋阳学刊》2004 年第 5 期。

④ 亨廷顿：《第三波：20 世纪晚期民主化浪潮》，刘军宁译，上海三联书店，1998，第 362 ~ 378 页。

⑤ Konrad Zweigert and Hein Kotz，*Introduction to Comparative law*，Oxford University Press，1987，p. 630.

是，在借鉴当今世界各国先进的政治理论与实践的基础上，有机结合本土资源，具体问题具体分析，构建符合本国国情而又符合时代发展的政治发展模式——北非伊斯兰特色的自由民主政治。

第二节 北非阿拉伯国家宪法变迁与政治发展的启示

北非阿拉伯国家都是发展中国家，都是阿拉伯世界的重要组成部分。其中，埃及、阿尔及利亚、利比亚、突尼斯、苏丹曾宣称奉行社会主义，埃及、阿尔及利亚、利比亚、突尼斯还颁布了社会主义宪法，开启了社会主义政治发展历程。尽管北非阿拉伯国家的社会主义政治尝试既不同于其他类型的非洲社会主义，也不同于苏联模式的社会主义，与中国特色社会主义更是有重大区别，但是北非阿拉伯国家宪法变迁与政治发展的经验教训对广大发展中国家，特别是阿拉伯国家和社会主义国家还是有一定启示作用的。[①]

一 北非阿拉伯国家宪法变迁的启示

北非阿拉伯国家宪法变迁对广大发展中国家的启示，主要表现在以下三个方面：要选择合适的宪法变迁路径；要建构综合性宪法变迁模式；要重视军人政权对宪法变迁的影响。[②]

（一）要选择合适的宪法变迁路径

在西方宪法史上，西方国家宪法变迁有两种比较典型的路径：激进式的建构理性主义、渐进式的进化理性主义。英国和美国的宪法变

[①] 贺鉴：《北非阿拉伯国家宪法变迁与政治发展及其启示》，《当代世界与社会主义》2014 年第 1 期。

[②] 贺鉴：《北非阿拉伯国家宪法变迁与政治发展及其启示》，《当代世界与社会主义》2014 年第 1 期。

迁主要是选择了渐进式的进化理性主义，而法国和德国的宪法变迁则选择了激进式的建构理性主义。① 进化理性主义植根于普通法的思想传统，而英、美两国的宪法则建立在自由主义的基础上，走经验主义的变迁之路，主要通过不同时期的宪法惯例、宪法判例等形式表现出来。这就避免了激进与革命的社会转型，创造了富有经验主义特色的政治模式。法、德宪法以英、美宪法为模本和参照系，采用唯理主义的变迁方式，主要通过成文宪法典的条文形式表现出来。② 建构理性主义忽视传统习惯和经验事实在一国宪法和政治建构中的重要作用，认为人们可以通过理性思维和逻辑论证等方式创造出一部体现自由民主精神的宪法并赋予实施和实现。由于过分强调社会精英的作用，该理论易滑到英雄主义历史观的边缘。③ 建构理性主义路径导致了法国宪法的频繁变动和政权体制的频繁更迭。

受西方宪法变迁的影响，北非阿拉伯国家宪法变迁中，上述两种宪法变迁路径都被实践过。但北非阿拉伯国家宪法变迁的经验教训告诉我们，发展中国家未来宪法变迁路径的理性选择是：以进化理性主义为理论支撑，稳中求变，稳中求进，积累经验，并通过宪法修正案、宪法解释、宪法判例、宪法条文的法律化及具体化和宪法教育等方式得以实施和实现。④

（二）要建构综合性宪法变迁模式

如前所述，笔者赞同秦前红先生有关宪法变迁的观点，认为宪法变迁的方式包括：立法、宪法修改、宪法解释、宪法惯例、全面革新

---

① 贺鉴：《北非阿拉伯国家宪法变迁与政治发展及其启示》，《当代世界与社会主义》2014 年第 1 期。

② 贺鉴：《北非阿拉伯国家宪法变迁与政治发展及其启示》，《当代世界与社会主义》2014 年第 1 期。

③ 汪进元等：《从西方宪法变迁理路看中国宪法变迁的路径选择》，《湖北社会科学》2008 年第 8 期。

④ 汪进元等：《从西方宪法变迁理路看中国宪法变迁的路径选择》，《湖北社会科学》2008 年第 8 期。

宪法、宪法文字的自然变更六种方式。在北非阿拉伯国家宪法变迁的实践中，最重要的方式只有"宪法修改"和"全面革新宪法"两种，而"宪法惯例"的方式几乎没有出现。① 其实，上述六种宪法变迁方式各有利弊。单靠任何一种或两种宪法变迁方式，都不能处理好宪法变迁过程中的宪法的权威性、稳定性和适应性之间的关系，可能单一的方式在满足适应性的同时，却损害了稳定性，或者单一的某种方式在考虑稳定性的同时，却损害了适应性。② 只有兼收并蓄，多种方式协调运作才能扬长补短。例如，如果仅依靠宪法修改或者宪法解释，就不能兼顾民主和法治的要求，更遑论政治目的的最终达成。如果依靠宪法修改和宪法解释，而不重视宪法惯例的作用，同样不利于政治秩序的形成。③ 良好政治秩序的塑造不能仅仅依靠一种变迁方式，而需要六种方式相互补足。因此，有必要将六种宪法变迁方式有机结合，建构综合性宪法变迁模式。④

（三）要重视军人政权对宪法变迁的影响

外部军事干预被广泛认为是北非阿拉伯国家宪法变迁的最大根源之一。北非阿拉伯国家的一些国家元首虽然拥有最高军事权，但如果军中有其他人掌权，对现有国家元首不满，就可能会出现颠覆现有国家政权、重新制定新宪法的现象。这种军人政权的行为直接导致了北非阿拉伯国家政权更迭频繁，战争频发，民众饱受战争之苦。

为此，在对军队进行管理的过程中，一是要注重军队内部的自我

---

① 贺鉴：《北非阿拉伯国家宪法变迁与政治发展及其启示》，《当代世界与社会主义》2014 年第 1 期。

② 贺鉴：《北非阿拉伯国家宪法变迁与政治发展及其启示》，《当代世界与社会主义》2014 年第 1 期。

③ 侯健：《宪法变迁模式与政治秩序的塑造》，《法律科学》2004 年第 4 期。

④ 贺鉴：《北非阿拉伯国家宪法变迁与政治发展及其启示》，《当代世界与社会主义》2014 年第 1 期。

整合，将具有对立倾向的不同武装力量整合成一支统一指挥的军队。对军事派别主义进行清理，做到奖惩分明。二是要实现军队与政治的相互分离，必须严格遵守军人不得干政的原则。三是要实现政党对军队的正确领导，将军队的领导权牢牢把握在执政党手中，实现党管军队，从严治军。四是军队要成为宪法的守护者，对待破坏宪法而发生的暴乱要勇于制止，及时维护国家政权的稳定，做好国家的军队这一角色。

二　北非阿拉伯国家政治发展的启示

北非阿拉伯国家政治发展对广大发展中国家的启示主要表现在以下几个方面。

（一）要正确处理宪法移植与本土化的问题

一般而言，"法律移植"① 与 "本土资源"② 之间总会存在这样和那样的矛盾，很难真正 "水乳交融"。假如移植进来的外国法律水土不服，未能和 "本土资源" 相融合，那么，这种外来法律就会夭折。③ 这一问题同样也摆在北非阿拉伯国家的政治发展面前。尽管它们在移植苏联和原宗主国宪法时，也在一定程度上结合了部分国情，但还不够，外国宪法移植和本国国情的矛盾依然存在。例如，北非阿拉伯社会主义国家之所以移植苏联宪法，主要是被苏联和中国等社会主义国家迅速发展的经济状况所吸引，其初衷是实现本国经济的快速发展。④ 然而，在实际的过程中，北非阿拉伯社会主义国家更多地

---

① 法律移植，是指一个国家或地区，将其他国家或地区的法律（或体系，或内容，或形式，或理论）吸纳到自己的法律体系之中，并予以贯彻实施的活动。何勤华主编《法的移植与法的本土化》，法律出版社，2001，第 537 页。

② 法律上的 "本土资源"，主要是指在本国土生土长的法律、习惯。

③ 贺鉴：《北非阿拉伯国家宪法变迁与政治发展及其启示》，《当代世界与社会主义》2014 年第 1 期。

④ 贺鉴：《北非国家社会主义宪法述评》，《当代世界与社会主义》2010 年第 4 期。

移植了社会主义国家有关经济方面的内容，大力实行国有化、计划经济和农业合作化，而忽视了本国经济落后，资本主义不发达，工人阶级力量弱小甚至处于前资本主义社会的现状，最终带来的是经济倒退而非突飞猛进。更为遗憾的是，北非阿拉伯社会主义国家非但没有系统地借鉴苏联宪法，反而断章取义，有的国家的宪法甚至牺牲公民基本权利去发展经济。

一个国家的国有化的程度以及推行国有化的速度应该与本国生产力发展水平相适应，如果超过了本国的生产力发展水平去搞国有化改革，不仅会欲速则不达，还会直接损害国家经济根基。① 而北非阿拉伯国家则对上述生产力发展规律置若罔闻，并且认为实现了国有化就实现了社会主义。所以，这最终导致了北非阿拉伯各国盲目过度地推行国有化、计划化和农业集体化。北非阿拉伯国家社会主义宪法的相关条款充分证明了这一点。由此可见，妥善处理宪法移植与本土资源的关系，既不能过分强调宪法移植，也不要过分强调本土资源，把握好宪法移植和本土资源之间的度，实现外域宪法的本土化，对于本国政治发展尤为重要。②

北非阿拉伯国家政治发展的历史告诉我们：无论是宪法还是政治的建构都要立足本土资源，通过渐进式的方式引进外域先进制度，根据本国国情，去粗取精，批判地吸收，最终实现外域制度与本国国情的真正融合，只有这样才能有效推动政治健康发展。正确处理宪法移植与本土化的问题，必须注重宪法移植的实际效果。首先，要考虑移植的必要性。如若本土法治资源足以支撑本国宪法和政治建构，本土法治资源能够实现供给平衡，就没有必要盲目地移植外域政治经济制度。③ 除此，确有必要，本土法治资源供给不足，方可外求。其次，

---

① 贺鉴：《北非国家社会主义宪法述评》，《当代世界与社会主义》2010 年第 4 期。
② 贺鉴：《北非国家社会主义宪法述评》，《当代世界与社会主义》2010 年第 4 期。
③ 贺鉴：《北非国家社会主义宪法述评》，《当代世界与社会主义》2010 年第 4 期。

必须注意法律移植的优选性，即选择内容合理、形式科学，并与本国国情最为匹配的法律制度进行移植。再次，必须注意法律移植的扬弃性。外国的月亮也有阴晴圆缺，外国的法律制度并非十全十美，我们应该结合本国国情，仔细审视外国法律制度的优劣，既要借鉴更要扬弃，应取其精华，去其糟粕。正如邓小平提醒非洲朋友所说："我们特别希望你们注意中国不成功的经验。外国的经验可以借鉴，但是绝对不能照搬。"

（二）要建立有效的监督机制

宪法的精义在于实施。[1] 为了保障宪法的实施，多数国家在宪法中对宪法自身的监督实施加以明确规定，但北非阿拉伯国家的宪法在相当长时间里没有相关规定。这主要是受苏联的影响。根据苏联1936年宪法的有关规定，监督苏联宪法遵行情形的机关是最高国家权力机关及国家管理机关。除此之外，整部宪法再也找不到其他有关宪法监督执行的规定。虽然苏联宪法规定了苏联宪法的监督机关，但其宪法监督机关有两者，苏联宪法并未进一步说明这两者的关系，尤其是两者的地位，一旦两者就同一问题产生争议，就会无法调节。作为监督对象的国家管理机关和最高权力机关成为监督者，"监守自盗"难以避免。因此，苏联1936年宪法有关宪法监督的规定实为"一纸空文"，无法具体实施。移植苏联宪法的非洲社会主义国家自然存在相似问题。北非阿拉伯社会主义国家的领导人多为民族独立时期的革命先驱，在革命时期已树立了崇高的个人地位，其领导的政党又取得了独立后国家的执政党地位，而领导人多为该执政党的党首，缺乏有效监督机制的社会主义宪法往往为领导人和政党所左右，宪法往往成为"一家"甚至"一人"之宪法，领导人和执政党的更替往往导致宪法的变革，一党制更是加剧了这一问题。有时宪法为领

---

[1]　胡肖华：《走出违宪审查的迷思》，《湘潭大学学报》（社会科学版）2009年第4期。

导人的讲话发言、执政党政策所取而代之。再加上北非阿拉伯国家政局动荡，政变频繁，如果缺乏完备的宪法监督机制，更容易为执政党和领导人破坏宪法实行专制提供可乘之机，宪法更是难以得到有效实施。

一部完备科学的宪法，必须由法定的机关充分结合本国的具体国情，特别是经济社会发展水平，按照规定的程序制定。而有效的监督机制，应该是一部良宪的重要内容。再好的制度和规则，如果得不到遵守和执行，那就变得毫无意义和价值。[①] 因此，要想真正实现政治发展，必须建立有效的监督机制，尤其是加强对执政党和国家最高领导人的监督。

（三）要重视互联网新媒体对政治发展的影响

在北非阿拉伯国家政治发展过程中，因特网、卫星电视等最新通信手段起了重要作用。信息时代的发展，要求对待政治更加谨慎，在保障公民言论自由的基础上，更要注重言论的可控性。

互联网在国家的政治生活中发挥着越来越重要的作用，日益成为公民政治参与的重要渠道。一方面，互联网是一种信息传播成本最低、速度最快的通信传播媒介，加之其采用的"多对多"的交流模式，能够更好地反映民意，实现有效的官民互动。另一方面，互联网也是民众实施政治监督的主要手段。网络舆论正以前所未有的广度和深度影响着国家、社会，凭借其强大的信息传播能力，充当着社会预警的监测灯、社会矛盾的调节器和社会舆论的添加剂。但这也为各种虚假言论、仇恨言论、种族歧视言论提供了温床，给政府权威、社会稳定带来了诸多不利影响。网民的有限理性，极易导致群体极化，诱发大规模的群体性事件，危害国家安全和政治稳定。而外部势力通过互联网新媒介的渗透，借此传播其价值观和意识形态，甚至透过互联

---

① 李伯超、厉亮亮：《民生纾困与宪政改良》，《湘潭大学学报》（社会科学版）2008 年第 1 期。

网新媒介诱发"革命",正变得更为普遍。因此,如何在实行互联网管制的同时,迸发互联网的政治民主价值,正在成为信息化背景下执政者的新课题和新挑战。

(四)要加强执政党的自身建设

北非阿拉伯国家政治发生重大变动的一个重要原因便是政党自身建设和政党活动出现了一些问题。例如,埃及穆巴拉克的民族民主党执政连续长达33年,但由于政党专制保守,缺乏民主,内部出现了一些分歧,最终导致政党瓦解。政党作为维系国家统一的核心力量,在政治发展中发挥着重要的作用。首先,政党应当在宪法法律的范围内活动。宪法是国家的根本法,具有最高的法律地位,因此,任何组织或者个人,都不得拥有法外特权,即使是执政党,也必须在宪法内办事,更不能随意修宪或者废止宪法。其次,加强党内民主建设,实现民主与集中的协调统一。健全党内的代表大会制度,保障党内的所有党员都能够参加到党内的重大事务讨论之中,对重大决策都可以发表自己的看法和建议。对于党内领导干部的竞选,要发挥民主的优势,只要符合任职条件的党员都可参与到竞选活动中,按照多数表决的方式确定领导干部的人选。再次,运用信息媒体的手段,加强与党员、人民群众的联系。协调处理好和大众媒体的关系,运用网络自媒体把党内活动及时地传送给各党员及人民群众,方便人民群众知晓。建立全国联网的党员信息管理系统,随时掌握党员个人动态。党员也可以利用平台对党的重大问题和文件发表自己的意见和建议。加强对媒体的管控,实现言论自由和政治建设相统一。最后,大力进行反腐倡廉建设。国家成立统一的监察部门,将党员各项活动的监察监督纳入宪法法律的框架之内。对待贪污腐败"零容忍",对党员的违纪行为加以处罚,违法的行为更应严格追究,从而加强惩治力度,使其不敢腐、不能腐、不想腐。

（五）要大力培养本国特色的宪法文化

独立以后，北非阿拉伯国家的政治体制经过多次演变，无论是内容还是形式都多种多样。其宪法文化既有以苏联为代表的东方社会主义国家的特性，也深受西方国家尤其是其原宗主国宪法文化影响，同时在很大程度上保留了阿拉伯非洲的传统政治文化，形成了北非独特的伊斯兰宪法文化，主要表现为：阿拉伯属性、多变性、不成熟性和专制性。① 这一宪法文化的混合体并非宪政主义健康成长的沃土，这导致了北非阿拉伯国家权力制约和监督机制的缺失，使得北非阿拉伯国家的政治建设步履维艰。

没有良好的宪法文化，遵守宪法是难以实现的。广大发展中国家要想真正实现政治，必须大力培养本国特色的宪法文化。首先，广大发展中国家要考虑到本土固有的文化观念，千万不能忽视文化因素的影响。其次，发展中国家需要借鉴外域政治的先进理论和科学实践，立足本国国情，促使其与本土法治建设相融合，从而实现本国政治发展。为此，一方面要加强宣传教育，提高人民的法律意识，尤其是宪法意识，要树立"宪法从人民生活中来，到人民生活中去"的观念。② 另一方面，树立宪法在国家政治生活中的绝对权威，尤其是政党领域。因此，建立有限政府，坚持依法执政、民主执政和从严治党，也就成为广大发展中国家亟须解决的问题。

综上所述，北非阿拉伯国家宪法与宪法实践，是北非人民在非洲艰难的法治现代化征途中所做的大胆尝试和探索。虽然问题颇多，路途坎坷，例如北非社会主义宪法就没有得到很好的实施，但还是有一些可取之处的。例如，它在维护政治独立、争取经济独立、促进民族国家统一等方面，都取得了一定的成就。过去的宪法与政治实践使北

---

① 夏新华：《非洲法律文化专论》，中国社会科学出版社，2008，第 135～136 页。
② 欧爱民：《论市民宪法的品格》，《湖南科技大学学报》（社会科学版）2008 年第 2 期。

非人民重新审视自己的文化传统，尤其是对外域国家宪法移植——苏联和欧美国家宪法——所带来的经验教训，有助于促使北非阿拉伯国家在以后的政治发展道路上，立足本国国情，注重本土法治资源，批判吸收外国宪法，谨慎前行。这也给广大发展中国家探索本国特色的政治道路以重要启示。

结　论

　　从总体上来看，北非阿拉伯国家大多经历了从民主政体到集权政体，再由集权政体到民主政体的转变过程。在转变过程中，北非阿拉伯国家的宪法制度和政治发展也经历了很大的变动，修宪和立宪活动频繁引发了国家政治体制和政治结构的转型。初创时期，北非阿拉伯国家的宪法变迁与政治发展主要受西方国家（特别是原宗主国）和苏联的影响。社会主义思潮、伊斯兰复兴运动、军人政权都在不同程度上影响了北非阿拉伯国家的宪法变迁与政治发展，例如在制定社会主义宪法、重新确立伊斯兰法的地位、军事政变等方面。随着民主化浪潮和"茉莉花革命"的兴起，北非阿拉伯国家宪法变迁与政治的转型更加强调西方的民主化、多党政治和两院制，推动了违宪审查机构的建立。北非阿拉伯国家的宪法变迁与政治发展是随着各国经济社会的发展而变迁的。

　　北非阿拉伯国家大都有过社会主义的实践。就其本质而言，北非阿拉伯国家的社会主义道路坚持的是当代世界一种具有进步倾向的激进的民族主义。其主观上想选择一种既非共产主义又非资本主义的第三条道路，实际上却是在学习西方的过程中复兴民族主义，从而维护民族独立，发展民族经济。在"茉莉花革命"爆发后，北非阿拉伯国家更加强调伊斯兰教义与本国的实际情况相结合，放宽政党的设立，限制总统的权力，一定程度上扩大议会的权力，向着分权制衡的政治制度设计趋势发展。研究北非阿拉伯国家宪法变迁和政治发展，不可忽略的方面就是国家传统、威权主义、军人政权、伊斯兰教和民族问题的影响。近几年，埃及、突尼斯、利比亚所发生的政权更迭，无不体现了威权主义的弊端。纵观北非阿拉伯国家的政治发展，军人政权都在其中发挥着重要的作用，军人政权有时会主导国家的命运，影响宪法的立、改、废和政治制度的变革。摩洛哥长期实行君主立宪制政体，其中主要的原因便是国内效忠国王和宗教首领的宪法习惯。值得注意的是，近年来摩洛哥国王颁布了新宪法，对国王的权力进行了一定程度的限制，扩大了议会和首相的权力。南苏丹独立的重要原因就是国内多民族的矛盾难以协调，以及世俗化和伊斯兰教的冲突。

可以预见，随着网络新媒体的迅速发展、人权的觉醒、民主化水平的提高，以及执政党自身建设的加强，未来北非阿拉伯国家宪法变迁与政治发展的方向极有可能仍然是西方现代民主，但会越来越具有阿拉伯特色。北非阿拉伯国家政治发展的总体趋势是，走向北非伊斯兰特色的自由民主政治。北非阿拉伯国家的宪法变迁与政治发展对广大发展中国家，尤其是其他阿拉伯国家，具有重大的借鉴意义。信息时代的发展，要求在保障公民言论自由的基础上，对待政治更加谨慎，更要注重言论的可控性。执政党必须加强自身建设，大力推进民主进程，要特别重视反腐败机制的建设。要正确处理宪法移植与本土资源的关系，将国外政治发展经验与本国国情有机结合。总之，北非阿拉伯国家的宪法会随着经济社会的发展日益完善，北非阿拉伯国家最终都会找到一条既符合时代发展需要，也符合伊斯兰精神和本国具体国情的政治发展道路。

主要参考文献

一 中文参考文献

（一）著作

1. 〔英〕K. C. 惠尔：《现代宪法》，翟小波译，法律出版社，2006。

2. V. 鲁茨基：《英国与埃及》，陈山译，光华书店，1948。

3. 〔美〕巴林顿·摩尔：《民主与专制社会的起源》，拓夫等译，华夏出版社，1987。

4. 白钢、林广华：《政治通论》，社会科学文献出版社，2005。

5. 〔埃及〕布特罗斯·布特罗斯－加利：《世界化的民主化进程》，张晓明、许钧等译，南京大学出版社，2003。

6. 陈天社等：《当代埃及与大国关系》，世界知识出版社，2010。

7. 陈永鸿：《论政治与政治文明》，人民出版社，2006。

8. 〔德〕茨威格特、海因·克茨：《比较法总论》，潘汉典等译，贵州人民出版社，1992。

9. 〔英〕戴维·赫尔德：《民主的模式》，燕继荣等译，中央编译出版社，1998。

10. 〔美〕菲利普·C. 内勒：《世界历史文库·北非史》，韩志斌、郭子林、李铁译，中国大百科全书出版社，2013。

11. 韩大元：《外国宪法》，中国人民大学出版社，2005。

12. 韩大元：《宪法学基础理论》，中国政法大学出版社，2008。

13. 韩大元：《亚洲立宪主义研究》，中国人民公安大学出版社，1996。

14. 韩志斌等：《利比亚伊斯兰社会主义研究》，浙江人民出版社，2014。

15. 郝时远、朱伦：《世界民族：非洲》（第6卷），中国社会科学出版社，2013。

16. 何华辉、李龙：《市场经济与社会主义政治建设》，武汉大学出版社，1997。

17. 何勤华、洪永红编《非洲法律发达史》，法律出版社，2006。

18. 贺文萍：《非洲国家民主化进程研究》，时事出版社，2005。

19. 洪永红、夏新华：《非洲法导论》，湖南人民出版社，2000。

20. 黄慧：《阿尔及利亚柏柏尔主义研究》，社会科学文献出版社，2015。

21. 〔美〕霍华德·威压尔达主编《民主与民主化比较》，格远译，北京大学出版社，2004。

22. 〔苏丹〕加法尔·卡拉尔·艾哈迈德：《跨越二千年的苏丹中国关系探源求实》，史月译，时事出版社，2014。

23. 《简明大不列颠百科全书》（第8卷），中国大百科全书出版社，1986。

24. 姜恒昆：《达尔富尔危机：原因、进程及影响》，浙江人民出版社，2014。

25. 金宜久：《伊斯兰教史》，江苏人民出版社，2008。

26. 荆知仁：《宪法变迁与政治成长》，台北三民书局，1977。

27. 〔美〕卡尔·J. 弗里德里希：《超验正义——宪政的宗教之维》，周勇、王丽芝译，三联书店，1997。

28. 〔美〕凯斯·R. 孙斯坦：《设计民主：论宪法的作用》，金朝武、刘会春译，法律出版社，2006。

29. 〔美〕科恩：《论民主》，聂崇信、朱秀贤译，商务印书馆，1988。

30. 〔美〕肯尼斯·帕金斯：《突尼斯史》，东方出版中心，2015。

31. 〔美〕劳伦斯·迈耶等《比较政治学：变化世界中的国家和理论》，华夏出版社，2001，第 358 页。

32. 〔法〕勒内·达维德：《当代主要法律体系》，漆竹生译，上海译文出版社，1984。

33. 〔法〕勒内·罗迪埃：《比较法导论》，徐百康译，上海译文出版社，1989。

34. 雷珏、苏瑞林：《中东国家通史》（埃及卷），商务印书馆，2007。

35. 李步云：《人权法学》，高等教育出版社，2005。

36. 李龙：《西方宪法思想史》，高等教育出版社，2000。

37. 李龙：《宪法基础理论》，武汉大学出版社，1999。

38. 李绍先：《阿拉伯国家形势报告（2016）》，社会科学文献出版社，2017。

39. 李闻：《埃及》，世界知识社，1956。

40. 林纪东：《比较宪法》，台湾五南图书出版公司，1980。

41. 刘鸿武、姜恒昆：《列国志·苏丹》，社会科学文献出版社，2008。

42. 刘军宁：《共和·民主·政治》，三联书店，1996。

43. 刘中民：《当代中东伊斯兰复兴运动研究：政治发展与国际关系视角的审视》，香港社会科学出版社有限公司，2004。

44. 刘中民、朱威烈：《中东地区发展报告：转型与动荡的二元变奏》（2013 年卷），时事出版社，2014。

45. 陆庭恩、刘静：《非洲民族主义政党和政党制度》，华东师范大学出版社，1997。

46. 〔美〕路易斯·亨金、阿尔伯特·J. 罗森塔尔：《政治与权利》，郑戈、赵晓力、强世功译，三联书店，1996。

47. 〔美〕罗伯特·达尔：《论民主》，李柏光、林猛译，商务印书馆，1999。

48. 〔美〕罗伯特·达尔：《民主及其批评者》，曹海军、佟德志译，吉林人民出版社，2011。

49. 〔美〕罗伯特·达尔：《民主理论的前言》，顾昕、朱丹译，三联书店，1999。

50. 罗伯特·柯林斯：《世界历史文库·苏丹史》，徐宏峰译，中国大百科全书出版社，2010。

51. 〔美〕罗纳德·布鲁斯·圣约翰：《世界历史文库·利比亚史》，韩志斌译，东方出版中心，2015。

52. 〔美〕罗斯科·庞德：《法律史解释》，邓正来译，中国法制出版社，2002。

53. 《马恩列斯论法》，法律出版社，1986。

54. 马坚：《埃及共和国宪法1956》，法律出版社，1957。

55. 《马克思恩格斯选集》，人民出版社，1972。

56. 马克思：《资本论》（第3卷），人民出版社，1975。

57. 马起华：《宪法论》，台北黎明文化事业股份有限公司，1983。

58. 马晓霖：《阿拉伯巨变、西亚北非大动荡深度观察》，新华出版社，2012。

59. 〔英〕梅因：《古代法》，沈景一译，商务印书馆，1959。

60. 欧阳景根：《政治挫折研究》，吉林人民出版社，2007。

61. 潘蓓英：《列国志·利比亚》，社会科学文献出版社，2006。

62. 〔美〕乔·萨托利：《民主新论》，冯克利、阎克文译，东方出版社，1998。

63. 秦前红：《宪法变迁论》，武汉大学出版社，2002。

64. 〔美〕塞缪尔·亨廷顿：《变化社会中的政治秩序》，王冠华等译，三联书店，1989。

65. 〔美〕塞缪尔·亨廷顿：《第三波：20世纪后期民主化浪潮》，刘军宁译，上海三联书店，1998。

66. 〔美〕塞缪尔·亨廷顿：《文明的冲突与世界秩序的重建》，周琪等译，新华出版社，1999。

67. 上海社会科学院法学研究所编译室编译《各国政治制度和民商法要览》（非洲分册），法律出版社，1986。

68. 《世界各国宪法》编辑委员会：《世界各国宪法》（非洲卷），中国检察出版社，2012。

69. 〔美〕斯蒂芬·L. 埃尔金：《新政治论——为美好的社会设计政治制度》，三联书店，1997。

70. 〔美〕苏珊·吉尔森·米勒：《摩洛哥史》，刘云译，东方出版中心，2015。

71. 〔日〕穗积陈重：《法律进化论》，黄尊三译，中国政法大学出版社，1997。

72. 唐大盾等：《非洲社会主义：历史·理论·实践》，世界知识出版社，1988。

73. 唐大盾、徐济明、陈公元：《非洲社会主义新论》，教育科学出版社，1994。

74. 〔日〕田口富久治等：《当代世界政治体制》，联小曼译，光明日报出版社，1988。

75. 〔日〕通口洋一：《近代立宪主义与现代国家》，东京劲草书房，1989。

76. 涂龙德、周华：《伊斯兰激进组织》，时事出版社，2010。

77. 〔美〕托克维尔：《论美国的民主》，董果良译，商务印书馆，1997。

78. 王联：《中东政治与社会》，北京大学出版社，2009。

79. 王琼：《西亚非洲法制》，法律出版社，2013。

80. 王守田：《立宪主义的源流和发展》，知识产权出版社，2007。

81. 王泰：《埃及的政治发展与民主化进程研究（1952~2014）》，人民出版社，2014。

82. 王瑛：《阿拉伯国家概况》，经济管理出版社，2017。

83. 吴云贵：《伊斯兰教法概略》，中国社会科学出版社，1993。

84. 夏新华：《非洲法律文化专论》，中国社会科学出版社，2008。

85. "宪法比较研究"课题组：《宪法比较研究文集》（2），中国民主法制出版社，1993。

86. 肖克：《列国志·摩洛哥》，社会科学文献出版社，2008。

87. 徐济民、谈世中：《当代非洲政治变革》，经济科学出版社，1998。

88. 许崇德：《宪法与民主政治》，中国检察出版社，1994。

89. 亚里士多德：《政治学》，商务印书馆，1983。

90. 杨光斌：《比较政治学：理论与方法》，北京大学出版社，2016。

91. 杨海坤：《跨入新世纪的中国宪法学——中国宪法学研究现状与评价》，中国人事出版社，2001。

92. 杨灏城、许林根：《列国志·埃及》，社会科学文献出版社，2006。

93. 杨鲁萍、林庆春：《列国志·突尼斯》，社会科学文献出版社，2003。

94. 〔德〕耶林令克：《宪法的修改与宪法的变迁》，三联书店，1990。

95. 〔美〕约翰·邓恩：《民主的历程》，林猛等译，吉林人民出版社，1999。

96. 〔美〕约瑟夫·熊彼特：《资本主义、社会主义与民主》，吴良键译，商务印书馆，1999。

97. 岳非平：《埃及威权政治转型研究（1952～2014）》，广东世界图书出版有限公司，2016。

98. 张宏明：《多维视野中的非洲政治发展》，社会科学文献出版社，1999。

99. 张友渔：《政治论丛》（上册），群众出版社，1986。

100. 赵宝云：《西方五国宪法通论》，中国人民公安大学出版社，1994。

101. 赵国忠：《简明西亚北非百科全书》（中东），中国社会科学出版社，2000。

102. 赵慧杰：《列国志·阿尔及利亚》，社会科学文献出版社，2006。

103. 中国科学院法学研究所编《世界各国宪法汇编》，法律出版社，1964。

104. 中国伊斯兰百科全书编辑委员会：《中国伊斯兰百科全书》，四川辞书出版社，1994。

105. 邹文海：《比较宪法》，台北正中书局，1982。

（二）论文

1. 安高乐：《从两枝世界政治论看"阿拉伯之春"》，《国际论坛》2012年第5期。

2. 安惠侯：《突尼斯首位总统布尔吉巴评介》，《阿拉伯世界》2004年第6期。

3. 蔡继华：《突尼斯"新时代"到来》，《世界知识》1987年第23期。

4. 陈冬：《论宪法变迁与宪法解释》，《河南社会科学》2004年第5期。

5. 陈红太：《关于政治问题的若干思考》，《政治学研究》2004年第3期。

6. 陈静：《突尼斯妇女地位的变化》，《亚非纵横》2002年第2期。

7. 陈胜强：《论宪法变迁与中央政府变革的函变关系》，《电子科技大学学报》（社会科学版）2013年第4期。

8. 程燎原：《关于宪政的几个基本理论问题》，《现代法学》1999年第4期。

9. 丁峰、夏新华：《后穆巴拉克时代埃及的宪法变迁》，《西亚非洲》2015年第5期。

10. 董和平：《宪政问题研究》，《法学家》2008年第2期。

11. 杜钢建：《新政治主义与政治体制改革》，《浙江学刊》1993年第1期。

12. 高晋元：《试论战后非洲的民族独立战争》，《西亚非洲》1986年第5期。

13. 顾寅跃：《埃及宪法的发展及其修正案评述》，《和田师范专科学校学报》2011年第2期。

14. 关凯：《互联网与文化转型：重构社会变革的形态》，《中山大学学报》（社会科学版）2013年第3期。

15. 郭道晖：《论宪法演变与宪法修改》，《中国法学》1993年第1期。

16. 郭道晖：《权力的多元化与社会化》，《法学研究》2001年第1期。

17. 郭道晖：《政治简论》，《法学杂志》1993年第5期。

18. 郭道晖：《中国宪法与宪政的几个问题》，《环球法律评论》2012年第6期。

19. 哈全安：《埃及现代政党政治的演变》，《南开学报》2007年第4期。

20. 韩大元：《宪法变迁理论评析》，《法学评论》1997年第4期。

21. 韩永红：《从历史的角度看宪法变迁的互动与妥协》，《厦门特区党校学报》2008年第2期。

22. 何兰：《从西亚北非动荡看西方干涉主义新特点》，《思想理论教育导刊》2012年第8期。

23. 贺鉴、乔建平：《中国与埃及现行宪政法律制度比较》，《西亚非洲》2010 年第 6 期。

24. 贺文萍：《发展与挑战并存：2012 年非洲形势回顾》，《亚非纵横》2013 年第 1 期。

25. 贺文萍：《中东变局后北非国家民主转型的困境——基于马克思主义民主理论的分析视角》，《西亚非洲》2015 年第 4 期。

26. 洪永红、贺鉴：《伊斯兰法与中东伊斯兰国家法律现代化》，《阿拉伯世界》2002 年第 1 期。

27. 侯健：《宪法变迁模式与政治秩序的塑造》，《法律科学》2004 年第 4 期。

28. 胡肖华：《走出违宪审查的迷思》，《湘潭大学学报》（社会科学版）2009 年第 4 期。

29. 胡耀辉：《论法国启蒙思想对埃及现代化的影响》，《新西部》2009 年第 24 期。

30. 胡正昌：《宪法可诉性的法理审视》，《湖南科技大学学报》（社会科学版）2009 年第 2 期。

31. 姜明安：《政治文明与政治的辩证关系》，《团结》2003 年第 3 期。

32. 孔令涛：《埃及宪法的创设、沿革及修订》，《阿拉伯世界研究》2009 年第 5 期。

33. 李伯超、厉亮亮：《民生纾困与宪政改良》，《湘潭大学学报》（社科版）2008 年第 1 期。

34. 李伯超、邹琳：《共和国宪法变迁史研究中的几个重要问题》，《湘潭大学学报》（哲学社会科学版）2010 年第 2 期。

35. 李海平：《论当代西方国家的宪法变迁》，《当代法学》2006 年第 1 期。

36. 李海平：《论宪法变迁的立论基础及其界限》，《长白学刊》2005 年第 4 期。

37. 李竞强：《论突尼斯政治伊斯兰的历史演进和政治影响》，《国际论坛》2013 年第 4 期。

38. 李竞强：《突尼斯政党政治与民主化改革》，《中东问题研究》2015 年第 2 期。

39. 李静：《政治利益、政治冲突与政治发展关系研究》，《哈尔滨工业大学学报》（社会科学版）2017 年第 2 期。

40. 李军：《国外执政党自身建设面临的挑战及其应对》，《当代世界与社会主义》2010 年第 1 期。

41. 李晓波、吴家清：《德国和美国宪法变迁比较分析》，《学术研究》2017 年第 7 期。

42. 李勇：《肯尼亚宪法改革模式与埃及革命模式——非洲两国模式比较及启示》，《政法论丛》2012 年第 3 期。

43. 李忠夏：《作为社会整合的宪法解释：以宪法变迁为切入点》，《法制与社会发展》2013 年第 2 期。

44. 廉思：《世界范围内青年运动新趋势研究——对"茉莉花革命"、英国青年骚乱、美国"占领运动"的分析》，《中国青年研究》2013 年第 12 期。

45. 刘宁杨：《透析中东北非政局动荡的根源》，《理论界》2012 年第 8 期。

46. 马太平：《突尼斯建构和谐社会的做法》，《当代世界》2005 年第 6 期。

47. 毛志浩：《威权主义视野下的埃及民主转型分析》，《亚非纵横》2015 年第 2 期。

48. 孟庆顺：《1923～1952 年埃及的宪政试验》，《西亚非洲》1990 年第 4 期。

49. 牛跃、李春华：《关于宪政问题研究中应进一步深化的几个问题：基于当前学界研究状况的分析》，《思想理论教育导刊》2015 年第 6 期。

50. 欧爱民：《论市民宪法的品格》，《湖南科技大学学报》（社会科学版）2008 年第 2 期。

51. 朴英姬：《透视"茉莉花革命"》，《中国报道》2011 年第 2 期。

52. 秦前红：《论宪法变迁与市场经济发展的非对应性》，《法学评论》1996 年第 4 期。

53. 秦前红：《论宪法变迁》，《中国法学》2001 年第 2 期。

54. 秦前红、涂云新：《宪法修改的限制理论与模式选择——以中国近六十年宪法变迁为语境的检讨》，《四川大学学报》（哲学社会科学版）2012年第 6 期。

55. 秦天：《突尼斯"茉莉花革命"的前因后果》，《国际资料信息》2011年第 2 期。

56. 孙振欧：《突尼斯经济发展成就》，《西亚非洲》1980 年第 1 期。

57. 覃胜勇：《北非成长中的伊斯兰政党》，《南风窗》2012 年第 17 期。

58. 汪进元：《从西方宪法变迁理路看中国宪法变迁的路径选择》，《湖北社会科学》2008 年第 8 期。

59. 汪亭友：《全面推进依法治国必须坚持党的领导，拒斥西方"宪政"思潮》，《思想理论教育导刊》2016 年第 6 期。

60. 汪亭友：《西方"宪政民主"怎么了？——对"黑夜站立""民主之春"运动的分析》，《红旗文稿》2016 年第 13 期。

61. 王金岩：《突尼斯的和平缘何屡受"伊斯兰国"的挑战》，《当代世界》2015 年第 11 期。

62. 王锴：《德国宪法变迁理论的演进》，《环球法律评论》2015 年第 3 期。

63. 王锴：《宪法变迁：一个事实与规范之间的概念》，《北京航空航天大学学报》（社会科学版）2011 年第 3 期。

64. 王利平：《突尼斯稳步发展经济》，《国际资料信息》1999 年第 8 期。

65. 王林聪：《埃及政治转型的困境和出路》，《当代世界》2013 年第 1 期。

66. 王琼：《政治变革中新旧埃及宪法的比较分析》，《阿拉伯世界》2014 年第 1 期。

67. 王锁劳：《从"突尼斯榜样"到本·阿里下台》，《世界知识》2011 年第 6 期。

68. 王泰：《2011，埃及的政治继承与民主之变——从宪政改革到政治革命》，《国际政治研究》2011 年第 1 期。

69. 卫夏：《宪法的"无形修改"浅析》，《法学评论》1986 年第 4 期。

70. 魏潇萧：《从"茉莉花革命"透视突尼斯威权主义宪政的弊端》，《忻州师范学院学报》2017 年第 1 期。

71. 吴德显：《论政治的实质内容和形式意义》，《天津社会科学》1997 年第 1 期。

72. 吴家清、李晓波：《中国宪法变迁实现机制存在的问题及其完善》，《法学论坛》2016 年第 3 期。

73. 吴期扬：《非洲军队、军事政变与军政权》，《西亚非洲资料》1995 年第 2 期。

74. 吴思科：《复杂转型中的西亚北非局势及中阿关系走向》，《西北民族大学学报》（哲学社会科学版）2014 年第 1 期。

75. 夏新华、丁峰：《政治转型时期埃及的宪法危机及启示》，《湖南师范大学社会科学学报》2015 年第 3 期。

76. 夏新华：《论埃及混合法庭的历史地位》，《西亚非洲》2004 年第 2 期。

77. 夏新华：《论南非法制变革趋势》，《西亚非洲》2000 年第 1 期。

78. 夏新华：《美国宪政主义与 20 世纪非洲宪政的发展》，《法制与社会发展》2005 年第 1 期。

79. 谢庆奎：《政治体制与人民代表大会制度建设研究》，《新视野》2005 年第 1 期。

80. 许崇德：《社会主义政治的不平凡历程》，《中国法学》1994 年第 5 期。

81. 伊美娜：《2010~2011 年突尼斯变革：起因与现状》，《阿拉伯世界研究》2012 年第 2 期。

82. 伊美娜：《突尼斯妇女法律地位浅析》，《西亚非洲》2012 年第 4 期。

83. 易小明：《政治伊斯兰和世俗政党关系研究——以埃及穆斯林兄弟会为例》，《阿拉伯世界研究》2016 年第 3 期。

84. 殷罡：《埃及宪政发展及穆兄会的与时俱进》，《当代世界》2012 年第 10 期。

85. 余建华：《宪法公投对后穆巴拉克时代埃及社会政治的影响》，《阿拉伯世界研究》2013 年第 2 期。

86. 占美柏：《经济全球化与宪法变迁》，《江汉论坛》2004 年第 2 期。

87. 张帆：《试析"茉莉花革命"以来美国对突尼斯的援助》，《美国研究》

2016 年第 1 期。

88. 张怀印：《20 世纪 90 年代以来非洲宪政发展的趋势》，《理论与改革》 2009 年第 2 期。

89. 张怀印：《非洲宪政发展：内涵、特征及问题》，《西亚非洲》2008 年第 5 期。

90. 张怀印：《肯尼亚政治改革述评》，《西亚非洲》2007 年第 6 期。

91. 张怀印：《尼日利亚宪法述评》，《河北法学》2007 年第 9 期。

92. 张怀印、杨柳青：《当代非洲宪政制度改革探析》，《广西警官高等专科学校学报》2012 年第 5 期。

93. 张明军、陈朋：《中国特色社会主义政治发展的实践前提与创新逻辑》，《中国社会科学》2014 年第 5 期。

94. 张伟：《现代宪法的变迁与互动模式——读〈现代宪法〉》，《博览群书》 2007 第 12 期。

95. 张文显、信春鹰：《民主＋政治＝理想的政制：比较政治国际讨论会热点述评》，《比较法研究》1990 年第 1 期。

96. 赵大朋：《埃及民族民主党丢失政权的原因解读——基于政治发展的视角》，《中共天津市委党校学报》2014 年第 1 期。

97. 周琦、贺鉴：《非洲军人政权对国家宪法变迁与宪政发展的影响》，《求索》2010 年第 10 期。

98. 周意眠：《影响中东国家转型的内在因素》，《亚非纵横》2012 年第 4 期。

二 英文参考文献

1. Abadi, Jacob, *Tunisia since the Arab Conquest: The Saga of Westernized Muslim State*, Itahaca Press, 2013.

2. Abun-Nasr, Jamil M. , *A History of the Maghreb in the Islamic Period*, Cambridge University Press, 1987.

3. Alexander, Larry, *Constitutionalism Philosophical Foundations*, Cambridge University Press, 1998.

4. Amar, Vikram David, "Constitutional Change and Direct Democracy: Modern Challenges and Exciting Opportunities," *Arkansas Law Review*, Vol. 69, Issue 2 (2016).

5. Amin, S. H., *Middle East Legal Systems*, Koyston Limitted, 1985.

6. Anderson, Lisa, "Demystifying the Arab Spring: Parsing the Differences Between Tunisia, Egypt, and Libya," *Foreign Affairs*, Vol. 90, No. 3, May-June, 2011.

7. Award, Mokhtar, "Egypt: Challenges and Opportunities for U. S. Policy," Written Testimony Before the U. S. House of Representatives Foreign Affairs Committee Subcommittee on Middle East and North Africa, June 15, 2016.

8. Barak, Efraim, "Egyptian Intellectuals in the Shadow of British Occupation," *British Journal of Middle Eastern Studies*, 2008.

9. Bensahel, Nora and Daniel L. Byman. The Future Security Environment inthe Middle East: Conflict, *Stability, and Political Change*, Rand Corporation, 2004.

10. Bentwich, Norman, "The Constitution of Egypt," *Journal of Comparative Legislation and International Law*, 1924.

11. Blaydes, Lisa, *Elections and Distributive Politics in Mubarak's Egypt*, Cambridge University Press, 2013.

12. Bratton, Michael and Nicolas Van de Walle, *Democratic Experiments in Africa: Regime Transitions in Comparative Perspective*, Cambridge University Press, 1997.

13. Chestek, Pamela S., "Change Is Constant," *The Trademark Reporter*, Vol. 107, Issue 4 (July-August 2017).

14. Christopher, Alexander, "Anatomy of an Autocracy," *Foreign Policy*, January 14, 2011.

15. Country snapshot: *Political structure, Country Report. Egypt*, 2009.

16. David, Rene, *English Law and French Law*, Eastern Law House Private

Ltd. , 1980.

17. David, Rene & Johne. C. Brierley, *Major Legal Systems in the World Today*, Stevens & Sons, 1978.

18. D. Wormuth, Francis, *The Origins of Modern Constitutionalism*, New York, 1949.

19. "Foregone Conclusion Appears To Keep Egyptian Voters Home," *New York Times*, 2007.

20. Gloppen, Siri, *South Africa: The Battle over the Constitution*, Dartmouth Publishing Company Limited, 1997.

21. Goldstone, Jack A. , "Understanding the Revolutions of 2011 – Weakness and Resilience in Middle Eastern Autocracies," *Foreign Affairs*, Vol 90, No. 3, May-June, 2011.

22. Greenberg, Douglas and Stanley N. Katz (eds.), *Constitutionalism and Democracy: Transitions in the Contemporary World*, Oxford University Press, 1993.

23. Henkin, Louis, Albert J. Rosenthal, *Constitutionalism and Rights: The Influence of the United States Constitution Abroad*, Columbia University Press, 1990.

24. Heydemann, Steven, "America's Response to the Arab Uprisings: US Foreign Assistance in an Era of Ambivalence," *Mediterranean Politics*, Vol. 19, No. 3, 2014.

25. Hursh, John, "The Tunisian Spring: Women's Rights in Tunisia and Broader Implications for Feminism in North Africa and the Middle East," *University of Baltimore Law Review*, Vol. 46, Issue 2 (Spring 2017).

26. International Crisis Group (ICG), Egypt's Muslim Brothers: Confrontation or Integration?" Crisis Group Middle East/North Africa Report, No. 76, June 18, 2008.

27. J. Brown, Nathan, *Constitutions in a Non-constitutional World: Arab Basic*

Laws and the Prospects for Accountable Government, State University of New York Press, 2002.

28. Jones, W. S. Marcus, *Legal Development and constitutional change in Sierra Leone (1787 – 1971)*, Arthur H. Stockwell LTD Press, 1988.

29. Kandil, Hazem, "Revolt in Egypt," *New Left Review*, No. 68, March-April, 2011.

30. Lange, Michael A. , "Political Islam Gaining Ground: The Example of the Muslim Brotherhood in Egypt," International Reports of The Konrad Adenauer Stiftung, December 2007.

31. Loewenstein, Karl, *Political Power and the Goventmental Process*, the University of Chicago Press, 1957.

32. Martini, Jeff, Julie Taylor, "Commanding Democracy in Egypt: The Military'sAttempt to Manage the Future," *Foreign Affairs*, Vol 90, No. 5, September-October, 2011.

33. Mayer, Ann Elizabeth, "Reinstating Islamic Criminal Law in Libya," in *Law and Islam in the Middle East*, ed. by Daisy Hilse Dwyer, Bergin Garvey Publishers, 1990.

34. Mcllwain, C. H. , *Constitutionalism: Ancient and Modern*, revised edition, Ithaca N. Y. 1958.

35. Morgenthau, Hans Joachim, *Politics Among Nations: The Struggle for Power and Peace*, Sixth Edition, Alfred A. Knopf, Inc. , New York, 1985.

36. Mowoe, Kehinde M. , *Constitutional Law in Nigeria*, Malthouse Press Limited, 2008.

37. Reyntjens, Filip, "Recent Developments in the Public Law of Francophone African States," *Journal of African Law*, 1986 (2).

38. Rose, Brady, Reed Stanley, "The Sands Are Shifting Under Egypt's Mubarak," *Business Week*, 2005 (3).

39. "Saudi Arabia releases data on efforts fighting terroism in 2016," *Al Arabiya*

English, January 9, 2017.

40. Shebata, Dina, "The Fall of the Pharaoh: How Hosni Mubarak's Reign Came to an End," *Foreign Affairs*, Vol 90, No. 3, May-June, 2011.

41. Shirky, Clay, "The Political Power of Social Media-echnology, the Public Sphere, and Political Change," *Foreign Affairs*, Vol. 90, No. 1, 2011, p. 35.

42. Starr, June, "Islam and the Struggle over State Law in Turkey," in *Low and Islam in the Middle East*, edited by Daisy Hilse Dwyer, Bergin Garrey Publishers, 1990.

43. The Studies of African Law at the University of Paris, J. A. L. *Journal of African Law*, 1957 (1).

44. Thiemann, Ania, Hania Farhan, *Outlook for 2007 – 08: Political Outlook. Country Report*, *Egypt*, 2006.

45. Thompson, Bankole, *The Constitutional History and Law of Sierra Leone: 1961 – 1995*, University Press of America, 1997.

46. Tordoff, William, *Government and Politics in Africa* (Second Edition), The Macmillan Press Ltd, 1993.

47. Wheare, K. C., *Modern Constitution*, Oxford University Press, 1966.

48. W. Thompson, Kenneth, *The U. S. Constitution and Constitutionalism in Africa*, University Press of America, 1990.

49. Wurman, Ilan, "Constitutional Administration," *Stanford Law Review*, Vol. 69, Issue 2 (February 2017).

50. Zweigert, Konrad and Hein Kotz, *Introduction to Comparative law*, Oxford University Press, 1987.

三 法文参考文献

1. Conac, Gerard, *Les Institutions Constitutionnelles des Etats d'Afrique Francophones et de la Republique Malgache*, Ed. Economica, 1979.

2. Gaudusson, Jean du bois de, Gerard Conac, Christine Desouches, *Les Constitutions Africaines*, La Documentation Francaise, 1997.

3. Lavroff, D. G., *Les Systemes Constitutionnels en Afrique Noire les Etats Francophones*, Ed. A. Pedone, 1976.

4. Le Conseil Constitutionnel, *Les Cahiers du Conseil Constitutionnel*, Ed. Dalloz, 1997 (2).

5. Le Conseil Constitutionnel, *Les Cahiers du Conseil Constitutionnel*, Ed. Dalloz, 1997 (3).

6. Le Conseil Constitutionnel, *Les Cahiers du Conseil Constitutionnel*, Ed. Dalloz, 2000 (9).

7. Le Conseil Constitutionnel, *Les Cahiers du Conseil Constitutionnel*, Ed. Dalloz, 2008 (24).

8. Louis Martin, Michel, *Les Nouvelles Constitutions des Pays Francophones du Sud*, L'Hermes, 1998.

9. Mwakyembe, Harrison Geroge, *Tanzania's Eighth Constitutional Amendment and Its Implications on Constitutionalism*, *Democracy and the Union Question*, Lit Verlag, 1995.

10. Naceur, Mohamed Ben, "Une croissance faible contenu d'emploi et un dysfonctionnement de l'offre," *Réalités*, No. 1570, 29 janvier – 4 février 2016.

11. Philippe, Xavier, "Presentation de la Cour Constitutionnelle Sud-Africaine", *Les Cahiers du Conseil Constitutionnel*, 2000 (9).

12. Rousseau, Dominique et Georges Vedel, *Droit du contentieux constitutionnel*, Domat droit public, 2001.

13. TaMa, Jean Nazaire, "La Constitution beninoise du 11 decembre 1990 a l'epreuve du temps: sa revision, une opportunite politique ou juridique," *Revue juridique et politique des Etats Francophones*, E. J. A., 2009 (2).

14. Yahmed, Marwane Ben, "Cinq ans après, tout reste faire," *Jeune Afrique*, No. 2870, du 10 au 26 janvier 2016.

四 电子参考文献

1. Algeria crisis, [J/OL] http: //www. crisisgroup. org/home/index. cfm? id = 1274&1 = 1

2. Algeria: Judicial System, [EB/OL] http: //www. mongabay. com/ref-erenee/ country_ studies/algeria/all. html

3. Algeria: Legislative: National People's Assembly, [EB/OL] http: // www. lcweb2, loe. gov/cgi-bin/query/r? frd/cstdy: @ field (DOCID + dz0127)

4. Algeria: Unrest and Impasse in Kabylia, Middle East/North Africa Report No. 15, June 10, 2003. [J/OL] http: //www. kabyle. com/fo-rums/ forum/archive/ index. php/t – 23330. html

5. Facts about the land, people, history, government, political conditions, economy, foreign relations of Algeria. (11/05), [EB/OL] http// www. state. gov/r/pa/ei/bgn/ 8005, htm

6. Historical Steps in the Development of Systems of Constitutional Review and Particularities of Their Basic Models, [EB/OL] http: // www. concourts. net/introen. php

7. Islamism, Violence and reform in Algeria, ICG Africa Report No. 24, October 20, 2000. [J/OL] http: //www. merln. ndu. edu/archive/icg/ shiite-question. pdf

8. The Algerian Crisis: Not over yet, ICG Africa Report No. 29, July 30, 2004. [J/OL] http: //www. crisisweb. org/projects/algeria/reports/a105emain. htm

9. 阿尔及利亚 1996 年宪法 [EB/OL], http: //www. oefre, unibe. ch/law/ icl/ ag00000. html

10. 阿尔及利亚宪法委员会组织法 [EB/OL], http: //www. conseil-

constitutionnel-dz, org/ Anglish/regnouvAn/RegnouvSummary-Ang. btm

11. 阿尔及利亚政党组织法令［EB/OL］，http：//www. conseilconsti-tutionnel-dz, org/Anglish/indexAng, htm

12. 埃及［EB/OL］，http：//cs. mfa. gov. cn/zggmcg/ljmdd/fz＿ 648564/aj＿ 648628/.

13. 利比亚［EB/OL］，http：//cs. mfa. gov. cn/zggmcg/ljmdd/fz＿ 648564/lby＿ 650365/.

14. 阿尔及利亚［EB/OL］，http：//cs. mfa. gov. cn/zggmcg/ljmdd/fz＿ 648564/aejly＿ 648566/.

15. 突尼斯［EB/OL］，http：//cs. mfa. gov. cn/zggmcg/ljmdd/fz＿ 648564/tns＿ 651853/.

16. 摩洛哥［EB/OL］，http：//cs. mfa. gov. cn/zggmcg/ljmdd/fz＿ 648564/mlg＿ 650861/.

17. 苏丹 ［EB/OL］，http：//cs. mfa. gov. cn/zggmcg/ljmdd/fz＿ 648564/sd＿ 651667/.

18. 南苏丹［EB/OL］，http：//cs. mfa. gov. cn/zggmcg/ljmdd/fz＿ 648564/nsd＿ 651109/.

图书在版编目（CIP）数据

北非阿拉伯国家宪法变迁与政治发展研究／贺鉴著
. －－北京：社会科学文献出版社，2018.12
（国际政治论坛）
ISBN 978 - 7 - 5097 - 5707 - 9

Ⅰ.①北… Ⅱ.①贺… Ⅲ.①宪法 - 研究 - 北非 ②政
治制度 - 研究 - 北非 Ⅳ.①D941.01 ②D741.021

中国版本图书馆 CIP 数据核字（2018）第 287934 号

· 国际政治论坛 ·

北非阿拉伯国家宪法变迁与政治发展研究

著　者／贺　鉴

出 版 人／谢寿光
项目统筹／高明秀
责任编辑／许玉燕　李帅磊

出　　版／社会科学文献出版社（010）59367189
　　　　　地址：北京市北三环中路甲 29 号院华龙大厦　邮编：100029
　　　　　网址：www.ssap.com.cn
发　　行／市场营销中心（010）59367081　59367083
印　　装／三河市东方印刷有限公司

规　　格／开本：787mm × 1092mm　1/16
　　　　　印张：14.75　字数：197 千字
版　　次／2018 年 12 月第 1 版　2018 年 12 月第 1 次印刷
书　　号／ISBN 978 - 7 - 5097 - 5707 - 9
定　　价／79.00 元